加拿大旅居記事

我的陽光與夢中原野

吳蘊懿——著

遊子的少履在岸邊徘徊，許多許多年以前，對岸走出了一個落魄的少年，一步一回頭、彷徨又彷徨，深情的回眸裡嵌進了淡淡的苦澀，彷彿見到過的是夢中鋪滿花香的碎石小徑，難道一定要背井離鄉去實現夢想？朝思暮想的故鄉啊，如今是否可以允許我衣錦還鄉？

INTRODUCTION

Wu Yun Yi (吳蘊懿) was born in Shanghai in 1962. Her artistict talents are writing, painting, and music. At four years of age she started painting, she started to publish articles at the age of twenty. Her early publications include poems, prose poems, short novels as well as articles about children's education and psychology. Beside her painting and writing, Yun Yi also enjoy music, she plays guitar, piano, and violin.

Yun Yi graduated from Shanghai No. 3 Girl's High School and continued her education earning a Bachelor Degree of Literature from East China Normal University. After graduation Yun Yi started her career as a senior book editor for the Shanghai Changning District Municipal Government.

Yun Yi as a landed immigrant came to Canada in 2007. She resumed her painting and her editorials again in 2012. During the last four years, four of her paintings were accepted and are currently on display at the Bethune Memorial Museum in Gravenhurst Ontario, and as well as featured in the local English newspaper. In 2013, Yun Yi was invited by Belleville Ontario Public Library to paint historic building architectures for the John M. Parrott Art Gallery.

In 2014, Yun Yi featured her paintings for a one month duration art exhibit at the Stirling Ontario Public Library and Art Gallery. This was her first exhibition in Canada and was reported by the local Quinte West English newspaper. In 2015, Yun Yi held her second month duration art exhibit at The Human Bean Cobourg's Coffee House reported by the Toronto"Chinese Canadian Times" newspaper. In 2016, Yun Yi held her third one month art exhibit at the John M. Parrott Art Gallerly Belleville Ontario, and reported as well by the Toronto "Chinese Canadian Times" newspaper.

In 2015, Yun Yi published her first art book "My Artistic Experience Building Style of Canada" in Hong Kong, featuring her experiences of painting historic buildings in Canada. Copies of this book were donated to the Ernest Miller Hemingway Museum in Cuba. Copies were donated to the Oasis Smart Hotel, the La Habichnela Restaurant, featuring a New Era Mayan Show performance of authentic ceremonial dancers, both in Cancun Mexico. Bethune Memorial Museum in Gravenhurst, Trenton Town Hall Museum, Belleville Ontario Public Library, Quinte West Public Library, Stirling Ontario Public Library, Frankford Public Library, Stirling Rawdon Township. One copy of the book along with the painting of the historic county museum building was donated to the Lennox & Addington Museum in Napanee.

"Canada, My Life Under The Sunshine" is Yun Yi's second book to be published following " My Artistic Experience Building Style of Canada " which was published last year. This book includes of the author's articles about Canadian local life during her stay in Canada between 2012 to 2015. This book has seven chapters. Besides the articles about Canada life, it selects the author's early poems, prose poems and prose works. A picture of the author's own painting is displayed on the cover of this book.

"Canada, My Life Under The Sunshine" is the Canadian life story book pulished in Tai Wan. The book describes different culture and customs in Canada based on the author's real life experience since 2012. Chapters In this book include history, culture, arts, travel, real life etc. The author narrates many colorful stories about Canada in each chapter.

"Canada, My Life Under The Sunshine " , all the articles in this book have been published in the Chinese newspapers and magazines in China, Canada, and United States. In recent years, with the development of computer technology, Yun Yi's articles also appeared in some domestic and overseas Chinese websites. The articles about early childhood education have been widely cited by major publications, professional Journal, and collected by academic and non-academic databases. Some of the author's paintings and author's photographs also appeared on the websites. Yun Yi's published articles are also cited by many different Chinese publications.

"Canada, My Life Under The Sunshine", a total of more than 80 short stories about Canadian life, describes the details of author's life in Canada from her different perspective views. All the stories in this book reflect the author's understanding and experience of Canada. They also reflect the unique nature of Canadian history and culture. Many friends names also appear in the book.

Form immigrant life in Canada, Yun Yi has appreciated Canadian city life as well as rural customs. During this time she resumed writing and painting again which had stopped for more than 30 years. These articles not only reflect the author's personal life and experience, but also appreciate all friends who would be interested to know Yun Yi's Canadian life.

Yun Yi also hopes the readers can understand and help them to Integrate into Canadian culture through this book, also they can use the book as a reference in future travel to Canada.

致謝，友人
THANK YOU, FRIENDS

　　《加拿大旅居記事：我的陽光與夢中原野》是我擱筆二十多年後，重新開始創作完成的寫實體裁作品。主要記錄了2012年至2015年旅居加拿大的部分時間內有關加拿大當地真實生活的故事，許多加拿人友人的名字也包括其中。本書大約分七個章節，共有近80篇有關加拿大生活的短文。第五章「旅行記憶」同時也收錄部分加拿大之外的海外旅遊見聞。除了記敘加拿大本土生活及海外見聞之外，附錄中還因朋友邀請選錄了部分早年在國內創作發表的詩歌、散文詩等作品。封面設計中也採用了一幅加拿大當地景色的親筆畫作。《加拿大旅居記事：我的陽光與夢中原野》也是繼2015年出版的畫集《加拿大建築與風情》之後的第一部文字類作品。

　　本書從著手寫作到出版發行均得到了諸多朋友的鼓勵和支持，才使我能有機會靜下心來寫作和探究加拿大的歷史、藝術和人文文化，擺脫多年來不能專注於研究與寫作的困惑。在此，要向曾經給予過我熱情幫助的中外朋友們送上我深深的感激之情。

　　加拿大，當我踏上這片陌生的土地，吸引我的不是她的富強和遼闊，而是她濃郁迷人的人文情懷、藝術氣息和學術氛圍。在這個人人平等、愛讀書的國度裡，又點燃我重新寫作的勇氣，我

竭盡全力想從加拿大生氣勃勃的地域文化中汲取營養。文化強烈碰撞過程中迸發出來的火花和斑斕色彩，給了我這個異鄉人某種啟迪，正如平枝大姐在序言中所說，不得不暫時放開身上沉重的文化包袱。而加拿大自由的寫作氛圍同時也使我敢於在這種包容和諧的文化氣氛中，慢慢進一步理解這種陌生文化的特殊性。也正是在這種陌生文化的土壤上我開始艱難地展翅飛翔，加拿大，無疑成為了我追求夢想的第二故鄉。

在寫作的過程中，加拿大眾多的華文媒體為我提供了廣闊的舞臺。特別要致謝加拿大中文網站「加國無憂」和中文報《51週報》、《薩省報》等以高稿酬的方式鼓勵我堅持寫作。同時要感謝《加中時報》、《北美時報》、《信報‧衣食住行》、《名人名商》、美國《發現》週刊等中文媒體，在他們的支持下，所有文字均已發表。加國無憂、加中在線、倍可親等國外中文網站也部分轉載我近期文字作品。本書紀實性的文字描繪也促使我改變青年時代的寫作風格，使我完成從一個文學青年的無病呻吟轉向對社會現象的深深思考，也希望讀者在閱讀的同時也能讀懂作者的心情。

近年來，由於電腦技術的發展，早期發表的關於兒童教育方面的文字被國內各大刊物、學刊轉載，並被學術期刊資料庫、中國知網、萬方學術搜索、吾喜雜誌網等收入資料庫。但是，因為部分文字創作於早期，觀點與見解未免有些脫節或陳舊望讀者諒解。本書某些資料和數據來源於網路，也可能因為時間及事物的不斷變化和發展，這些數據或資料不夠精確；本書繁體字詞彙

用語尊重臺灣當地習慣，如：螢幕（銀幕）、速食（快餐）、列印（打印）、觸碰式螢幕（觸控式螢幕）、程式（程序）、軟體（軟件）、滑鼠（鼠標器）、廣告看板（看板）等，此非文字核對錯誤還望讀者注意。

本書的出版過程中，得到了臺灣秀威釀出版和編輯陳佳怡、陳倚峯的幫助，不厭其煩地溝通出版事宜，並認真核對稿件、排版設計、盡力銷售。經過一年多的努力，終於免費幫助出版和發行本書籍及本書籍的電子版本。也要感謝畢業於臺灣新聞專業的加拿人耤、臺灣友人李平枝女士為本書籍的推薦和推廣作序言。

在寫作的同時，藝術活動也成為了我在加拿大生活中不可缺少的一部分。我的部分畫作及照片等資料也隨我的文字稿在網路上爆光。感謝加拿大國家級歷史名勝白求恩故居博物館收藏我的多幅畫作及畫冊；感謝古巴共和國國家級歷史名勝海明威故居博物館收藏我的畫冊；感謝墨西哥坎昆瑪雅藝術團、Oasis Smart度假賓館、La Habichnela大飯店等收藏我的畫冊，同時感謝MARCOS DAVIS餐廳把我的畫冊裝裱在牆供更多遊人觀賞。感謝加拿大安大略省Belleville市公共圖書館及該圖書館畫廊John M. Parrott Art Gallery，Stirling公共圖書館及圖書館畫廊，Quinte West地區公共圖書館，Frankford公共圖書館，Trenton博物館，Napanee檔案博物館，Stirling Rawdon 鎮政府，Wellington畫廊，The Human Bean（藝術家沙龍）咖啡館等，支援我免費畫展或收藏我的畫作、畫冊，並支持我的一切藝術活動。

特別要感謝Belleville市公共圖書館，及具有近五十年歷史的畫廊John M. Parrott Art Gallery，它是培養北美著名藝術家Manly Eduavd MacDonald（1889-1971）的搖籃，畫廊至今還保留專門展廳展出、收藏和維護Manly Eduavd MacDonald生前捐贈的多幅油畫作品。通過Belleville市公共圖書館及John M. Parrott Art Gallery的評估，我的十九幅畫作能夠在著名的John M. Parrott Art Gallery免費展出及銷售，對我是一種鼓勵和鞭策，同時深感加拿大地方政府及民眾對藝術活動的重視程度。感謝John M. Parrott Art Gallery為我的本次畫展撰寫英文介紹，並對售出作品進行詳細簽收。感謝多倫多《加中時報》對該畫展進行報導，並多年來關注我的個人藝術活動。

感謝加拿大安大略省自由黨議員、金士頓市市長、Quinte West地區市長等接受我的畫冊。感謝Belleville市副市長及夫人在畫展眾多畫家展出作品中選購我的一幅畫作作為收藏。感謝安大略省Trenton博物館、Wellington畫廊和Stirling Genbral Mercantile、Bancrot General Mercantile、The Vintage Junctin等商店試銷我的畫冊及畫作明信片。感謝Trenton Pharmacy Ltd.香港裔朋友全先生和程女士對我的鼓勵和建議。感謝素不相識的加拿大友人在畫展上留下賀卡和賀詞，感謝熱心的讀者和觀眾購買書籍、畫集和畫作，朋友們的熱情鼓勵是我完成結集出版書籍的願望得以實現。

在這裡也要感恩我的出生地上海，感恩我的父母，離開了他們的支持，我就好像是水中的浮萍。同時，也要感恩我的工作，

沒有經濟上的獨立和自強，一切理想和夢想都會成為水中的泡影。作為一個東方人，真正要探索加拿大歷史文化的淵源和發展還有一段很長的路要走。在這個浩瀚的文化寶庫中，我也不認為自己的文字非常成熟。

感謝讀者以寬容的心態閱讀本書籍，也希望讀者不要以文學作品的思想性和藝術性來要求作者。作為一個孤獨的旅居者，重新開始放棄二十多年的寫作和重新開始放棄三十多年的繪畫創作，並在加拿大政府圖書館畫廊支持下舉辦免費個人畫展，也要感謝加拿大英文報社對此進行的採訪和報導。

這些努力要感謝加拿大平等、務實、樂觀、競爭和向上的社會風氣，感謝加拿大人的包容和鼓勵。這些文字的倉促發表與結集出版也是為了記錄一段平凡的個人生活經歷。同時，也是為了答謝親朋好友的關心，滿足他們對一個旅居者在加拿大如實生活的好奇心，並幫助讀者更好地瞭解和融入當地文化，也是加拿大旅遊、留學、移民生活的參閱書本。

Wuyunyi

吳藴懿

2016年6月於加拿大

他序
FOREWORD

在加拿大與作者蘊懿相識，完全是偶然。我退休後從多倫多搬到車程向東北兩小時的小鎮Marmora居住，人口四千，可以說是清一色白人的世界。那年退休在家閒來無事翻看當地英文週報，乍然讀到有位上海來的女士，在附近圖書館開畫展，欣然開車20分鐘去賞畫。為了讓蘊懿知道她有個中國人關注，特地準備了一張賀卡，附上電郵，留在畫展，就這樣我們成了朋友。

我喜歡蘊懿的畫，對風景建築描繪細膩，色調溫和。當我第二次去觀賞她另一個畫展時，發現她對繪畫有敏銳的觀察力，掌握了加拿大本地著名七大畫家Group of Seven的畫風，很快融入了她的作品，吸引了眾多本地繪畫藝術人士。

接下來，蘊懿送了我一本書，才又發現蘊懿還是個作家，發表了許多文章，出版了書籍。她的文筆細膩，觀察入微，描繪生動，如同她的繪畫。

1984年，我從台灣來到這陌生的國度加拿大。沒來之前，我知道首都渥太華（Ottawa），也知道溫哥華（Vancouver），甚至知道當時的商業重鎮蒙特利爾（Montreal），就是未曾聽說多倫多（Toronto）。一晃31年過去，這裡成了我的第二故鄉。加

拿大有得天獨厚的地理環境，環顧整個地球，除了環境污染的亞洲，擁擠的歐洲，未完全開發的非洲和地處南半球的澳洲之外，北美洲最令人嚮往。而加拿大的溫和政治環境，多元文化的社會，還有美麗清潔的自然環境，吸引了全世界移民。

我畢業於臺北世界新聞專科學校，現今世新大學。自幼喜愛中國文學，因此背著一個很大的中國文化包袱來到西方世界，為了在西方主流社會生活下去，感覺這包袱好沉重。生為中國人，無論生活在西方社會多久，都會感到中華民族的偉大。我們的祖先曾經生活在世界一流的文化環境裏，我們輝煌的歷史，來自兢兢業業的百姓，腳踏實地地過日子。

西方人的生活方式未必是咱們學習的榜樣，但是，每個人的人生經歷都不一樣，只有好好研究和發現中西方文化的差異，去腐存善，才能找到適合我們的生活方式。

要想平穩地走向加拿大主流社會，必須暫時甩掉來自祖國的思想觀念，行為方式，著實不容易。同時也因為當初對西方文化知道的不多，一切要就地學習。如果出國前能夠閱讀一些有關西方社會和他們的生活環境書籍，相信可以緩解內心中西文化的差異，減輕所謂的文化包袱。

蘊懿的這本書對加拿大有多層面的描述，各個角落包羅萬象。作者對大城小鎮，風俗民情，生活方式等等，也都有詳盡深入的觀察。想瞭解加拿大的人，透過作者平抑近人的描繪，如同親臨，獲益匪淺，值得一讀。綜合東西方不同的人生哲理，彼此尊重，相互瞭解，這才是科學的人生觀和積極向上的樂觀精神。

自序

加拿大美麗的鄉村生活

　　加拿大的夏天是享受鄉村生活的好時機，加拿大的鄉村生活寧靜而美麗。每到夏季萬物萌春、各種各樣的活動也漸漸多了起來，六月底是去農莊採摘草莓的好季節，也是葡萄園葡萄開始成熟的好時候。記的小時候也十分喜歡家鄉的農家生活，領略鳥語花香、清風撲鼻的香氣使人回憶起童年享受過的寧靜和大自然。

　　加拿大鄉村生活沒有大城市的煩惱和壓力，也沒有霧霾、沒有塵囂，只有藍天白雲、熾熱的陽光、和煦的微風寧靜如馨。在這樣的環境中萬物生長茂盛，也到處可見野蘋果、野葡萄和各種各樣不知名的野花和野草。草地上蒲公英是最具頑強生命力的野草，到處開著黃花、帶著白色的絨毛球飛來飛去傳播種子。空氣中帶上了不知名的花香，小鳥爭鳴、萬花齊開，連野生動物也來湊熱鬧。在這樣的環境下生活心胸變得開闊，也如同生活在陶淵明般的桃花源中。

　　在葡萄架下看到了用來釀紅、白兩種不同葡萄酒的葡萄。鄉村路邊偶有野鹿、野兔和野火雞，至於浣熊和松鼠隨處可見。加拿大的原野野草、花粉有時也會使人過敏，萌春季節享受大自然

最好注意防護花草過敏和野生動物的侵襲，加拿大的一枝黃花是雜草也是中藥。

夏季是加拿大播種也是收穫的季節，自家庭院中開始輪番種上小花小草和農作物，加拿大農場主也在這個季節翻土、耕種，同時準備糧草餵養牲畜。廣闊的田野上夏季牛馬成群享受著大自然的陽光、露水和空氣。清晰的小河水沒有金戈鐵馬般地咆哮靜靜流淌聚成大河匯向五湖四海。小頑童們的歡聲笑語為大自然帶來了生氣，人類和自然在一種和諧、寧靜的氣氛中達到了完美的境界，安徒生的童話世界好像就出現在眼前。在這樣的環境下，感受著梵谷創作的向日葵、荷花出污泥而不染。天鵝的獨步想起了醜小鴨變成白天鵝的故事和著名的小夜曲《天鵝湖》。彷彿置身在童話般的伊甸園，和平鴿和橄欖枝在向你招手。天地和諧、萬物生長、農耕繁忙、萬紫千紅為下一個春天帶來了祥和和希望。夏天過後是果實成熟的季節，每一份勞作都會帶來每一份成果。

加拿大的紅葉也在這個季節開始萌生、楓葉糖漿是大自然的產物也是加拿大人做甜點的材料，夏季前楓葉樹下看加拿大人採集汁液熬成糖漿、品嘗著大自然的饋贈，那片紅楓葉成了加拿大和諧、寧靜的象徵。「啊，加拿大！我們的家園與故土，你的兒女，忠誠愛國。雄心萬丈，國勢昌盛，強大、自由的北方之邦。萬眾一心，我們挺立護防，上蒼祝幸，國泰民安。」加拿大美麗的鄉村生活充滿著陽光、生機、和諧、寧靜和魅力。

孩子們在野外瞭解生物的生息繁衍、植物鏈和生物鏈的故事。農場勞作的人們開始放牧牛羊，懂得在享受自然饋贈的同時

保護好大自然的環境和資源。夏季也是人們休假旅遊的好季節，加拿大的葡萄酒莊為成年人品酒開設了旅遊專線，在旅遊的同時也可參觀葡萄酒莊，親手摘取葡萄架上的葡萄品嘗不同滋味的各色葡萄酒。釣魚、野營和燒烤也成了夏季旅遊的好項目，加上各種各樣的夏季活動，一定會使你的生活變得豐富起來，暫時擺脫冬天冰天雪地、枯燥乏味的生活，重新回歸到大自然的懷抱。

夏季也是野外寫生、拍照的繁忙季節，在這個季節中你可以找到各種各樣的題材來完成你的習作，圍欄中調皮的馬兒在地上打滾不願與你合作拍照，想掉頭離開馬兒卻立即起身走過來傻傻地看著你的照相機躲來躲去。加拿大Goose（野雁）也在這個季節回歸故里，享受著一年之中最溫暖的夏天。海鷗到處覓食在河流上搶奪小魚，魚鷹也是捕魚高手。自然的力量歷練著動物的體能，為了下一個冬季，小松鼠打下地基儲備著冬天的食糧。鳥類開始築巢生息捕捉著小蟲子餵養嗷嗷待哺的寶貝。人們穿著夏季各色的服裝散步在寧靜的鄉村小道。富饒而遼闊的土地在夏季頓時變得蓬勃而充滿朝氣，誰不愛家鄉美麗的土地、善良的人群和牛羊遍地？

目次

第一章 歷史紀念

歷史的見證，民族的自尊
——加拿大鐵路抹不去華工辛酸淚

　　有人曾經建議我寫一部關於早期中國留學生在北美生活的小說。北美早期的中國留學生是當年改革開放後，中國還未擺脫貧窮落後第一批跨出國門的青年學子，他們憑藉著自己勤勞的雙手和特殊的聰明才智赤手空拳勇敢打拼天下，以中國人祖祖輩輩特有的吃苦耐勞精神在北美站穩腳跟、頑強地生活下來，並進一步贏得北美人的認同和尊重。如今這批當年頑強生活下來的中國第一批留學生大多已成長為北美各個領域中的高層次專家和學者。他們用紮實的基本功、頑強的毅力和堅持不懈的努力精神在北美創下奇跡。在工作、學習、生活經歷各個領域中向北美乃至世界證明瞭中華民族的自尊與奮鬥史。但當我來到北美加拿大生活之後，發現更值得描寫的卻是中國早期華工修築加拿大鐵路創下的那段史詩般的辛酸史和血淚史。當年的華工在他們的祖國出身於貧窮家庭，大多沒有多少文化，抱著一種美好的願望來到異國他鄉淘金，把他們血淚般的苦難歲月和生命的痕跡都留在了異國他鄉。他們是一群來不及學會思考命運、享受親手創下加拿大鐵路

發展史上輝煌奇跡的人群。

　　據現有資料記載：十九世紀七十年代初，加拿大聯邦為爭取英屬殖民地加入聯邦不遺餘力修建一條橫跨北美大陸，將大西洋和太平洋沿岸連接起來的全長4667公里的鐵路。中國廣東南部的男性民工被以「淘金」為名騙到加拿大，成為修建北美鐵路的廉價勞動力。當年修建鐵路的洛磯山，海拔幾千米，冰天雪地、荒無人煙。不僅天氣惡厲，當時華工工作和生活條件始終處於最底層，許多人營養不良和意外死亡。築路的機械化程度也不高，從平路基、劈山石、鑿隧道、建橋樑、鋪枕木和鐵軌，基本上都靠華工手工操作。加上地質條件複雜、氣候環境惡劣、瘟疫流行，施工中有4000多名華工的生命永遠留在了這條鐵路線上。這條平均每公里埋葬著一個當年築路華工靈魂的加拿大太平洋鐵路自1881年起興建，至1885年全線貫通。期間，共有17,000多名華人背井離鄉，飽受苦難，參加加拿大鐵路修建。這條從溫哥華至蒙特利爾的鐵路線100多年來成了溝通加拿大東西兩岸、維護加拿大國家統一的生命線。華工的血淚和汗水，鋪成了一條推動加拿大經濟繁榮發展的鐵路大動脈，見證了加拿大國家的獨立與誕生。

　　但是，太平洋鐵路建成後，由於沿岸省份遇到經濟蕭條，數以千計的華工沿著鐵路線流浪乞討。這批來到異國他鄉的華工，被白人看作「異類」，遭到歧視。就在勞工們身陷困境的時刻，加拿大政府卻拋出向中國勞工徵收人頭稅的措施，使無法交稅的勞工被迫回鄉。從二十世紀八十年代起，加拿大華人首次提出平

反「人頭稅」要求，2006年6月22日，加拿大總理哈珀終於正式就人頭稅問題向華人道歉並賠償。1985年，加拿大政府修建紀念太平洋鐵路建成100周年紀念碑，但是碑文上卻沒有提及中國人。太平洋鐵路沿線的很多城鎮，山峰，河谷都以當時修建鐵路的功臣命名，但其中也沒有中國人的名字。加拿大許多博物館在介紹加拿大鐵路發展史時，對華工的貢獻也隻字不提。唯一留存的是鐵路沿線的中國人墓地和1892年一位無名詩人的詩句：「漂泊者終於被他的同伴放在此安息，沒刻下一行字也未見灑一滴淚，在十字架上只簡單的記著：為修路而死」。

在國內，同樣很少有人知道當年加拿大早期華工的辛酸史，這批當年為北美鐵路業發展由起步到成熟的歷史見證人已悄悄退出舞臺。在他們的祖國和異國他鄉同樣被遺忘在歷史的角落裡。難道當年的這批華工因為沒有文化、貧窮、落後就沒有自尊嗎？因為沉默就可以被遺忘嗎？在他們的故鄉中國，有多少今天的孩子知道這批早年華工的苦難歷史？如今，中國的青年學子依然紛紛選擇美國、加拿大等這樣發達的國家留學和生活，他們心中的故事也許只有當年那批學有成就、衣錦歸鄉的早期留學生，而對那批100多年前背井離鄉、拋屍他鄉的華工的命運又有多少人重視呢？

相反，那批中國早期的留學生在飽經了人生的種種磨礪後，在人生步入中年的時候已學會了珍惜與反思，學會了在異國他鄉許多人生的十字路口為自己贏得命運、地位和權力。並用一種複雜的心態重新考量著自己不同的人生觀和價值觀。華工和留學生

的故事，兩個不同時代和群落的奮鬥經歷還原了歷史，見證了民族的自尊。今天的人們在加拿大享受高福利成果的同時也在思考著不同的人生。當年的鐵路建設者們也不會想到他們親手修建的加拿大太平洋鐵路如今已經成為歷史博物館中的一段歷史往事及一件展品了。有時我們不得不承認世界正在高速發展中，無論在發達的國度裡還是在發展中的中國，同樣存在許多讓人困惑、迷茫和遺憾的問題。

今天，加拿大的火車仍然是貨運的主要交通工具，加拿大貨運火車橫跨全境的速度很快。在我居住的小鎮上，來來回回的火車帶來了來自中國的豐富貨物和集裝箱。這個鐵路小站使我立即想起故鄉上海小時候中山公園的鐵路西站。那裡附近當年的外國洋房兆豐別墅和西站周圍經歷戰火之後留下的一個個碉堡。這段十裡洋場的歷史和國共戰爭歷史留下的遺跡卻在上海高速的發展過程中或者沒有被保留下來，或者遭到了破壞。相反，加拿大政府對歷史文化遺產的保護有很多地方值得借鑒。在加拿大，歷史博物館及歷史遺物隨處可見。在加拿大阿爾伯塔鐵路博物館內收藏著加拿大太平洋鐵路最全的資料，展現了加拿大的鐵路發展史。在我居住的小鎮附近也有一個小小紀念館是用一個廢棄的原鐵路小站建成的，並有加拿大的老火車實物成立，觀眾可進入廢棄火車廂中體驗百年老火車。

目前，加拿大鐵路的客運在交通高度發達的時期已處於邊緣地位，鐵路主要擔負著觀光、度假的使命。為此，如今在加拿大坐火車的價格要比坐飛機還貴一倍。大部分長途火車客運成為不

著急趕路的遊客、度假家庭和假期學生觀光、體驗的工具。在體驗加拿大火車奔馳的隆隆車輪聲中，我們緬懷著為加拿大鐵路建造業付出血汗和生命的中國勞工。在一個多民族、充分尊重人權的國度裡，勞工和留學生同樣值得尊重，同樣為加拿大和世界生活的繁榮和發展帶來了財富、知識和勞動。世界在一代代人不屈不撓的貢獻中得到發展，各民族辛勤勞動、創下奇跡的奮鬥精神和歷程，成為了一種民族精神和民族的真正脊樑，同樣他們也是世界的棟梁。

探蒙特利爾看加拿大多元文化現象

初到加拿大時，我十分驚奇這個國家除了楓葉旗外還到處飄揚著英國、法國和美國國旗。從來沒有一個國家的國歌具有英語和法語兩種唱法，而且歌詞截然不同。官方的語言英語與法語可以並存，公民可以同時擁有多國國籍，同性可以自由戀愛和結婚。

我一直以為像多倫多、溫哥華這樣的大城市，是最能夠體現出加拿大多元文化現象的，直到我探訪了加拿大東岸，渥太華河和聖羅倫斯河交匯處、魁北克省的蒙特利爾市後，我才覺得最能體現加拿大多元文化現象的當屬蒙特利爾。

魁北克省在加拿大是個非常特殊的法語地區，曾經有兩次想要脫離加拿大成為獨立省份，遭到當地大多數人反對而中止。魁北克省的蒙特利爾市和魁北克市是兩大非常漂亮的城市，其中蒙

特利爾濃郁的文化氣息與大氣的建築風格，深深吸引了來自世界各地的觀光旅遊者。

民以衣食住行為本，尤以食為先，要看加拿大的多元文化現象，首先要從衣食住行開始。我在探訪加拿大許多城市和鄉村的同時，也一直在學習加拿大的文化和歷史。蒙城留給我的印象是：

一、太陽永不落的British和驕傲的法蘭西文化的交融

自從十八世紀工業革命後，英國走上了強盛之路，英國殖民地的痕跡幾乎遍佈了世界各地，在北美這塊土地上，最早涉足的殖民者是British、法蘭西和西班牙。British也就是我們所說的大不列顛，由英格蘭、蘇格蘭、愛爾蘭和威爾士組成，後來西班牙裔逐漸南下分散到墨西哥等地。由於歷史上十六世紀的英法戰爭法國敗於英國，因此在北美這塊早期殖民地土地上，法國不得不屈從於英國。維多利亞時期的British是一個太陽永不落的地方，至今為止，世界通用語言仍然為英語。

然而法蘭西是一個驕傲的民族，記得我小時候讀過法國作家都德的《最後一課》，小說描述的是二戰德國佔領法國期間強迫法國學生學德語，法國教師韓麥爾在給自己的學生上最後一課時說過：法國的語言是世界上最優美的語言。關於最優美的語言已無從考證，但是法語的精確率由於雌雄詞性的存在仍是當今世界上最少歧義的文字。關於法國的文化、藝術、美食更是屬於世界一流。

英、法兩國強勁的文化和歷史交融，使蒙特利爾古城充滿傳奇色彩，都說蒙城是北美的「小巴黎」，為了尋找法蘭西文化的最原始痕跡，我首先從「吃」開始想要尋找真正的法國餐廳和正宗的法蘭西美食。當我涉足古城幾乎所有地圖上標出的法國餐廳，每當我問起法國餐廳侍應生這兒有沒有正宗法國菜時，他們就會告訴我，這兒的法國菜巴黎人是不要吃的，這兒只有魁北克省法國菜。魁北克省的法國菜使我立即想起了加拿大的一種叫做「Poutine」的食物，在油炸薯條上澆上粘稠的調料和乳酪，這種食物最早就是起源於法語區。在古城Rue Bonsecours人街上，我終於發現了一家真正法國風味的餐廳，紅色外牆的餐廳已經具有了300多年的歷史，比起加拿大的歷史來要長多了，一看價格讓人咋舌，最後只得放棄。在一家普通的法國餐廳中，我品嘗了一種蒙特利爾法國菜，它也就是煎蛋餅內放一些火腿腸和乳酪而已，外加一份沙拉和麵包。但是蒙城法式冰激凌味道香濃、特別好吃。法式紀念品只找到法式帽子，一看是中國製造。

　　蒙城是加拿大第二大城市，居民60%都是法國人的後裔，官方語言是法語，同時提供英法雙語服務。蒙城的魅力所在是歷史悠久的老城區，老城區內樹立著各種歐式建築，蒙城的教堂建築宏偉莊嚴、建築風格迥然不同，是老城區建築的一大看點，著名的Notre-dame教堂哥特式的建築使人想起了巴黎聖母院。而位於Sherbrooke西大街1195號的Louis-Joseph Forget House則是一座由法國最早移民後裔Louis-Joseph Forget和夫人Maria Raymond Forget投資建於1883年的英法混合式私人住宅，1902年，為順應

Mana Raymond Forgrt夫人的宗教愛好，該建築由英國設計師進行了設計改造，建築中增加了一個家庭教堂，教堂的頂部是彩玻吊頂，建築物四周磚牆是英式建築風格。蒙城具有百年歷史的麥吉爾（McGill Univeristy）大學是世界一流大學，校園的歷史建築及文化氣息培養了一代又一代文化精英。大學醫科生的實習醫院維多利亞皇家醫院則是一座蒙城最古老的醫院，著名的加拿大白求恩醫生也在這家醫院學習過。在麥吉爾大學附近的一座小山坡上，我們找到了蒙城著名的Chalet Du Mont-Royal旅館，登上小山坡256級臺階後，旅館面向蒙城全景，背後則是一片已有幾百年歷史的墳地。

因為是個旅遊城市，在這裡你可以看到來自世界各國的遊客們穿著各自漂亮的民族服裝，在老城區車水馬龍的街道上，夾雜著中世紀的仿古馬車。記得讀過法國作家大仲馬的小說《基督山伯爵》，其中對馬車文化的描述淋漓盡致，蒙城大街上仿古馬車的色彩、構造十分符合大仲馬在小說中的描繪，相信這又是一種法國文化。

二、依然興盛的義大利文化和其他

在蒙城中有個地方叫「Little Italy」，也就是「小義大利」。它離我居住的旅館大約要步行一個多小時，處於老城區的邊緣，它的面積大致相當於蒙城的唐人街，小義大利城中的語言現象更為複雜，招待觀光客人的首用語是法語，連成一片的小街雜貨店漂亮店牌全是義大利文，居住在這兒的義大利裔則自由地

用本土語言交談。

在小義人利城中，我嘗到了真正的義大利匹薩和義大利沙拉。義大利匹薩餡餅皮特薄而脆，一種叫Arugula的義大利沙拉是用一種像蒲公英葉子一樣的蔬菜拌成的。義大利沙拉的不同在於它的調料，在城中我找到了這樣一家義大利調料店，各種不同的調料讓你眼花繚亂，不知所措。到了小義大利不要忘記品嘗義大利咖啡，義大利咖啡也是獨具風格、世界聞名，小杯咖啡味道苦澀，後勁就像烈性酒使你晚上半天不能入睡。

作為法蘭西的鄰國，義大利文藝復興時期的文化同樣驕人，在北美加拿大這塊土地上，義大利文化已經生根發芽，義大利通心粉、義大利面、義大利匹薩餅都是北美人通常的食物。

在小義大利城中，有一座真正的義大利教堂，義大利主要的宗教只有Catholic教。小義大利的標誌建築物也就是這座教堂和一個像鋼圈一樣的城門，至於這兒的民居則沒有什麼特別。

都說蒙城是北美的小巴黎，倒不如說這兒的歐陸風情特別濃鬱，撒落在蒙城各個角落的歐陸移民經營的小商店到處可見，同時在這兒你還可以買到許多國家的食品，我在這兒不光買到了義大利、瑞士糖果，波蘭巧克力、還買到了墨西哥咖啡、中東和南非的水果。在這兒特別要提到的是位於St.Catherine Ouest 3100 的Adonis連鎖店，它看起來像是一家中東人經營的連鎖店，這家店規模較大，裡面的店員身穿帶有中東色彩的制服，態度和善，熱情周到，物品豐富與其他超市略有不同，鑒於宗教的原因，我不敢在店裡亂拍照，但這家超市給我留下了不同的印象。

三、豐富多彩的亞洲美食和文化

蒙城的唐人街規模不大，在唐人街上找到的最有文化氣息的商店是一家叫中山公園的中國書畫、文房四寶經營店。店中經營中國文化衫、民族文化特色的小禮品，還可以買到中國馬利牌繪畫顏料。唐人街上的香港燒臘海鮮飯店是唐人街的老字號，最大的餐廳是富瑤樓，可同時開宴50席，蒙城海鮮最多的自助餐是位於St-Leonard與Jean Talon街交叉口的Buffet Chinois Mandarin，有螃蟹、青口、三文魚、大蝦、魷魚等。

除了中國美食外，蒙城的日本、韓國、印度餐廳也非常興盛。在中國城附近，有一家規模較大的越南餐廳，我第一次嘗試越南美食，這裡的店主向我介紹了一組套餐，兩人平均花費是60加元。

在這家越南餐廳中，我嘗到了米紙卷及越南燒烤。米紙是用米做成像中國春捲皮一樣薄的透明食用材料，在熱水中燙軟後，包上新鮮的蔬菜和薄牛肉片，不同的是越南美食的新鮮香料有薄荷葉、檸檬葉、香菜和一種紅色的葉片香料，沾上用榴槤和芒果製成的調料，味道非常好吃。蒙城的華人超市也經營亞洲其他各國的食品及調料，但超市的規模和品種及蔬菜新鮮的程度不如多倫多和溫哥華。蒙城的中國早期移民大多把蒙城稱作滿地可，唐人街附近有滿地可中華醫院。

蒙城的國際留學生來自世界50多個國家，中國留學生超過80,000人，但在蒙城生活的中國新移民人數不如多倫多和溫哥

華，也許是因為法語的障礙和與這個城市的物價、工作等有關。最近魁北克省提高了新移民的法語門檻，也許也會阻擋一部分優秀人才入住蒙城。

四、逐漸迷失的印第安文化

在看加拿大多元文化的同時，也必須看到這樣一個文化現象，就是印第安文化的逐漸失落與迷失，印第安人是北美最原始的土著人，從人種來看屬於棕色人種。在歐洲殖民者進入北美前，印第安有自己的生活方式，印第安較大的部落規模大概是位於加拿大西部的草原薩斯喀切溫省，在Saskatoon（薩斯喀切溫）市郊外你能見到早期印第安人群居的白色尖頂帳篷，也可見到有關印第安人歷史的博物館。與印第安歷史相關的就是加拿大西部草原的牛仔文化，早期歐洲殖民者是以牛仔的形象征服印第安人而進入北美這塊土地的，殖民者踏上土地後對原住民進行了圈居。現在的加拿大政府給了印第安人較好的物質待遇，印第安人村落沒有稅收，憑著證明印第安身分的證件可以買到免稅商品，許多印第安後裔也已走出村落，與異族通婚、工作，穿著平常的服裝，住著寬敞的房屋，走在大街上已與常人無異。現在典型的印第安原始文化只能從電影、小說、繪畫中去感受了。在魁北克市的古城街景中，我曾經還見到過印第安原始圖騰柱和印第安人木雕像，據說真正的印第安人居住在封閉的印第安自治區已很少與外界接觸，所以，蒙城的有關印第安文化也許除了在麥吉爾大學還保留早期印第安學生宿舍外，其他也許已僅僅停留在了

幾件旅遊紀念品上了。北美有一種關於印第安人祖先起源於中國大陸的說法引起了我的興趣，出於對繪畫的愛好，我一直想尋找身著民族服飾的印第安模特，但至今為止沒有找到。最後，我不得不臨摹了在印第安紀念品商店找到的兩張賀卡上美國畫家的畫作，作為帶回故鄉上海的禮物。同時想到，在北美還有這樣的一支丹麥人的後裔，穿著古老的民族服裝、點著油燈、駕著馬車、拒絕與異族通婚，過著自給自足、互幫互助的農耕生活，他們是民族文化最好的保持者，同時也拒絕了現代的文明生活。

看過加拿大的一部電視記錄片，五十年代加拿大政府曾經想要把北極圈中的愛斯基摩人，也就是紐因特人集中在為他們建造的房屋中傳授英語，學習文化，但習慣了北極冰天雪地自由生活的愛斯基摩人幾乎要得憂鬱症，加拿大政府不得不中斷這項計畫，讓他們重歸北極。

加拿大的多元文化是多彩的，每一個民族都可以帶著自己民族的文化背景選擇融入，也可以選擇放棄，其實放棄也是一種融入，這就是加拿大文化的多元。加拿大的多元文化是一種剪不斷、理還亂的文化，「香蕉人」的尷尬和迷茫不是華裔僅有的現象，在這個國度裡，每一個人都在問自己「Where is my hometown？」（哪裡是我的家鄉？）加拿大把大家組織成了一個共同的國度。

五、蒙城的陽春白雪與下里巴人

蒙城的文化氣息是濃厚的，這兒的各種文化活動多姿多彩，

在我探訪蒙城的短短一個星期中，所找到的文化活動訊息大致包括了城市生活的各個角落，主要活動有：蒙城第13屆時尚設計節開幕、第30屆國際熱氣球節、第12屆日本文化節、國際男子網球賽、經典音樂周、東方藝術節、蒙特利爾交響樂團免費音樂會、第20屆義大利周、國際園藝藝術節、神殿馬戲團巡演蒙城4個周邊城市、中國電影節、蒙特利爾國際立體花壇展、泰羅尼亞文化展等。

在眾多的活動中，因為時間關係，我選擇了參觀蒙城立體藝術展覽館。在藝術展覽館中，你可以看到藝術家們的別出心裁，顛倒的自由女神像、水火相容的火與水鬥、帶有排氣管的自行車，配上電影螢幕在墓地行走表示還有一口氣？藝術家們的想像是豐富的，這種豐富的想像在蒙城的新老建築中得到了充分體現。當我乘上蒙城的觀光旅遊船在聖羅倫斯河上暢遊時，我發現了這樣的一幢民居，錯層的立體結構、別出心裁的設計、背山面水的地理環境，一問價錢不敢想像。蒙城是富人們樂於選擇的居住地，也是一個旅遊的好去處，這兒的物價要高出加拿大的其他許多城市，來這兒的人很會享受，蒙城的露天酒吧、咖啡館和餐廳是人們夏季傍晚最愛去的地方，蒙城的飲酒年齡要低於美國，蒙城的酒可以在一般超市出售。位於市中心的聖凱薩琳大街有一個大規模的地下城連接了60多所大廈、旅館、購物中心和咖啡館，共有120多個出口，是加拿大規模較大的地下城。在蒙城生活，你很容易花掉錢，這兒的物資豐富幾乎囊括了你需要的一切，蒙城大街上各個名牌服裝店比比皆是，在蒙城的港灣中停靠

著昂貴的私家遊艇。

　　夏季這兒的街頭文化也非常興盛，而且往往與眾不同，有人把鋼琴搬上大街獨自彈奏貝多芬樂曲，街上的小型樂隊吸引路人駐足，街道上有一連排的漫畫攤可讓遊人選擇街頭藝術家為你畫像，就連乞討藝術也與眾不同，街頭乞討者用來彈奏的樂器形式多樣，甚至把塑膠桶也作為打擊樂器搬上街頭引人注目，唐人街裡有幾個吸引遊人的算命攤位。一個街頭演講者一邊在做一些小雜技，一邊在調侃遊人：見到兩位男士在一起，他便說，如果你們是真正朋友就請手拉手，這種事在蒙城很多。見到日本人，他說道，想必你也知道，你的祖先是「Made in China」（中國製造）。見到中國人便說：我正在學中文，明年到中國去旅遊製造許多孩子。下里巴人的街頭藝術也會引起你的一種感歎與思考。

六、結束語

　　短短一星期的蒙城探訪讓我留下了深刻的印象，在這個城市的繁榮背後，也有許多辛酸。蒙城的乞討者是我所見的加拿大城市中最多的一個，而且這兒的乞討者有許多編著同一個謊言欺騙遊人錢財，在我上過一次當後再也不相信這些乞討者了。這兒街頭的吸毒也是城市的一大通病，街上常常可以見到實習警察專門追蹤這些吸毒者，街頭賣淫、酒鬼在午夜時需特別當心，我在蒙城的這一星期中就有一位華裔老婦午夜回家被23歲的酒鬼莫名其妙打死。有時會有人在街頭髮出怪叫，街頭出租的自行車往往部分零件被偷盜，脫衣舞酒吧的廣告、性商店毫無遮掩，街頭男同

性戀在公眾場合親吻，還有專門的同性戀旅遊團參觀蒙城。

我並不反對同性戀，這大概也是加拿大多元文化的一部分。在最精緻的文化背後，一定還會有一連串東西同時並存讓人感慨，這是蒙城給我留下的另一種深深思考。

渥太華，加拿大的驕傲

渥太華是加拿人第六大城市，也是加拿大的首都。渥太華位於安大略省和魁北克省連接處，處於英裔和法裔文化的中間地帶。渥太華是加拿大政府所在地，也是加拿大政治和文化中心。渥太華的著名建築標誌當屬國會大廈，國會大廈不但建築宏偉，而且用料考究，裝飾雕刻精細，建材昂貴，帶著綠色自然銅鏽的屋頂更襯托了大廈的古老和尊貴。

渥太華的建築除了國會人廈的雄偉，古教堂聳立於市中心引人注目，國家美術館建築別具風格，門前的黑色大蜘蛛雕塑更是線條流暢、別出心裁地展示了藝術的優美及幽默。國家美術館整體建築現代化，與古老雄偉的國會山、古教堂建築交相輝映，體現了城市的現代化進程。國會山圖書館圓頂建築古老而莊嚴，內部設施更是精雕細琢令人無法想像。

在渥太華隨處可見綠蔭和花卉，國會大廈草坪被修剪得十分整潔。首都人的文化素養從他們的衣著和言行上體現，這個城市有29%的居民是加拿大政府聯邦公務員。每到夏季可以見證加拿大衛兵換崗儀式，身穿紅色軍裝、頭戴黑色高帽的加拿大衛兵在

隆重的儀式中完成換崗。

　　衛兵們仍然保留了英國皇家衛隊的服飾和儀式，身配長槍整齊劃一接受整隊和檢閱。在儀式中還保留了蘇格蘭軍樂隊的演奏。經挑選身高、身材相同的年輕衛兵們在儀式中認真嚴肅、訓練有素，代表了加拿大士兵的風範、勇氣、尊嚴和莊重，也代表了加拿大強盛的國力和作為加拿大人的自豪，同時也代表了對女皇的絕對效忠。

　　加拿大的眾議院和參議院免費供各國民眾參觀，參觀過程中，一對來自巴西的年輕夫婦被宏偉的場景和閱兵儀式所感動，激動高叫：「加拿大，我愛你！」這種情緒也感染了周圍遊客，人們紛紛鼓起掌來，為民眾是國家之本的加拿大民族精神而讚賞鼓掌。

　　走上國會大廈鐘樓，遠處景色盡收眼底，城市的整體規劃佈局整齊、渥太華河和橋樑把城市聯接到了一起。河流上漂亮的船隻停泊，如點點繁星點亮著湖光十色。鐘樓塔內無數片閃亮的金片襯托著古老的建築，使整個鐘樓更加閃亮和華麗。

　　渥太華的博物館、美術館、交響樂隊世界一流，科學和技術人才輩出。渥太華大學更是北美最古老的英、法雙語教學大學。裡多運河和渥太華河是城市的母親河，也是城市的命脈和活力，無論夏季還是冬季都為這個城市增添了一道風景線。

　　首都的民居建築和街頭藝術也吸引著遊人的目光，從街頭走上國會山的石級上被畫上了藝術圖案，街頭印第安圖騰和大座椅裝飾體現著城市的另一番不同凡響的街頭民眾藝術。露天餐廳遍

佈城市中心，裡多運河邊正在舉行著一場豪華的婚禮，新郎新娘將在城市的祝福中渡過幸福的人生，這個城市代表了國泰民安和欣欣向榮。

白沃德（By Ward）廣場是渥太華的繁榮象徵，白沃德廣場繁榮而有序，也代表了首都人的日常生活。除了政治和文化之外，首都人也用自己的雙手創建美好生活。白沃德廣場上的自由市場除了非常新鮮的水果和蔬菜外，還有新鮮的楓葉糖漿出售。市場很早就開始擺攤，首都人的勤勞為他們的生活帶來了樂趣。傍晚，坐在街邊餐廳中享受著一天中最空閒的時間，這兒的美食豐富，咖啡和啤酒是一天勞累下來最好的犒勞，因為美食，所以也更加熱愛這個城市。

渥太華的唐人街雖然規模不大，但足以彌補思鄉的困惑，帶著鄉音的華裔群體在這兒為自己的前程和生活奮鬥。不管是從事餐飲業、經商，還是從政、從醫，讀書或工作，在這個人口近九萬的城市中，與各族裔加拿大人一樣為城市的繁榮留下足跡。

2015年是加拿大聯邦競選之際，各種競選活動層出不窮，加拿大總理哈珀走出首都到處遊說爭取選票。7月到9月，由Manulife保險公司支助的渥太華國會大廈附近的燈光秀和焰火燃放更是為大選和城市渲染活力，五彩繽紛的燈光和焰火正是首都人民多彩生活和文化的象徵。

作為當初維多利亞女皇為加拿大定下的首都城市，渥太華的歷史和戰略地位可想而知。渥太華也從小漁村逐漸發展成大城市，裡多運河從原加拿大首都金士頓修建到渥太華，更為首都的

航運提供了便利。渥太華的定都，為法裔加拿大人真正歸屬加拿大打下基礎，使加拿大成為一個真正地域廣闊、多民族強大的國家。

如今裡多運河是人們休閒和遊船停泊的地方，裡多運河不遠處就是白沃德廣場。市中心也是各種博物館和美術館聚集地，加拿大檔案館、皇家造幣廠、國家圖書館等也在不遠處。

對一個外鄉人來說，要想參觀所有的博物館和建築，僅僅靠著幾天的遊覽是足足不夠的，這個城市政治、歷史、文化的豐富處處奠定了它作為加拿大首都的地位。所有有關城市的政治和文化是加拿大的歷史精粹，從這個城市中可以看到加拿大國家發展的脈絡和靈魂。

渥太華是一座漂亮的城市，除了古老的建築，這個城市的生態環境十分優越。空氣清新、陽光怡人，野果樹成林、鳥語花香，草地平整、孩童歡笑。

渥太華，不光是一片肥沃的土地，更是加拿大人的未來和驕傲！

別了，戰爭與武器

2015年9月11日，安大略省Orillia的原住民印第安人在Orillia公園舉行慶祝儀式，具有五千年文明歷史的印第安人在1615年北美洲的土地上，迎來了第一位到達Orillia的法國冒險家Champlain。在Orillia公園目前還被保留的The Biindigen Pavilion

這個簡陋的木屋中，四百年前當地的印第安首領為Champlain舉行歡迎儀式。The Biindigen Pavilion在印第安語中意思是：「歡迎」。

隨著白人的逐漸進入，印第安人與白人之間的摩擦也不斷增多，在殖民與被殖民的過程中，印第安人也曾經反抗過，但是，最終還是放下了弓箭和大刀。從此，印第安人慢慢被殖民的歷史與文化影響並存，在歐洲文明的影響下相互異族通婚、文化滲透，改變了印第安人的血統和流浪民族的文化，印第安人重新開創了一段屬於自己的獨特文化和文明生活。

在與異族的戰爭中，印第安人逐漸妥協，並以寬容的態度接受了外來文化。如今，在北美的土地上，他們依然享受著屬於自己的權利，加拿大的一百多萬原住民是加拿大各種族中人口增長最快的民族，成為了加拿大多族裔文化的一份子，也同時保留了自己民族的獨特風格和文化。加拿大的印第安人法使政府履行歷史上和印第安人簽訂的各種條約。

如今的印第安人從他們的外貌上可以看出，許多人也是白人的後裔。梅蒂人（Métis）就是指原早期來北美的法國人和印第安人婦女結婚產生的後代，現在一般指歐洲人和印第安人通婚產生的後代。當年，白人冒險家們用他們的木筏與皮舟開始登上北美這塊未被開墾的處女地，體現了一種武士般的勇氣，在與土著居民從戰爭到和平的交往中，同樣也以建設者的姿態建設著北美這塊蠻荒的土地。

Orillia公園的The Biindigen Pavilion木屋也是過去印第安人聚

集、集體打魚的場地，這個簡單的建築物也已有四百多年的歷史。今天，印第安人也在這裡迎接各方嘉賓，他們用自己最古老的食物、水果和草藥茶接待貴客，並向人們介紹印第安文化及打魚和豐收的場景。

印第安人的原始食物是一種加鹽的麵團，他們的草藥茶清香可口，用來打魚的原始材料是長木棍。每年初秋是打魚的好季節，這個時節三文魚產卵到了淡水河，用簡單的釣具或魚叉就能很輕易地捕捉到二十多磅左右的大魚，母魚中的魚卵是價格昂貴、營養很豐富的美食。

加拿大政府規定，每年魚產卵季節禁止捕魚，但對原住民印第安人卻網開一面，讓他們在這塊原本屬於自己的土地上盡情享受著他們的民族風俗，並採取免稅、醫療、教育、住房等一系列措施保障原住民的生活和自由。

在Orillia過去印第安人以此為生的Couchiching母親湖上，如今的印第安人、混血印第安人和法國人同舟共濟劃開木舟，象徵著民族的和睦與欣欣向榮。青草地上印第安人再次唱響了歡迎歌曲，用他們寬容的心態化敵為友，與殖民者的後代共同建設著自己的土地。在戰爭還是和平中，印第安人明智地選擇了和平與寬容，同時，也在加拿大這個民族大家庭中開始了嶄新的生活。

加拿大現有636個印第安人保留地，遍佈全國的每一個省份。按照加拿大的印第安人法，保留地的印第安人在自己保留地的範圍內，進行自我管理和民主選舉。英語和印第安人的CREE語是他們目前的兩種語言，加拿大的多元文化為不同種族和平共

處樹立了榜樣。

印第安人在西方文明的影響下也逐漸出現了分化，有的走出自己的圈子，走上了工作崗位和現代文明；有的還在享受著政府的補償和福利，由於酗酒、吸毒和懶散等劣習遭到歧視。在印第安人心中對於過去的這段歷史各有各的不同感受，希望印第安民族能夠自強，成為加拿大多族裔文化中的和平和幸運的民族。

在離開Orillia公園前去Gravenhurst白求恩故居的路上，突然又想起了海明威的名著《永別了，武器》，小說中主人公在經受了戰爭的各種創傷後，終於反思選擇做了一名勇敢的「逃兵」，向痛苦的戰爭說出了：「永別了，武器」。在這部戰爭小說中，雖然沒有血流成河、妻離子散、骨肉相殘，但處處是戰爭的影子，讓人由衷地厭惡戰爭。戰爭雖然有正義與非正義之分，但帶給民眾的只有戰爭的創傷。

戰爭的殘酷也奪取了白求恩醫生無辜的生命。今天，也是我第四次向白求恩故居博物館捐贈畫作和畫冊，並再一次在去年捐贈的畫作《我要去中國》前留影，為了紀念和感謝這位出生於基督教家庭的加拿大醫生。

七十多年後的今天我們也值得反思，意識形態和靈魂的戰爭依然存在，對民族的劣根性應當感到羞愧，精神的墮落是民族衰敗的根源。民族的自尊體現在自強，建設一個懂得自尊的民族，首先要走出狹隘才不會讓世界唾棄。這個世界還需要新一代的「白求恩醫生」和「白求恩精神」，能夠拯救人類的靈魂達到昇華。

加拿大人不相信眼淚

　　早在九十年代初，我在國內發表過《對孩子進行死亡教育》的文章，從兒童心理學發展觀點，介紹該如何嘗試對中國孩子適當進行死亡教育，文章引起爭議。中國文化中「鬼」是忌諱，死亡更是一種禁忌，祭祀祖先也要莊重肅穆。在「敬鬼神而遠之」的東方文化指導下，即使旅居在外很久的華人，也仍然堅持入鄉隨俗的同時，也要考慮到中國國情在孩子身上的烙印。但是，生老病死是人生必經的歷程，雖然國人很忌諱談論死亡話題，但在這樣的一個大國，每年卻有無數因各種原因自殺的人群。如何來體現人生價值和看待死亡，成了不得不談的話題。死亡的話題與生命的價值緊緊相連，如何看待有關死亡的風俗、文化和信仰等，不僅是心理學要研究的問題，而且更具有社會學意義。

　　中國的獨生子女膽小懦弱、嬌生慣養，經受不住壓力草率選擇自殺，與對死亡的神祕恐懼同時存在。正因為教師和家長忽略對孩子進行正確的死亡教育，當死亡突然降臨的時候孩子們束手無策，同時，成人們的情緒也會影響孩子，使他們幼小脆弱的心靈留下無法彌補的傷痕。

　　在西方國家死亡被看成是生命的一部分，西方人更樂觀地對待死亡，往往把死亡和生命的價值聯繫在一起。他們談論死亡的同時也談生命價值，只有當生命體現出一定價值的時候，人生才變得更精彩、更有意義。這種對待死亡的樂觀和堅強，造就了北

美的主流文化「硬漢精神」。

　　每年的11月1日，西方國家有個萬聖節，也就是「鬼節」。10月31日萬聖節前是孩子們最高興的日子，家長們為孩子準備各種怪異面具和「鬼節」服裝，孩子們會穿上每年不一樣的萬聖節服裝，說著「Trick or treak」，拎著南瓜燈挨家挨戶地討糖。孩子們聚在一起猜謎、唱歌、跳舞、玩笑，在一種輕鬆歡快的氣氛環境中瞭解、感受死亡文化與習俗。西方人不忌諱萬聖節在自家門口掛上骷髏、點上「鬼燈」。美國明尼蘇達州的Anoka號稱是「世界萬聖節之都」，每年都舉行大型的巡遊慶祝。

　　2011年8月27日，在電視上看到加拿大眾議院反對黨、新民主黨領導人，多倫多市議員、副市長傑克・林頓的一個隆重而又莊嚴的葬禮。在那場國葬儀式上沒有哭聲，只有音樂和歌唱，加拿大人忍受住悲傷、尊崇逝者的遺願，以樂觀向上不屈不撓的精神為逝者完成最後心願，民眾的眼淚和遺憾不應該屬於優秀的政治家。這份厚厚的葬禮不但屬於逝者及逝者的家屬，更屬於加拿大民眾，同時也對人們進行了一場有關生與死、生的價值和死的分量的教育。這是一場最堅強、最樂觀，最具民眾、民族精神和人格魅力的歷史性葬禮——加拿大不哭、加拿大人不相信眼淚！

　　這場特殊的葬禮令我震撼和感慨：「生命不凡，是因為生命與死亡相伴。生命在與死亡蛇纏般的鬥爭中體現悲壯，死亡，就像是生命預約的一場舞蹈。生命在與死亡共舞時，充滿著激情與活力，充滿著孜孜不倦的想像力和創造力，體現著生命的燦爛和輝煌。儘管生命是脆弱的，但是生命就是在與死亡的這種電閃

雷鳴般的頑強搏鬥中為自己贏得地位和權力，與宇宙融為一體，向著大地、向著天空存在。它既不是上帝的臣民，也不是歷史的人質。生命是悲壯的，生命之所以悲壯是因為它在死亡的刀刃上被抹去的時候始終留下遺憾。儘管一個偉大的理想尚未實現，但也不必為之痛惜，因為生命在與死亡的共舞中，曾經有過愛有過恨，有過熱血，也有過悲傷。儘管筋疲力盡、註定失敗的是生命，但是每一次死亡都是一個生命舞姿的定格，都是一個完美生命的句號。生命能夠如此對待死亡之所以不凡。當生命接受死亡的時候，周圍不需要陽光，不需要鮮花，沒有哀樂的悲傷，也沒有哭泣的煩躁，死亡只不過是使生命歸於寧靜，死亡其實並沒有把生命打垮。」

　　正因為懂得死亡，才更加珍惜生命，這也就是我想要告訴人們的一個道理。在尊重死亡的同時也不要忘記熱愛生命，由於各國的習俗和宗教的不同，西方人更能夠坦然地對待死亡。雖然無論東方還是西方，死亡都是一個十分沉重的話題，但很多西方人早已處理好自己身後事，如遺囑、財務等。對於這個任何人都無法回避的自然規律，世界上很多國家都開設了死亡教育課程，幫助孩子正確認識和麵對死亡。上世紀五十年代，英、美等國從幼稚園到大學都開設了死亡教育學科，1959年美國死亡學先驅赫曼・菲爾德的《死亡的含義》和1977年美國心理學家丹尼爾・勒威頓的《死亡教育範圍》對學科和教育奠定了基礎。美國公立學校九十年代也正式開展死亡教育，英國老師們則通常用動物或家養寵物死亡的故事作為教育的引導，在課堂上解釋人類的生老

病死，教會孩子們對生命和生活充滿信心和感激，並學會原諒自己和別人，享受好生命的每一天。學校還組織學生參觀醫院、殯儀館，召開座談會、研習會，講解捐贈器官的重要性。並讓學生參加對老人和病人的照料，讓孩子們體驗有尊嚴地走完生命的終點。在日本，死亡教育與人生教育聯繫在一起，課程包括生命起始、成長和結束，教導兒童正確面對失親的痛楚。死亡教育讓孩子們終身受益，但在同樣的亞洲中國不知這個有關死亡教育的課題是否能夠真正地為人們所接受。

榮耀與罪惡並存的虞美人之花
──寫在陣亡將士紀念日前的感慨

11月11日，加拿大的陣亡將士紀念日（Remembrance Day或Veterans Day），也是第一次世界大戰停戰和平紀念日。

在這個特殊的日子前，許多加拿大人早已胸佩一朵紅色黑芯的虞美人花，以紀念在歷次戰爭中為國捐軀的軍人和無辜的平民。這個日子是悲壯的，中午11時人們自覺默哀2分鐘，首都渥太華每年在戰爭紀念碑前舉行隆重活動紀念為國捐軀的軍人和平民。

1915年5月3日，在第一次世界大戰最為激烈的歐洲法蘭德斯戰場，加拿大軍醫約翰・麥克雷一邊埋葬著戰士的屍體，一邊抑制不住悲傷寫下了這樣的詩句：

在法蘭德斯戰場虞美人迎風開放

開放在十字架之間

一排排一行行

標示我們斷魂的地方

雲雀依舊高歌

展翅在藍藍的天上

可你卻難以聽見

因為戰場上槍炮正響

我們死去了

就在幾天前

我們曾經擁有生命

沐浴曙光又見璀璨夕陽

我們愛人也為人所愛，

可現在卻安息在

法蘭德斯戰場

繼續和敵人戰鬥吧

顫抖的雙手拋給你們

那熊熊的火炬，

讓你們將它高舉

你們若辜負死去的我們

我們將不會安息

儘管虞美人

染紅法蘭德斯戰場

我的保險經紀人是個德裔加拿大人，每當這個時節，他也總是胸佩一朵虞美人花讓我好生費解，他是在悼念他的德裔軍人同胞呢，還是在悼念加拿大軍人？在參觀了各種二戰紀念館後，我得出了這樣的結論：陣亡將士紀念日不光悼念那些在戰場上獻身的加拿大軍人，還同時可以悼念同樣在戰場上死去的敵方軍人。可以悼念英雄同時也可以悼念在戰場上死的不光彩的軍人。只要歷次戰爭中失去生命的人都值得悼念，目的是要人們不忘記在戰爭中失去的寶貴生命。

　　自從1921年加拿人退伍軍人協會正式採用虞美人花作為紀念陣亡將士的標誌後，1931年加拿大國會正式通過每年11月11日是「Remembrance Day」（陣亡將士紀念日）的決議。隨之美國、英國及英聯邦國家也採用虞美人花作為紀念陣亡將士的標誌。

　　在安大略省的Trenton小鎮上，有一個加拿大空軍基地和軍事博物館，每當紀念日身著軍裝的軍人和二戰老兵共同舉行紀念活動，老兵們身著軍裝，胸佩歷經各種戰爭獲得的獎牌，面容端莊地坐在輪椅中緬懷在戰爭中失去的戰友，有的還情不自禁留下了眼淚。

　　紀念館中還安放了黑色紀念石，上面佈滿虞美人花，以紀念近年來在阿富汗戰場上失去生命的年輕軍人。軍用機場是把在阿富汗獻身的軍人運回加拿大各地的必經之路，從軍用機場開始到整個401高速公路被命名為「英雄之路」。每當黑色的靈車裝載著軍人黑色的棺木在道路上慢慢行駛時，加拿大人都會立即停下車來，人們從車中走出，自覺站在道路兩邊目送軍人的遺

體離開。有的加拿大人從電視上得到消息後，還專門手捧鮮花等在路邊送別年輕軍人，道路兩邊的居民住宅都會自覺降半旗致哀。

加拿大人對二戰老兵非常尊重，老兵身著軍裝、胸佩獎狀走在路上，人們看見後都會停下車來問需不需要幫助。

儘管加拿大人有時對政府有各種各樣的不滿，但對自己國家的熱愛卻一點也沒有減少，我曾經問起過一旦戰爭爆發加拿大人該怎麼做？許多加拿大人告訴我，他們會拿起武器、流盡最後一滴鮮血保衛自己的家園。

這兒的軍事基地還每年幫助年輕學生訓練軍營生活。與軍事基地相鄰的是軍事博物館，上下共二層，走進博物館，首先是一個小賣部，出售戰爭紀念品。展覽大廳中展示各種戰爭紀念物，有圖片、實物、模型、各種類型軍裝、潛水設備、蠟像、紀念章、繳獲的德軍戰旗等，還有文字說明和電視解釋配合參觀，也有專門解說員引導人們參觀。

引人注目的是展覽大廳中占去半個展廳的一架二戰戰鬥機成立在這裡。這架Handleg Page Halifax NA 337 2P-X加拿大皇家空軍戰鬥機，1945年4月在歐洲戰場挪威被德軍擊毀墜入湖中，機上六人僅倖存一人。戰後，加拿大政府出資打撈這架戰鬥機並運回加拿大，經過整修在2005年11月5日陣亡將士紀念日前，安裝在軍事博物館展廳。此外，展廳還展示了第一次大戰中的水上滑翔機等。博物館二層主要展示各種小型實物飛機，有教練機、各式戰鬥機等，參觀者還可以坐在一架指定飛機上留影。

參觀結束後，通往出口的是博物館後花園，後花園中同樣成立著各種小型飛機，道路兩邊有許多參加過一戰和二戰加拿大空軍老兵的紀念名牌石埋在地上。從名牌石上的生卒年份來看，這些老兵有的死於戰爭，有的死於戰後，有的至今還健在。只要你是參加過一戰或二戰的加拿大空軍軍人，不管你死於何種原因，這兒都會安上紀念名牌石，並按部隊編號分類，讓家屬便於尋找並紀念。這兒還有專門安放加拿大猶太裔空軍軍人的紀念名牌石。

　　我先生的父親是加拿大皇家空軍飛機機械師，二戰時轉戰英、法、德，服役於加拿大皇家空軍直至1966年退役，戰爭損傷了他的耳神經及腦神經，戰後死於疾病。這兒也有他的一塊紀念名牌石以供家人紀念。

　　保家衛國的軍人是悲壯榮耀的，但是戰爭畢竟是殘酷和罪惡無情的，二戰中沒有盟軍的原子彈戰爭也不會這麼快結束，但是廣島、長崎的兩顆原子彈讓許多無辜的百姓失去了寶貴的生命。虞美人花榮耀與罪惡並存的象徵讓我們深深反思，紀念著無數不歸的生命。在陣亡將士紀念日前，讓我們也胸佩一朵虞美人花，不分國籍、不分政見、不分民族、不分男女老少，僅僅為了紀念在戰爭中失去的無辜生命，但願每一個人都是一位和平使者，祈禱戰爭永不發生。

彷徨、艱難探索中的中醫藥發展方向
——中國傳統文化遺產中醫藥在北美遇到尷尬境遇

　　最近，美國海關加強對中國中藥材帶入境內的監管和檢查，在中國被看作是養生產品的中國藥材蘆根、黃芪、三七等製成的幹藥材也不能帶入北美境內，更不用說用昆蟲製成的中藥材了。外國人很少相信中醫藥的療效和使用價值，有些中成藥在國外被列入違禁品，更不能列為基本醫療保健計畫。

　　但是，就是這樣的中國醫學和文化，無論理論和實踐都經過了幾千年的論證，實踐證明中醫藥成效和理論的合理性。中藥藥效雖然緩慢，但卻是對症下藥，沒有哪國的醫藥能像中藥那樣，開出那麼多的個性化處方，從人體的內在陰陽、虛弱環節調節身體功能，同時起到養生健體的作用。

　　中國古時候的中藥材，從野外動物自我療傷的過程中得到啟發，並模仿動物創造出了「五禽戲」這樣的氣功強生健體方法。目前，海外流行的印度「瑜伽」、泰國「推拿」、日本「武功」，大概也吸取了一些中國古代太極、打坐、氣功之類的養生精華。中國的針灸、推拿不使用藥品入體內，就能打通身體筋絡，起到止痛等立竿見影的效果。

　　中醫藥的好壞及藥效不但要靠藥材的環保；藥材生長的時間、速度、地點、採摘、選擇等方式；如何搭配、熬煮的時間等也非常重要。中醫望、聞、耳、切的實踐經驗，也是寶貴的財

富。兩千多年前，中國就有中醫理論專著《黃帝內經》。西元三世紀，東漢著名醫家張仲景著成《傷寒雜病論》被譽為「方書之祖」。西元657年，唐政府組織修編《唐本草》，這是中國古代由政府頒行的第一部藥典，該書共54卷，包括本草、藥圖、圖經三部分，載藥850種。唐代醫家孫思邈著成《備急千金要方》、《千金翼方》，對臨床各科、針灸、食療、預防、養生等均有論述。明代醫藥學家李時珍寫成《本草綱目》，收載藥物1,892種，附方10,000多個。西元十一世紀，中醫即開始應用「人痘接種法」預防天花，成為世界醫學免疫學的先驅。

在中國，中醫藥的發展也經歷了不平凡的過程。自十九世紀西醫逐漸傳入中國，到四、五十年代，傳統中醫遭到西方醫學迅速興起的干擾，潘尼西林這樣的抗菌藥能快速治好病家肺炎，西醫的手術更是挽救了許多人的生命。就像魯迅這樣的近代文人雖然棄學西醫從文，但卻也認為中醫是「庸醫」。我的爺爺曾經是家鄉江陰出名的中醫師，解放初期用一支野山參加入秘方，救活了被西醫判作「死刑」、因為騎摩托車氣管大出血不止父親的性命，並用膏方調理。如今九十多歲健在的父親身體沒有任何器質性毛病。在文革中被毀墓、身在九泉之下的爺爺，不會想到直系家人中僅沒有一人成為中醫師。爺爺的長孫、我的弟弟如今在美國最前沿醫學研究領域工作；我的弟媳正在考美國行醫執照；取得兩筆獎學金的侄兒立志成為將來北美的手術醫師。北美歸國探親的老鄰居們常常回憶起爺爺過去為他們看病的情景。許多爺爺用漂亮毛筆字在毛邊紙上親手抄下的寶貴藥方，也在十年文革中

毀於一旦。

　　高超的理論和中醫個人實踐經驗的重要性，決定了中醫學存在的價值。可惜的是：正因為中醫藥的個體化處方及不同的配置、熬煮方法等，使中醫藥沒有通用的劑量和使用方法，在國外不被認同。加上近來中國藥材的低環保，及中醫藥理論發展舉足不前、藥材毒性、藥理研究等成果沒有得到認可，及中醫生醫療水準整體下降、中藥藥性不明確、治病速度緩慢等眾多原因，造成中醫和中藥在海外市場舉步艱難、陷入困境的尷尬局面。

　　據文獻記載，十九世紀末，早期的中國移民就把中醫和針灸帶到了加拿大。中國寶貴的傳統醫學遺產中醫學，從此在加拿大經歷了艱難、崎嶇的發展道路。加拿大中醫主要發展了針灸醫療，但是，中醫學是通過針灸、中草藥、推拿、養生等治療方法，對證施治，以達到防病治病的全部醫療過程。出於多種原因，跛足先行的針灸醫療主要是以私人診所形式開始的。1983年，在加拿大聯邦商業註冊部長瓊・伊莎爾的支持下，「加拿大中醫藥針灸學會」正式成立，標誌著加拿大中醫和針灸工作的真正建立。90年代以來，加拿大魁北克省、卑詩省、阿爾伯塔省及溫哥華市陸續立法，承認中醫針灸的合法地位。1998年，經加拿大聯邦人力資源發展部核準，加拿大安大略中醫學院在多倫多市建立，採取全日制中、英雙語授課，畢業生可向政府部門申辦開業執照。學院有來自美國、瑞士、伊朗、韓國、臺灣及中國許多不同國家和地區的國際學生。

　　目前，全加拿大有中醫藥針灸協會、加拿大中醫藥針灸學會

及加拿大中醫學會三大組織，保險公司也為這些組織成員提供醫療失誤保險。目前的中醫治療，一方面只能使用保險公司為患者提供通常每年500至1000加元的針灸開支，其他治療仍需患者自付；另一方面按照中醫藥養生理論支撐的北美各種保健品，成了海內外華人的熱衷產品，北美的西洋參因為地理、氣候環境和土壤成了北美的特產。

中華民族燦爛文化的組成部分中醫學，幾千年來以顯著的療效、濃鬱的民族特色、獨特的診療方法，系統的理論體系、浩瀚的文獻史料，成為人類醫學寶庫中的共同財富。但是，深奧難懂的中國古醫學理論，需要最準確的翻譯和栓釋，就像如果沒有瑞典女作家母語精彩的翻譯，中國當代作家莫言也不會獲得諾貝爾文學獎一樣。彷徨、艱難發展過程中的中國古醫學，正在北美經歷著新的改良、變革和考驗，正在尋找著一種「暮然回首，那人卻在燈火闌珊處」的發展方向。

歷史、人文的收藏和展示地
——記安大略省納帕尼Lennox&Addington檔案博物館

安大略省納帕尼（Napanee）是一個不為人注意的加拿大小縣鎮。納帕尼位於安大略省東南部，距離Kingston（金士頓）以西約24.8公里，是Belleville市到Kingston市之間隱秘在自然奇觀中只有5千人口的小鎮。小鎮附近是典型的加拿大鄉村自然原野和原始森林景觀資源。在工業化時代，城市以高聳的煙囪和發達

的工業引以為豪，如今，原始自然資源豐富的納帕尼是安大略省最寶貴的天然財富。

在加拿大朋友Donna的帶領下，我參觀了位於納帕尼Thomas大街97號的Lennox&Addington檔案博物館。由於Danna曾工作於安大略省政府部門，並在納帕尼生活過一段很長的時間，因此她對納帕尼的歷史及人文環境非常熟悉。Danna是個非常熱心於社會工作的加拿大友人，在她的引薦下，我認識了納帕尼檔案博物館負責人Jane，並在她帶領下參觀了Lennox&Addington檔案博物館。

Lennox&Addington檔案博物館，是一座磚石結構的建築物，上下共兩層。走進建築物首先看到的是院落中漂亮的植物花卉，室內有長廊展示博物館實物收藏和圖片文字展示台。這座建築物原址是一個監獄，現在仍然有兩間監房保存可供參觀。原建築物在經過了後期改建和擴大後，形成了與原建築格調一致的花園式縣級檔案館，在負責人Jane帶領下，取得了與眾不同的成果。現在的Lennox&Addington檔案博物館，是集檔案收集、整理、保管、查詢並展示收藏品的一家特殊縣級博物館。與其他博物館不同的是：這家縣級博物檔案館，不僅有用於保管檔案的鐵皮收藏箱，供查檔案的明亮閱覽廳和工作會議室，更有先進的檔案收藏庫。由於友人Donna引薦，我直接進入了不對外開放的檔案庫參觀，檔案庫先進的格局和設施在妥善保管珍貴資料方面起了重要的作用。

友人Donna非常注重教育、社會工作，這家檔案博物館接受學生參觀並為學生講解歷史，Donna也曾是這家檔案博物館的志

願服務者。在參觀博物館前，Donna還一路開車向我展示納帕尼迷人的鄉村平原景色，Donna說正因為有了這片廣闊的土地加拿大人心胸開闊、助人為樂。

安大略省納帕尼雖然只是一個小縣鎮，但始建於1826年的MacPherson古宅、斯特拉瑟科納紙業中心、加拿大鋼琴博物館、納帕尼市政廳、門澤爾百年紀念省級自然保護區、舊海伊灣教堂國家歷史遺址等，也是納帕尼周圍具有歷史、人文、文化意義的參觀景點，加拿大人常沿著本地安靜的小道散步，騎車或徒步旅行享受鄉村景色。納帕尼不但是著名加拿大年輕搖滾歌手艾薇兒（Avril Lavigne）的故鄉，也是曾經遠渡重洋到中國傳教的美國傳教士、漢學家約翰‧加爾文‧福開森家屬的故鄉，中國上海市法租界時代的武康路曾被命名為福開森路。

參觀Lennox&Addington檔案博物館，不僅瞭解了關於小鎮的人文歷史；更是讚歎小鎮檔案博物館不僅有政府管轄，更有民間熱心人士加入。用真實的檔案資料傳承了一段不引人注目的人文歷史和文化，它不僅展示了豐富的歷史資料，而且在資源保護和資料收藏方面的先進經驗也值得借鑒。雖然，這個檔案博物館目前還鮮為人知，但相信不久將來該檔案博物館與眾不同的特色和資料容量，會引起更多人的關注和支持。

特倫頓博物館咖啡餐廳籌備開館

2014年10月感恩節前夕，安大略省特倫頓（Trenton）小

鎮，建於1861年的Town Hall迎來了關閉多年的Town Hall博物館建築、及附設咖啡餐廳重新開館，小鎮Town Hall博物館裡的資料，充分證明瞭小鎮的重要地理位置和歷史。特倫頓小鎮的歷史不光停留在伐木時代的運輸中轉站，而且特倫頓也是一戰、二戰期間的重要軍事要塞，加拿大皇家海軍軍艦製造廠和炮彈建造工廠也曾經設立在這裡，加拿大皇家空軍基地一直駐紮在小鎮。

大戰期間小鎮的經濟同時發展、歷史名人層出不窮，同時它也是加拿大早期電影製片廠的拍攝基地和攝製景點。小鎮在北美具有的影響力表現在至今美國網站上仍有炮彈廠用炮彈皮製成的工作人員標誌物出售。知道特倫頓小鎮的歷史後，一直夢想小鎮政府能積極開發小鎮資源，並利用小鎮獨特的歷史文物吸引外界重視，使這個距離多倫多兩個小時左右車程、具有非凡歷史意義的小鎮，能夠成為回顧戰爭歷史的最好創新景點。特倫頓博物館的建立彷彿是按我的設想進行，加上今年小鎮位於安大略湖和特倫特河灣港口開發，使這個歷史名鎮更增添了活力，相信不久小鎮會迎來大量遊客。

小鎮人都樂意捐獻有關小鎮歷史的文物和資料，並樂意把珍貴的歷史原件資料與更多人分享。特倫頓博物館咖啡餐廳開館前夕，已有不少志願者提供名鎮歷史照片。博物館咖啡餐廳中，不光成立著戰爭時期戰地醫護人員使用過的醫療器械、藥瓶、軍裝、扁馬桶、運輸醫療器械的皮箱等，還成立著小鎮歷任獨立警察照片、肩章、警帽等實物。最為珍貴的是：館中還成立著一把維多利亞女皇16歲以前使用過的木制座椅，在加拿大只有兩件這

樣的椅子，椅子用珍貴樹種實木手工雕刻精細，折射出當時英國宮廷生活的氣派和豪華。

　　志願者在博物館中幫助整理歷史資料，同時熱情地向觀眾介紹特倫頓小鎮的歷史故事。博物館分上下兩層，底層套間內擺放著五、六台電腦，供客人查詢特倫頓小鎮的歷史、資料、地圖和名勝景點等，並可以列印出自己需要的資料。走出咖啡館上樓是正在整修的模擬劇場，劇場中準備95張座位，可供觀眾觀看有關特倫頓歷史的老電影和歷史資料片。博物館中同時成立著一架電影拍攝機，有關特倫頓小鎮的電影拍攝點歷史是小鎮人的驕傲。

　　在博物館中設立咖啡餐廳，是為了方便觀眾有機會坐下來，細細閱讀小鎮曾經的歷史照片和資料。同時咖啡桌玻璃板下，也展示了不少有關小鎮歷史的照片，照片豐富到每張咖啡桌玻璃板下的照片各不同。而且有許多放大的照片，被像報紙那樣一張張夾起，整齊地掛在兩邊的掛鉤上，使人很方便地能夠取閱這些歷史照片，這又是小鎮博物館的獨創。

　　二十一世紀，經濟高速發展已使人們學會忘記歷史，也使美國成為世界第一強國。今年，美國公司更以強勁的實力，並購加拿大具有50年發展歷史的Tim Hortons咖啡餐廳，同時推出類似星巴克口味的黑咖啡，並受到大眾歡迎。強大的美國以軟綿綿的蠶食，打敗了許多加拿大民族企業，控制了加拿大乃至世界的經濟命脈。人們對戰爭的痛恨，因為戰爭傷害許多無辜貧民，拿破崙那樣把槍炮對準敵手的軍人，在歐洲始終被認為是英雄，希特勒成為暴徒是因為滅絕種族的殺辱。對流血的戰爭人們痛恨無比，

卻沒有人會對平等競爭下的蠶食感到憤怒，在將來的歷史上，是否還有值得驕傲的民族企業和民族歷史已成為一個問題。有創建的獨特卻沒有保留的實力，將來的世界終究要成為一個共同經濟體，地球人將來的歷史也許只會發展到與外星文明的對弈和溝通。

特倫頓小鎮博物館咖啡廳開館，創立了又一個獨特構想的博物館咖啡餐廳品牌，成立了更多戰爭時期戰地救死扶傷的醫療情景和當時旅館、銀行建築業發展情景等。除了戰爭，當地人的生活和戰時的經濟同步發展可見一斑。小鎮博物館只是一小段歷史的見證，在這段歷史中，個人的經歷也好像是在用自己的腳步在衡量、尋找和連接著某個特定歷史時期的一張世界歷史地圖，度量著歷史曾經存在的意義和生活的涵義。感恩上蒼，讓我們共同懷抱著同一個地球，我們已不光是綠色地球的和平保衛者，更是文明地球的修道士，感恩節前特倫頓小鎮博物館的重新開放，補缺了一段即將被遺忘和遺漏的歷史，也使我們更進一步學會思考歷史和麵對未來。

歷史與建築、人文與藝術的文化展示
——Kingston藝術展參觀見聞

7月初，Kingston（金士頓）市立公園舉辦一年一度的藝術展。Kingston每年都會在加拿大國慶期間舉辦為期四天的藝術活動，這種室外藝術展示活動已發展得比較成熟而有經驗。藝術展示活動同時帶動Kingston市中心周邊露天市場的發展，成為

Kingston夏天旅遊旺季的開端。

　　每年Kingston市立公園舉辦的藝術展吸引大批藝術愛好者參與。藝術展上除了展示各種手工藝品和繪畫藝術外，零食、調料、糖果、服飾、藝術家具等展示也吸引了不少參觀者。2015年初，由於加拿大經濟的下滑也同時影響了藝術展參與者的熱情，如今Kingston室外藝術展規模雖不及前兩年，但也有大致100多個參展攤位。

　　藝術展上最引人注目的是Salon Theatre，這是個來自多倫多的劇團。在露天藝術展上，劇團工作人員當場設計紙板木偶，切割紙板做出各類動物造型，並吸引志願者加入。劇團人員製作的民族木偶被擺放在樹下供遊人拍照，同時也組織、指導參觀者嘗試踩高蹺，在這種高難度活動中，選擇人員參加踩高蹺遊行活動。經過化妝的劇組人員還當街隨機即興表演，宣傳演出節目吸引遊人購票觀看演出，兩名觀眾當場接受加拿大電視臺採訪，這種觀眾與演員互動式的藝術活動是藝術展上的亮點。

　　幾年前，也有意參與Kingston藝術展，但考慮到參與費用及繪畫銷售的不景氣終於取消。Kingston曾經也擁有加拿大知名畫家，但這次藝術展參展畫家並不多，值得讚賞的是Cheol Hwang這位韓裔油畫家，他於2009年移民加拿大前已小有成績，並始終堅持繪畫創作，連續幾年參與Kingston藝術展，他的繪畫得到了觀眾的重視。

　　藝術展上的手工製品想像力豐富，有圖案的垃圾桶、有文字圖案的抽屜、木板拼圖、色彩漂亮的玻璃、陶瓷製品琳琅滿目，

也有攤主身佩自製的皮具招徠顧客。手工藝小熊攤位使我想起了一位加拿大朋友，她也是手工熊的製作愛好者，她所製作的手工熊不但色彩各異，而且形態和大小也不同，曾經應邀參觀過她家中的手工藝熊後，還得到朋友贈送的兩個大小和顏色都很有特色的蘇格蘭小熊。

與所有加拿大國慶期間的活動相同，Kingston藝術展周圍也有兒童樂園供家長帶孩子活動，中央噴水池中不斷有孩子們的歡聲笑語，試著坐上帶有保險的秋千座椅使作者童心大發。在大木板牆上孩子們可以自由組合畫畫和加色共同完成巨幅作品，還有專門攤位指導兒童作畫。藝術展上唯一缺少的是兒童動物樂園，人與動物親密接觸互動是我在Trenton國慶日上看到的最溫和場景。

一個城市的活力往往表現為城市居民對藝術的欣賞力，作為建築也是藝術的一種突出的表現形式。在參觀了Kingston市立公園的藝術展後，順道也參觀了Kingston市政廳大廈。早在1841年，Kingston就被選為加拿大省首府，成為實際上加拿大首個首都城市，所以，Kingston的許多建築物都非常美觀，並富有歷史和人文藝術價值。

這座城市著名建築物代表當屬Kingston市政廳。Kingston市政廳建於1844年，雖然經過1908年7月24日的意外火災，今日Kingston市政廳依然是灰白的圓頂鐘樓，保留了當年的十字建築風采。同時驚奇的是市政廳大廈中，還保留了不多見的古監獄和囚犯名單，囚犯名單和當時政府會議記錄手寫稿藝術字體都十分

俊秀。當時的古監獄在這座大廈中是最破舊的一小部分，與輝煌的市政廳內部建築結構格格不入。市政廳大廈中各任市長的巨幅油畫和照片、建築內部的藝術雕刻像是另一種藝術品展覽。現任Kingston市長如今仍在這座大廈辦公。

Kingston市政廳常年開放供遊人免費參觀。在引導員的陪同下，我一路進入參觀了這座龐大的建築物，建築物內部結構和裝設的豪華大大超出了我的想像。特別是圓桌會議廳和帶有麥克風的發言台設備先進、吊燈富麗堂皇奪人眼球，大會議室臺上則有鋼琴、照片和旗幟。建築物大致為三層，層高而宏偉，圓頂建築內的彩色雕刻精細、花紋清晰，弧形的牆壁相應配上了圓弧形的超規格大門。不由贊佩市政廳規模和設計都體現了Kingston當時的加拿大首都身分。

Kingston居民的藝術才能和鑒賞力早露端倪，可在Kingston市政廳的建造和內部裝飾上達到高潮體現。看來Kingston藝術節與這個城市有緣，就連市政廳周圍的廣場上，也有小型藝術品展示和花卉展示夾雜在露天菜市場，延伸了市立公園藝術活動的寬度和廣度。

在國慶慶祝日活動之際，加拿大人也緬懷被稱為「加拿大之父」的加拿大首位總理約翰‧亞歷山大‧麥克唐納（Sir John Alexander Macdonald）。麥克唐納與Kingston和Napanee（納帕尼）有著不解的淵源，這位擔任過加拿大19年總理的麥克唐納兒時隨家人移民Kingston，後又在1864年組成大聯合政府，促使加拿大正式立國。

記得不久前在友人陪同下，到離Kingston不遠的納帕尼Lennox&Addington檔案博物館贈送畫作和畫冊，同時參觀了建於1826年的MacPherson古宅。故宅的主人就是加拿大當時首位總理約翰‧亞歷山大‧麥克唐納的好朋友。麥克唐納擔任總理期間，經常到Mac Pherson古宅訪友、酗酒和參加舞會。這也是我在納帕尼參觀活動中，第一次瞭解到這位加拿大首任總理的事蹟和故事。

藝術的發展也與城市的人文發展有極大關聯，Kingston的歷史、地理、文化、建築等為這個城市的藝術氛圍增添了鮮明的人文色彩。火車、遊輪、港灣、交通和文化也一併發展，吸引遊人目光。在參觀Kingston藝術展的同時，也瞭解了部分加拿大的歷史和文化，這是參觀Kingston藝術展後的另一種收穫。

小城Cobourge的英式建築法庭

在安大略省一個名叫Cobourge的小城市中，我第一次見到了加拿大的英式法庭建築，這座Victoria Hall英式建築1983年被重新開放為一個公共活動場所。始建於1856年的Victoria Hall英式建築中，保留了一個當時用作法庭的場所。現在這座英式建築已經被挪用作辦公室、畫廊、會餐和夏季樂隊演出場所。儘管建築物被改成了其他用途，但也保留了英倫時代的風格，底層仍然保留著當時英式法庭法官，用來審訊犯人的大堂。這個英式法庭被用鐵鍊圍住不能進入，只能供人參觀並拍照。

在北美生活一不小心就會上法庭，當然上法庭也不用害怕，只要有理就會贏。因為北美的法律比較健全，所以人們也不必要遇事就吵鬧不休，上法庭解決問題是北美人的習慣。當然上法院會花很多錢財請律師，最好不要違反當地法律和法規。

　　在北美駕車人人害怕警察，一不小心就會違反交通法，在這兒特別提醒：一旦駕車過程中發現警察盯住了你，在加拿大交通法要求立即在路邊停車，並坐在車中不要出來，等警察走上來處理問題。而在美國因為允許私人擁有槍支比較危險，所以警察一旦盯上駕車者，駕車者應該立即在路邊停車，並雙手抱頭自動走出車外等候警察處理。當然除了違反交通法規外，亂停車及交通事故也會收到罰單及要求法庭解決。吃罰單前警察也會提醒你如果有異議也可上法庭，當然這樣的上法庭也根本不同於刑事犯罪，不會在名譽上造成任何損失。如果警察罰款過多或罰款不當，駕車者也可以申訴自己的合法權利要回罰款。

　　但是，為了交通事故上法院也要花費精力。有一次，先生駕車不知什麼緣故頭昏眼花撞上了大樹，雖然沒有傷人但卻毀了車，警察處理時吊銷了駕駛執照。在北美吊銷駕駛執照是很大的處罰，不能開車辦不了任何事情。警察看到交通事故發生不得不執法，這是警察的權力。但在量刑上警察雖然吊銷了執照，也會問你是什麼原因造成交通事故？得知先生有高血壓，警察當即提醒要去醫院檢查，並告知駕車者可上法院詢問，吊銷執照是否是合理量刑，人性化服務很周到。最後，先生上了法庭等了一段時間終於取回駕駛執照並被罰了120加元的罰款。

作為華裔的弟弟，從小遵紀守法從沒上過法庭。但是，在美國生活中，有一次竟然也上了法庭。原因是：在大學工作的弟弟在一次大型運動會中把車停在老地方，而這個地方被徵用作運動會停車地，但是因為事先問過一個美國聯邦警察當天是否能停車，警察作了肯定回答也就放心停車。想不到還是吃了城市警察的罰單，結果還被要求上法庭解決問題，在法院弟弟不但取回了200加元的罰款，城市警察也當場道歉承認不知聯邦警察已同意停車。

　　因為自己家人在北美有上法庭的經歷，所以在加拿大也注意起一些法院來，北美的法庭具有至高無上的權力而變得十分莊嚴神祕。在一些西方電影中，看到過的是英式法庭中法官穿上長長的法官袍、戴上假髮套、坐在法官座上，面容嚴肅手拿法官錘敲響桌子，一錘定音審判案例，不服可以再上訴。當然為了交通法規上法庭，法官只是問清情況，並沒有這樣的法庭氣勢。

　　在Cobourge小城建築中的英式法庭，仍然保留了歷史建築風格的原形，整個建築體現了英倫時代層高、寬大、精緻的建築風格。同時，也讓我想起上海外灘附近的英式建築，及靜安寺附近的中蘇友好大廈建築物的層高、寬敞建築風格和格調。小城中的法庭審訊當時犯人的場所雖然地方不大但也氣勢宏偉，法官座在庭審長條台的正中，周圍兩排是旁聽座，旁聽座前面也有擋板保證安全，法官座後牆有雕刻精緻的浮雕標記和兩扇邊門，頂牆有一圈精美的裝飾燈具，法官台前和被審訊的犯人站立處有精美的欄杆圍住，犯人被關立在一個像是四方形的圍欄小盒子建築中接

受審訊，整個庭審處建築物除浮雕外黑白兩色分明體現了法律的公正嚴明。

記得在2007年剛入加拿大時，曾經參觀過安大略省金士頓古英式監獄，金士頓古監獄是用來關押當時從美國押來服刑的苦役犯，2007年當我參觀古監獄時，古監獄仍然保持了監獄的原樣，並可以參觀當時石頭砌成的獄房。古監獄中也有真人著英式黑、紅兩色軍裝、佩戴長槍巡邏引人注目，是一個吸引遊客旅游參觀的場所，但近來也聽說已關閉使用。

Cobourge小城不但保留了這座英式法庭建築物，我還在這個小城中找到了兩家英式糖果店。英式糖果店中的零食因為來自英倫所以價錢特別貴，趁著小店打折還是買了幾袋英式餅乾嘗味，其實也是與一般餅乾沒什麼大區別，只是英式建築和零食給了我體驗和嘗試不同文化的機會和感覺。

第二章　文化感悟

世界頂級World Pride在多倫多舉行

　　2014年6月世界頂級World Pride，也就是同性戀自豪節在加拿大多倫多市舉行。這個活動是多倫多市爭取到的第一次世界頂級World Pride，活動持續了10天，每一天都有大大小小不同的儀式和活動，包括自由演講、論壇、聚餐、購物及World Pride同性集體婚禮等。6月29日星期天，是這次活動的結束和高潮，來自世界各國的同性戀男女和一般民眾都積極參加或觀摩這一天活動，把活動推向了頂點和高峰。

　　要說這是一場同性戀自豪節活動，不如說這是一場世界各國人民為爭取自由、民主和人道權力的大規模顯示活動。活動其實不光為同性戀者開放，來自世界各地的人們都可自由參加活動或觀摩活動。參加同性戀遊行是有專門組織的，同時打出了組織者標記。隊伍中有各種俱樂部成員，有教師和中學生，有公司和工廠人員，有大學和大學生組織的隊伍，也有軍人和警察隊伍。安大略省及多倫多市政府高級官員及宗教界人士也一起加入這一活動增強了活動氣勢。

　　作者觀摩了整個遊行活動過程，活動在下午一點開始，從

多倫多的Church（教堂）大街出發沿著Young Street（央街）遊行了共達5個小時。整個活動載歌載舞在清晰歡快的音樂聲中行進，路上的人們邊欣賞音樂和舞蹈邊跟著樂曲節拍一起舞動，隊伍在行進的過程中還不斷向路邊人分發小禮品，有的路人同時收到不少免費禮品。在遊行隊伍前面打出了不同國家的國旗，也有來自亞洲各國的不同國家國旗，其中還有一面五星紅旗，當然參加遊行最多的還是來自北美和歐洲的隊伍。

游行活動從教堂街聚會音樂演出開始，一位神父發表演講後介紹了參加活動的政府要員，多倫多競選市長傑克·林頓之妻華裔Olivia Chow女士參加了活動，並身穿紫色裙裝進入遊行隊伍與大家一起遊行。遊行人群身穿各色各樣奇裝異服，服裝風格和款式也各種各樣，像是在看一場獨特的服裝展示。用我喜愛畫畫的眼睛去看這場活動就像是看到了五彩繽紛的色彩，用舞臺美術的眼光去看好像找到了一種服裝創作和設計的靈感，炫耀的光亮色彩在腦中留下深刻影響，任何一位舞美師也比不上這份集體創作的立體舞臺藝術。

這場同性戀自豪節活動在我看來其實是一場秀，體現了人間倡導的大愛。體現了人們的朝氣和嚮往歡快生活、多元文化的節奏，也是倡導世界和平與歡樂的盛典。關於同性戀問題各人有各人的不同看法，加拿大是文化多元的國家並允許同性結婚合法，這也是加國多元文化的一種，我的態度是理解和認同也不必大驚小怪，既然生活在加拿大也應該充分尊重當地多元文化，這也是理解和融合北美文化的一部分。當然，對於遊行隊伍最後一小部

分脫衣遊行就看個人怎樣看待，就像學繪畫必須先會畫人體模特、學醫必須先學人體解剖一樣，如果你的心裡沒有汙點想法，你的眼界也就有所不同。

　　人生的道路多彩和多樣，這次活動的標誌旗幟也是一面六色彩旗，對於大千世界的五彩繽紛來說是多了一種色彩，但對於七色光譜學來說是少了一組色彩組合，沒有一個設計者能導演這場盛會，民眾和團體創作的力量組合才是真正的傑作。World Pride的成功就像是另一場世博會光怪陸離、充滿著傳奇和神祕色彩，World Pride的舉行證明瞭這個世界在進步、體現了一種文化的寬度，這就是為什麼吸引人參加的理由，作為旁觀者來說原來這個世界多姿多彩、豐富多樣。每個人都有追求自己生活的夢想，爭做一個尋夢人，才能讓世界變得更加安詳、美好、多彩和理想。

稻草人、南瓜、彩色玉米和楓葉
——感受感恩節晚餐和藝術裝飾

　　感恩節是北美的節日，在英國受到迫害的清教徒初到北美，在當地印第安人的幫助下，渡過了寒冷的冬季生存下來並獲得食物，為了感恩上天賜予的好收成，北美早期移民與當地印第安人共同慶祝，形成具有非常複雜歷史意義的感恩節。1872年10月14日，加拿大政府正式確定感恩節為加拿大民族節日。美國也自1941年起確定感恩節為正式傳統節日。

　　感恩節除了著名的火雞晚餐、南瓜餡餅、小紅梅甜醬外，基

督徒按照習俗前往教堂做感恩祈禱。節前稻草人、南瓜和印第安彩色玉米的裝設，如今也成為感恩節的一大民風習俗。稻草人在農家通常是用來驅趕入侵稻田尋找食糧的鳥類，就像是木偶娃娃恐嚇小孩那樣，見到稻草人樹立在農田，鳥類就不敢輕易入侵農田。

北美的藝術南瓜形態、大小多樣，黃、桔紅、白、青綠、黑等多色鑲嵌渾然天成出自自然，堆在一起非常引人注目。感恩節前店家用傳統稻草人、南瓜和玉米等藝術裝潢把店堂打扮得更加亮麗，每家每戶也都用南瓜和彩色玉米等裝設佈置房前房後，店家趁機推銷各種裝設用品，除了被繪畫過的南瓜、玉米、稻草人有現成的出售外，加拿大人還喜歡用已逐漸變紅的楓葉，作為感恩節的佈置和晚餐台桌上的裝設品。

坐上感恩節晚餐台，義大利裔妹夫帶頭朗誦《聖經》，英國裔姐夫為大家切開火雞。親朋在餐桌用作裝飾的片片楓葉上找到自己入座的姓名，一家大小近30人的直系家庭開始感恩節晚餐。在這個「聯合國」般的大家庭中，不同族裔的人都用同一種語言交流談笑。除了我之外，都找到了一個共同的名字「加拿大公民」。而此時的我心早已飛向遠方，在遙遠的中國那兒才有我真正的家鄉！

這是一個軍人後裔的家庭，如今的家人已經走上醫療救護、學校教育、公司工廠、私人老闆、政府機構等不同崗位，還有一大群正在接受教育的孩子和兒童。感恩節後即將迎來的冬季又要各自勞燕紛飛，耕耘著屬於自己心中的那一片土地。

感恩節過後也是即將到來的陣亡將士紀念日。順道參觀了位於Cobourg小鎮的Sifton-Cook Heritage Centre博物館，正好遇上博物館一戰100周年巡迴紀念展。一批小鎮志願者以「Bringing our story back to life」（帶上故事回歸生活）為主題試圖徵集、挖掘有關小鎮更深的各段歷史，感恩節前也是博物館戰爭巡迴展的最後開放日。

博物館前帶上鋼盔體驗當初軍人心情，就是為了今天豐收的土地，戰士選擇流血挺立護防。感恩節餐桌上，我們沒有金錢和地位的誘惑，只有感恩食物、家庭和誠實的友誼。加拿大親友的每一句「歡迎你回家！」都會使我感慨。

面對歷史我們已無法謊言，基於「來者是客」的信念與習俗，200年前印第安人教導最初的移民如何狩獵、捕魚和種植玉米、南瓜，都掩蓋不了過後印第安人所遭受到的剝削與屠殺的歷史。宗教摩擦、民族仇恨、對立衝突之間的戰爭，那一段段被扭曲的歷史，不應該成為心中永遠的痛。正義與非正義、戰爭還是和平，我們都無法選擇，總會有一個誠實的孩子，最先說出其實皇帝的身上並沒有新裝，而那個孩子不管何種族裔都必將被選為將來的國王，這個勇敢的孩子名字就叫做「加拿大人民」。

感恩節各族裔民眾在北美共同慶祝著同一個民族節日，楓葉樹下那一片片的紅楓就像是杆杆連接天際的電線，總會聽到一種天籟之音和來自自己內心善良真實的回音，民眾之聲也就是上帝之音，但願友誼地久天長。

加拿大的親民選舉與競爭

　　2015年是加拿大聯邦競選年，對一個中國人來說這本不關我的事，可偏偏是我所居住小鎮地區的競選電話打到了我的家裡，拿起電話告訴對方我沒有資格發表意見，但是，不久信箱裡也接到了各種競選資料。對於加拿大多黨競選的慣例我實在不瞭解，記得幾年前兩位身穿紅色T恤的老人上門送了一張印有Lou Rinaldi名字的紙片，並熱情地邀請我和家人參加他們免費的燒烤聚會，我當時十分奇怪，是誰會邀請陌生的我參加他們的燒烤會，是不是請柬發錯了地方？兩位老人看起來十分認真，並確保我答應一定要和家人參加他們的聚會。

　　先生回家後，我把請柬給了他，並告訴他我已經答應參加聚會。先生一臉不高興，當即表示不參加聚會，先生說：「競選活動也不能強迫人參加呀！」見到先生不高興，我十分意外，難道參加燒烤免費吃飯也是一項競選活動？

　　幾年之後，大約明白了原來加拿大每年都會有選舉，都會有拉選票之事發生。各黨派競選活動小組每年都會安排一次親民活動便於官員接近民眾，為自己再次競選做好充分準備，並聽取民眾建議。

　　2015年更是聯邦大選年，哈珀總理走出首都渥太華到處遊說，甚至還把家庭成員推向公眾，向公眾展示親民形象，各黨派競爭激烈，各施奇招。在我居住的包括Belleville市在內的Quinte

West地區，安大略省府官員也為自己的黨派競選化盡了力氣，隨著哈珀總理8月7日到訪Belleville市演說，Quinte West地區更加關注聯邦政府今年的大選活動。為了滿足我個人的好奇心，在得知任何人都可以受邀參加安省官員競選小組舉辦的免費燒烤活動後，作為一個中國人的我欣然前往參加活動。

8月30日，安省政府競選小組舉辦的免費燒烤活動選擇在Brighton小鎮Speedway露天草坪上開展，當我到達的時候，草坪上已經有不少選民在享用燒烤午餐。進入的時候需要填寫一份表格，寫明姓名、位元址、聯繫方式等，上面並沒有要求填寫國籍，使我大大松了一口氣，儘管事先知道任何人都可以參加活動，但最終還是擔心因為我是中國籍而被拒絕。

偌大的草坪上，混進了我這個唯一黃皮膚的中國人，我四處張望看著加拿大公民在一起討論「國事」，競選小組的人員不停忙綠，找民眾談話、回答提問等。簡單佈置的競選臺上在午餐期間有兩個演員在彈吉他演唱歌曲，許多人已經坐下享受著午餐。我進入的時候已經遲到了不少時間，以後還有人群三三兩兩陸續湧入。

見我站在那裡傻住不動，一位身材不高、有些禿頂、身穿紅色T恤的長者向我走來，握了握我的手後自我介紹起來，原來他就是安省高級官員Lou Rinaldi 先生。戴上眼鏡後，Lou Rinaldi 先生與競選材料上的照片有些不同，怪不得我一下子認不出他來。介紹完自己後，Lou Rinaldi 先生又問了我一些問題，並介紹自己從小從義大利移民到加拿大，他感謝加拿大這個國家收留了他，並

給了他最美好的幸福生活，他認為加拿大是一個最美好的國家。

在與Lou Rinaldi先生的交談過程中，並沒有因為國籍問題受到冷遇，不久，他的夫人也過來與我握手打招呼，並招呼我享受午餐。午餐包括牛肉漢堡、甜玉米、蛋糕和各種飲料，午餐完全自助式盡情享用。這時，Lou Rinaldi 先生走上演講台開始進行了簡短的演講，演講中沒有十分嚴肅的政治術語，反而是輕鬆幽默吩咐大家儘管享用午餐。簡短演講結束後，Lou Rinaldi先生與大家一起用餐。用餐期間，我居住的Quinte West地區現任市長Jim Harrison 也與大家打招呼，當他得知我居住在他所管轄的地區時，竟毫不猶豫邀請我有時間到他工作的辦公室坐坐。

Jim Harrison市長和Lou Rinaldi先生一樣衣著普通，與網站上他倆分別身穿官服、身配勳章的官員形象完全不同，Lou Rinaldi先生還特地關照我有事可以隨時撥打他辦公室的電話。

官員們的親民打消了我原本的拘謹，我欣然分別向Lou Rinaldi先生和Jim Harrison 先生送上了我的畫冊作為感謝，在留下合影後，想不到Jim Harrison市長竟邀請我在畫冊上為他簽名。

整個競選活動過程中，我沒有感受到任何政治氣氛，雖然現場記者不少，但許多加拿大人都只是很放鬆地坐下享受午餐，只有官員和競選小組人員不停忙綠約談民眾、回答觀眾的問題。現場上的加拿大人以老人為多，青年人很少，更沒有像我這樣的外國人參加。

現場上人們走進走出十分自由，官員演講時，人們照樣自顧自午餐，遲到早退也是十分正常。我也是在活動還沒有結束時就

早早離開，在我看來，這更像是一場新、老朋友的聚會，根本不像是一場激烈的拉選票競選活動。

文化，喚醒文明和覺醒

2013年10月，加拿大國家藝術中心交響樂團首度訪華巡演，樂隊在香港、天津、重慶、上海等城市舉辦多場大型演出，為中國大眾舉辦了數十場教育和音樂普及活動。在這個訪華團訪問上海期間，接到了隨團來華的《加中時報》創辦人林蔡亮亮老師的一個電話，要我到加拿大駐上海總領事館接一把琴，並親自把這把琴交到樂團的一位叫Majorlaine Fournier女音樂家手中。這是一把用昂貴的紫檀木精心製作的二胡。關於那個《二胡》的感人故事和Majorlaine Fournier女士對中國訪問期間的美好記憶，林蔡亮亮老師要我來把它寫下來，並使這個故事能夠在這次樂團訪華過程中的最後一站上海有一個美好的結尾。11月初，由於筆者身體原因住院開刀，這個故事終究被耽擱了下來。關於這個故事，雖然已經成了過去，但卻不得不引起了我的一番認真思考。其實或許這個故事本身已不再重要，而在於它的某種象徵意義，彷彿冥冥之中接到了一桿接力棒，你是拿著這個接力棒原地打轉還是扔下不管？在與加拿大當地華人的一些接觸和瞭解過程中，許多當地華人像我一樣或者忙於生計，或者享受著清閒的退休生活。我曾經在感歎加拿大這個國度多元文化和舒適生活的同時，幾乎迷失過自己。雖然經常往返於中國大陸，但像許多移民一樣夾雜在

香蕉人的種種困惑中，吃著西洋食物、說著半生不熟的英語，遊山玩水中曾經十分感歎加拿大的歷史和文化。幾乎忘了中華民族有上下五千年的歷史和優秀的民族文化，也從來沒有認真思考過傳承民族文化這樣一個嚴肅而認真的大課題。

在我與《加中時報》林蔡亮亮老師的接觸過程中，我才真正瞭解到上一代人在民族文化傳承過程中，比起我們這一代人來說更加努力，或者說付出了更加辛勤的勞動。去年10月探親回國之際，有幸和《加中時報》創辦人林蔡亮亮老師相識，林蔡亮亮老師曾經鼓勵我寫作要集中精力用大手筆。雖然在國內政府機關從政多年，也寫作了多年，對我來說，何為大手筆我從來就沒有時間認真思考過這個問題。其實除了政治、經濟之外，一個國家的文化和歷史同樣能體現一個國度的文明和淵源，同樣是某種意義上的大文章和大手筆。但是，要真正寫好或理解好這個問題，同樣有許多的困惑和迷茫。

加拿大雖然是個歷史不長、文化多元的國度，但國民卻在這種文化中體現了一種高度的現代文明。中華民族雖然歷史悠久，但國民的素質有待進一步提高，除了人口是個大問題之外，國民的素質也成了提高民族文化的一大障礙。曾經瞭解到中國農村絕大多數女孩甚至連小學也沒有畢業就輟學在家，一個連字都不識的人更談不上瞭解自己國度的文化。傳承民族文化的概念其實除了在海外發揚光大本民族的文明歷史外，另外很大的一部分就是首先應該讓本國的民眾真正認識到本民族、本土文化的實在意義，從這個角度來講，光靠一部分人的努力是絕對談不上立志傳

承民族文化的。另外，從一些資料中也表明，大陸的富有者對公益事業、教育事業的熱衷遠遠不如港臺和一些海外華人。

除了熱心於公益人士的不懈努力之外，我想一個政府對傳承一個國度的文化也應該負有不可推卸的責任。對中國這樣一個多民族的人口大國來講，不僅涉及到漢文化的傳承，而且多民族也有各自不同的民族文化，需要在一種比較寬容和諧的環境中得到認可和承認。

在這次加拿大訪華團首次出訪中國前，加拿大總理哈珀一路關注這次訪華演出，江山總督親自為樂隊送行，由此可見加拿大政府對這樣的活動的一種重視態度。對於這樣的一個文化多元的國度來說，什麼才是加拿大真正的本土文化？也許就是一種多族裔的文化能夠得以溝通和健康的發展。曾經看到過的波蘭舞蹈也被當做加拿大民族文化的一部分。加拿大人能歌善舞，對於音樂舞蹈的熱衷和愛好是他們能夠更好地接受外來文化的基礎。相比之下，中國人天生的拘謹和對書本知識理性的認識，往往成了用心去感受音樂和舞蹈等感性文化的一大阻礙，這也似乎與現在學校的應試教育制度本身的缺陷有一定關聯度。其實，音樂和繪畫等藝術是最沒有國界的，也是最容易被各國各民族所認同的文化傳播活動。比起教外國人學漢字來，這樣的文化活動就像是走了一種捷徑。但也往往是這種活動似乎只為有錢人開放，沒有一個連生活都成問題的人，肯買一場音樂會的票子去欣賞一段音樂。所以，立志傳承民族文化這個難題就在於首先得有物質文明，然後才能夠談得上精神上的需求。如此看來的確任重而道遠。

同時，我認為一個人如果連本民族的文化都不瞭解的話，更談不上去瞭解異國的文化。除了請進來或走出去地去傳播高端文化外，對國內一般平民孩子教育的關注是理解民族文化傳播最為實際的表現。許多有識之士其實也早已看到了這一點。碰巧的是，筆者的姑姑吳南燕女士和林蔡亮亮老師同樣是共和國的同齡人，同樣是海外華人，同樣受過異國教育，同樣熱衷於教育和文化的民間交流和傳播。姑姑吳南燕十多年來堅持助教育人，為推進家鄉學校教育的國際化，先後會同家人捐贈上海復旦大學吳文政演講廳，香港理工大學紡織科技教授席等，組織美國哈佛大學、加州明泉中學、凱卓男子學校、加州卡斯特利亞女子學校、加州青少年交響樂團來華訪問。在她的資助下，江蘇省南菁中學、峭岐實驗小學學生及學生藝術團多次回訪了美國。從2002年開始，設立吳文政獎學金、助學金和教師進修基金，獎勵優秀學生、資助貧困學生、津貼教師進修。修建了吳文政圖書館，改建了學校多媒體閱覽室等。組織和資助美國三藩市學校幼獅志工團，開設了教師英文培訓班、學生英文興趣活動班。

　　曾經問過姑姑為什麼不停止這些活動而過上一種比較清閒的生活，雖然參與幫助做過一些小事，但根本談不上去思考這些活動本身的意義。由此可見，要想真正懂得傳承民族文化的重要性也不是一簇而就的。由政府主動參與的文化活動固然得到了國家的重視，然而一些民間的交流活動政府也應該主動引導、步入正規。所謂的雙軌制傳承民族文化一定要得到政府的真正重視和民間熱心人士的不懈努力。同時不光把視點放在海外，也要求政府

和國內有識之士也應該對這一個問題同樣引起思考,以引導本國民眾的素質提高作為立足點才真正算得上是傳承文化的基礎。

由於自己生活在中國繁榮的大都市,遠離中國大陸的七、八億農民家庭,曾經也不敢相信那麼多農民家庭中竟然還有那麼多文盲。在痛心疾首的同時,才真正認識到這種發展的不平衡不要說對傳承民族文化構成了一種威脅,甚至還怕會回到一種結繩記事的年代。

基於這種暢想,也許那個關於《二胡》的故事,也該引起許多人的關注和重視,民族文化的傳承首先要有本民族的基礎。我個人的這支筆既代表不了中國千千萬萬的家庭,也代表不了加拿大人民的深情和厚誼,但願這種文化和友誼就像是奧林匹克點燃的火炬生生不息、代代相傳。

從手工作坊到工業革命
——訪Ameliasburgh歷史博物館隨想

中國的歷史上下五千年,一萬八千多年前北京周口店發現的北京猿人,已開始懂得使用骨針縫製樹皮遮體,人類使用簡單工具代替純手工勞動發展的歷史,是一個很長的進化過程。人類在逐漸進化和使用簡單工具勞動的過程中,變得越來越聰明。在製作發明簡單工具的同時,個體化的勞動也逐漸轉化為使用簡單工具集體操作,共同完成製作成品的工藝手段也越來越成熟,從而產生了家庭或集體勞動形式的手工作坊。

十八世紀初，英國首先發生的工業革命更是把集體化勞動的工廠、作坊手工業推向了機器大工業生產。從此，人類使用簡單工具家庭作坊式的手工和人力勞動，被機械化的大規模工廠所代替，從而帶動了歷史上的生產和科技革命，使人類很快進入重大飛躍的「機器時代」，也再一次奠定了英國在歐洲歷史上的地位。

　　令人感歎的是：中國雖然有很長的歷史文明，但1840年、1856年後的兩次鴉片戰爭，卻使落後閉關的清政府成了被挨打的靶子。而差不多同時期的先進的工業革命，卻首先發生在歐洲，十九世紀已開始傳播到了北美地區。安大略省愛德華王子縣的Ameliasburgh歷史博物館，就是試圖展示這樣一個由最先進入北美的歐洲原住民集體化手工操作勞動作坊，向機器化生產發展過程的原始村落拷貝遺址，其中也包括展示一部分當年原住民的生活情況場景。

　　歷史博物館中最令人矚目的當數一台於1910年建造的大型蒸汽機器，這台用於切割木材的機器氣缸直徑為21英寸，500匹馬力的機器佔據了很大的空間，利用蒸汽巨輪轉動的杠杆原理，用來切割大塊木材，節省了繁重的勞動力，同時，也展示了工業革命在北美發展的成果。

　　自從英國人瓦特發明瞭最初的蒸汽機後，人類使用機器的時代進入了一個嶄新階段，英國人史蒂芬遜發明瞭用瓦特蒸汽機作動力的火車，火車成了當時的主要運輸工具。在Ameliasburgh歷史博物館中，有直觀展示火車蒸汽動力結構的簡單模型。

Ameliasburgh 歷史博物館所展示的物件，大多是經過修復的原件或仿造品，並從不同的地方收集、集中在一起。許多建築物建成於十九世紀初期，向人們展示了當時原住民的生活和工作場景。其中包括大約22個建築物，不同的建築物被標上不同的名字，包括如：General Store, Blacksmith Shop, Tea Room, Dairy Display, Corn Crib, Victoria School House等磚結構、磚木混合、板木或樹枝結構建築。建築物中成立著不同的展示物品，其中一間建築物中，成立著當時代的多種多樣用來手工生產的工具。在 General Store參觀點，我借用了屋中的黑色帽子和獸皮袖套拍下了參觀照。同時因為好奇在另外兩個參觀點，拍下了當時用來織布和計量的簡單手工操作工具織布機和臺式秤。在Log Cabin Homestead參觀點，我見證了十九世紀加拿大最初歐洲移民的生活設施，簡單粗糙的家具、煤油燈、石砌的壁爐、木制水鬥和低矮的房頂，是當初貧民生活的真實寫照。

22個建築物中，有一個是公共廁所供參觀者使用，另外兩個是禮品店和接待介紹點。在接待介紹點，參觀者可以找到一些當地博物館的介紹情況和地圖等。禮品店和教堂設在一起，提供參觀紀念品。使我感到好奇的是：教堂建築內有一些介紹英國皇族親戚的故事和圖片，同時牆上的導遊圖，是利用加拿大楓葉樹佈置成一張參觀地圖點，構思非常新穎獨特。

當天的參觀除了Victoria School House沒有開放外，我完成了所有參觀點的參觀活動，室外草坪上也有一些仿造機械供參觀者拍照。

獻出你的熱情，獻出你的愛
——記加拿大泰瑞‧福克斯長跑

　　一年一度的泰瑞‧福克斯（Terry Fox）長跑，始於1980年4月12日，泰瑞‧福克斯長跑，又稱希望馬拉松長跑。它的發起人是一位攻讀人體運動學的加拿大運動員。泰瑞‧福克斯生於1958年7月28日，18歲時罹患骨癌，右腿做了截肢手術。在醫院接受治療的時候，泰瑞‧福克斯看到患癌症兒童所受的痛苦，決心以長跑為癌症的治療和研究籌集資金。當他帶上義肢實際只跑了143天、5300多公里後，由於癌症擴散而於1981年6月28日逝世。為紀念泰瑞‧福克斯，以及為癌症患者籌募資金，世界很多國家每年都舉行泰瑞‧福克斯長跑，加拿大皇家造幣廠還鑄造了泰瑞‧福克斯紀念幣。

　　在國內生活時，我並不知道泰瑞‧福克斯長跑。瞭解泰瑞‧福克斯長跑，是因為先生自1987年到2008年期間，總共23次堅持參與這項活動，而且，每年參加一次活動都義買一件紀念衫作為紀念，於是，現在的櫥櫃裡，有許多件這樣的泰瑞‧福克斯長跑紀念T恤。每年參加這項活動時，先生都得到一個不同顏色或年份的小標籤，貼在一張紙質紀念獎狀上以留作紀念。如今，這張紙質紀念獎狀已有22個年份標記，加上唯一的一次在上海參加的泰瑞‧福克斯長跑活動，先生已總共23次堅持長跑直到退休。

　　加拿大有許多好心人，都熱情地參加這項活動，並為這項活

動捐款。記得先生每年在參加這項長跑活動時，有許多加拿大同事，都掏出一部分工資，讓先生替他們捐助這項活動。儘管有的同事或朋友只捐助5加元，但也表達了自己的一份心意。儘管有些朋友沒有直接參與這項活動，但也非常關注並熱情捐款。

一年一度的加拿大泰瑞‧福克斯長跑，雖然只是為癌症病人捐款，長跑的發起人泰瑞‧福克斯雖然只是一個普通的癌症病患者，但由於加拿大政府及民間人士的重視，使這項活動具有了國際性的含義，並倡導了一種助人為樂的高尚精神。只有人人獻出一份愛，這個世界就會變得更加美好。

中國上海在1998年，舉辦全國首次泰瑞‧福克斯希望馬拉松長跑。2003年，我和先生共同參加在上海浦東世紀公園舉辦的第六屆泰瑞‧福克斯希望馬拉松長跑，並開始瞭解這項活動。在當年的這項長跑活動中，許多外資單位和大學生們都有組織地參加了這項活動。活動中人們可以慢跑，也可以行走，完全看自己的體力決定。活動有組織地安排得井井有條，參加跑步的人群都穿上了當年份的泰瑞‧福克斯長跑紀念T恤。

在這以後多年，當我在加拿大Trenton小鎮居住後，恰巧也碰上當地正舉辦這項活動，於是，又和先生再一次參加了小鎮舉辦的泰瑞‧福克斯長跑活動。與國內活動不同的是：小鎮上的長跑活動沒有專門組織，完全自願參加並自願捐款。由於Trenton是加拿大的小鎮，所以參加長跑的人數、規模、聲勢，都大大不如當年上海舉辦的那場泰瑞‧福克斯希望馬拉松長跑，當然也沒有專門的宣傳活動。小鎮長跑開始處，有專門為長跑者提供的

免費巧克力和瓶裝水，參加長跑者可以自由取用。長跑經過的路邊，有一些孩子們設攤為長跑者提供飲用水，體現了一種對長跑者人性化的關懷。長跑在早上的半天時間內人們隨到隨跑，活動沒有專門的儀式，也沒有專門的時間規定。2014年，Trenton小鎮上的泰瑞·福克斯長跑定於9月14日。在加拿大各個不同的地方，泰瑞·福克斯長跑大約都定於每年9月份的不同日期。

如今，國內恐怕已有更多人瞭解泰瑞·福克斯長跑。在倡導這項活動的同時，也在倡導著一種堅持不懈、努力向上、人性關懷、助人為樂的精神和理念。在我們享受著美好生活的同時，也有多多少少的人在為生活的美好而樂於奉獻，這不光是一種時代精神，更是個人善良品質的體現。當我們回首往事，也不會因為過去的碌碌無為而羞愧，展望未來更是充滿信心，人世間的奉獻和大愛敲響了時代最強音。

秋天擋不住的腳步
—— 記多倫多海濱馬拉松慈善義跑

2014年10月19日，由加拿大豐業銀行主辦、至今為止已持續了25周年的多倫多海濱馬拉松慈善義跑（Toronto Waterfront Marathon）按時舉行。活動當天來自世界各地、超過兩萬五千多人，參加這次全程長達42.195公里的長跑，並獲得慈善義款接近300萬加元。

多倫多海濱馬拉松長跑為了募集慈善義款每年按時舉

行。今年的義跑自Bay大街出發，經過Bloor、Bathurst、The Queensway、Lakeshore Blvd等大街，沿著多倫多湖濱一路賽跑。活動分跑全程和跑半程兩種，跑全程沿著湖濱跑到Beech大道後轉回終點。這次活動以年輕人為多，但其中也不乏65歲以上的中老年長跑愛好者。

在接近十幾家新聞媒體的鏡頭之下，巾幗不讓鬚眉、年長者和年輕者同樣精力充沛，也有友人手挽手互相鼓勵，一群又一群長跑人員堅持跑到終點。他們像是秋天裡的一把火，點燃了人們心中的熱忱，也使自己夢想成真。電子鐘在終點站計算著每個人跑到終點所用的時間，不少長跑者也有攜帶長跑計步機、水壺、標語牌、國旗等參加長跑。在終點站也有人耗盡體力倒下，都得到了及時的醫療救護和腿部肌肉按摩。這次活動有不少志願者參加籌備，並在長跑當天負責各個方面工作。參加長跑的每個人，都得到了一份點心、一件活動紀念衫、活動資料和一枚金色獎牌作為紀念。一路上，長跑者的家屬和觀眾不斷為長跑者鼓掌、打出標語，鼓勵長跑者堅持跑完全程。

先生的一位外甥女，是多倫多一所大醫院的年輕護士，她今年第一次參加多倫多規模巨大的海濱馬拉松長跑，並為她所工作的醫院病人募款。談到能參加這次慈善長跑，她為自己的行動感到驕傲，在這家大醫院裡，有許多工作人員都積極參加這次令人值得驕傲的海濱馬拉松慈善義跑。

為了鼓勵和親眼目睹家人參加長跑，我和其他家人專程趕到多倫多觀看長跑活動。先生的外甥女為了能更好地參加這次

長跑，也做了不少事先的準備工作，包括買了一雙合適的氣墊式耐克品牌長跑鞋。當她共用4小時18分堅持跑完42.19公里全程，來到家人面前時，這位年輕的姑娘成了家庭中的明星，身上披著紅底白字活動中用來遮風擋雨的塑膠斗篷，胸佩金色獎牌，雖然在秋天寒冷的風中凍得有些發抖，但家人們還是個個爭著與她合影，並為她能參加這次活動感到欣慰。長跑活動結束後，年輕姑娘送我一件多倫多海濱慈善長跑25周年紅色紀念衫和一些活動資料作為留念。

全民體育活動一直是西方國家重點推廣的一項活動，加拿大男女老少個個熱衷於各種體育活動。體育活動不僅給他們帶來了良好的身體素質，在體育活動中也倡導了積極向上的人際關係和為同伴的成功感到驕傲的體育精神。慈善義跑吸引很多人贊同和參加，在漸漸入秋的寒冷空氣中，為人們帶來了一股不滅的青春活力。

萬紫千紅，又到春暖播種時

每年的三月份，中國有一個傳統的植樹節。正當春暖花開時，人們忙於辛勤播種，同時也盼望和等待著秋天的收穫。加拿大的春天總是姍姍來遲，在等待著寒冬過去的漫長歲月中，人們也翹首盼望春天的儘快到來。好不容易熬過嚴寒，春天的腳步漸漸臨近，萬物從沉睡中蘇醒。春天不光給人們帶來了陽光的燦爛、更帶來了播種的希望。

為了保護人類生存需要的空氣、環境、植物和生物，我們提倡種植，也提倡保護環境。加拿大是人類資源最豐富的地域之一，愛護環境不僅是一個國家的責任，更是每一個公民的義務。希望人們種植的愛好，能喚起更強的環保意識，更科學、更合理、更順應自然地種植是每一個人的使命和責任。

　　在上海生活時，由於住房條件的限制，不可能有很大的空間給你隨意播種。聰明的上海人就是利用小小花盆，也能播種出一些綠色植物和花卉，辦公室的書桌上往往擺上小小盆花，使你在工作之餘也能欣賞到小小綠色植物生命。

　　一位已經退休的同事更是異想天開，在面積不大的屋頂建造了自己的蔬菜花園，每當收穫季節，他總是高興地和我們分享他收穫的喜悅。母親的同事是一位精通養殖植物和播種的專家，他自己嫁接蘋果樹、養殖臘梅，並把他的植物寶貝贈送給我們，母親同事送來的養殖植物可以稱得上是植物黃金，在花鳥市場上買賣價格不菲。

　　對我這樣一個生長在大城市裡的人來說，養殖植物、花卉、甚至農產品可以說是四體不勤、五穀不分。每年也會去公園觀賞植物和花卉，萬紫千紅、層林盡染，好一片春天的景色！加拿大的春色同樣動人，在這個季節各家商場紛紛開始出售各色花卉和農作物種子、盆栽。加拿大的居住條件足以讓你嘗試到播種的愉快。

　　播種的樂趣就是要等待收穫，在自己的後院種上土豆、洋蔥、韭菜、刀豆、番茄，一邊耕種，一邊盼望著它們的長大，享

受著新鮮和有機農產品，是對播種的最好犒勞。在幾年的種植經驗之後，終於漸漸擺脫了五穀不分的局面。生活在北美南部的弟弟告訴我，由於氣候條件的得天獨厚，他扔下去的種子幾乎都會發芽，除了澆水外可以坐等收穫，大院裡的農產品和水果足足可以提供家用，省下了一筆不小的家用開銷。

我家後院除了種植一些小農產品外，主要是綠地和花卉，每年購買花卉是一筆很大的開銷，一、二百加元在花卉市場很快化費完。我更願意外出賞花，不情願花錢買花卉種植，偌大的院子除了我和先生，又沒有人來拜訪，何必勞民傷財養殖一大堆花卉，倒是經濟的農產品作物更能帶來播種的樂趣。但是先生除了堅持每年春天播種花卉外，還把我喜愛的結果多年的桃樹也砍掉，因為桃樹上的果子迎來了不少鼴鼠。

今年的花卉市場上已很難找到一種叫Impatiens的草本花卉，原因是這種花卉已很難養殖大，由於人類濫用農藥使蜜蜂數量大大減少，加上嫁接、轉基因等農產品技術的不成熟，已直接影響到了植物的繁殖和利用。聽說市場上的一種紅色和橙色的甜椒就是種子改良產品，另外，種子市場上還可以看到彩色茄子種子，看來也是這一類產品。種子經過改良雖然口味和色彩更佳，但不知這樣的種子生命力是否也強？不希望看到經過改良的種子最終逃不過滅絕的命運。

先生的姐姐也像所有加拿大人一樣喜歡種植，今年她帶給我的是一種名叫Cilantro的墨西哥香料種子。據說這種植物不但極其頑強、而且易生長，它的葉子可以用來做沙拉，種子可以做成

調味品香料。轉贈給她這些種子的是一位居住在美國佛羅裡達州50多歲的臺灣女士，這位生性活潑、性格開朗、助人為樂、充滿朝氣的佛教信徒，已在上星期去德國旅遊途中，不幸被飛快的火車撞倒身亡，彷彿演繹了另一個版本的安娜卡列尼娜故事。

想起也差不多是這個時候，前幾天突然接到消息，我的住在上海康平路的大姑媽，因為獨自一人到親戚家串門不幸跌倒，以97歲的高齡瞬間辭世。趕緊把這不幸的消息告知居住在美國的姑姑，她和我同樣驚愕！悲痛之餘，不禁感歎，生命有時是如此的脆弱，面對自然和每一個生命，我們充滿著崇敬和敬畏。

如今，手握著另一位陌生女子的遺物，希望這些充滿生命力的種子，能夠在自己手中頑強和茁壯成長。每天的雜亂思緒、瑣碎的小事、與朋友們的閒聊，就是生命存在的價值和意義。善待和珍惜身邊所有的朋友，就像珍惜自己和家人一樣。我們情願做一棵無名小草，任憑多少次的風浪和踐踏依然茁壯。最感歎蒲公英的堅強，不但播種著遠方；還播種著希望、播種著未來；更播種著滿園春色。

藍色的眼睛，睡夢中的多瑙河

因為對色彩的迷戀和敏感，我在加拿大找到了過去在電影中看到過的西方人特有的藍眼睛。初到加拿大，只要是藍眼睛的家人和朋友，不管小孩還是成人，總要多望幾眼，有時還趁著說話，眼睛一眨不眨地盯著對方的藍眼睛直到看到深處。

因為這個原因，每當看到藍眼睛的西方朋友，先生總是先提醒別人：「小心，蘊懿會盯著你的眼睛看上半天」。有的朋友甚至被我盯到害羞，於是朋友調侃打趣地說：「大概你是眼科醫生吧，專門研究藍眼睛？」

　　在我很小的時候，中國還是一個沒有改革開放的時代。那時候的西方電影很少看到，唯一可以看到的西方電影是《戰鬥的早晨》、《第八個是銅像》等少量的阿爾巴尼亞影片，當時的阿爾巴尼亞被稱為是「西方的一盞明燈」。以後，隨著時代的變化，一些西方電影也逐漸被引進。小時候看過了西方電影後，雖然故事情節很快忘記，但突然對西方人的藍眼睛發生了興趣，才知道原來除了中國人特有的棕黑色眼睛外，世界上還有一部分人的眼睛是藍色的。

　　由於人種的不同，白色人種的眼睛變化更多種多樣，除有藍眼睛、綠眼睛、黃綠眼睛、灰色眼睛、榛色眼睛外，還有一部分白色人種也擁有棕黑眼睛。再仔細看藍眼睛除了淺藍、藍灰外，還有深藍色，最罕見的是一種寶石藍眼睛。西方人的藍眼睛在結構和色彩層次上，要比棕黑眼睛豐富，有時，可以發現藍色瞳仁中還有深藍或藍黑色瞳孔。怪不得在西方填各類重要表格時，一定要把眼睛色彩填清楚，不能隨便亂填和更改各種表格上的眼睛色彩。

　　現在國內羨慕藍眼睛追求時髦的女子，可以買到一種藍色的無形眼鏡。但是，戴上無形眼鏡後，不僅危害了眼睛的健康，而且因為太假也並不漂亮。必須記住的是：不管走到哪兒，黑眼

睛、黑頭髮、黃皮膚，我們永永遠遠是龍的傳人。

　　記得當年希特勒為了日爾曼民族金髮碧眼的純正血統，除了製造金髮碧眼人種外，還大量屠殺猶太人和其他種裔。這種大規模的虐殺，不僅激起了民族的反抗，也根本不能阻擋各民族間的真正友誼、愛情、通婚和繁衍。隨著不同人種間的通婚，雖然擁有純正藍色眼睛的人種逐漸減少，純寶石藍眼睛的人種更為罕見，但另一方面據說各色混血兒卻更加聰明。

　　雖然不是眼科醫生，但是知道藍眼睛雖然漂亮，但更怕光、更易見光流淚，甚至更容易失明，像眼底黃斑等眼科疾病，在藍眼睛人種中更易發生。從色彩學的角度觀看藍眼睛，發現不是純正的藍色眼睛居然還能變色。有時不知是外界光線的影響，還是藍眼睛真的有變色能力，常常發現朋友的藍眼睛，在傍晚時分更容易變色，易變色的藍眼睛往往是一種藍褐色眼睛。

　　在與加拿大朋友共同繪畫的過程中，發現藍眼睛看出的色彩，與我棕黑色眼睛看出的色彩肯定有差別。往往觀察同一個事物，藍眼睛看出的色彩更明亮，所以藍眼睛加拿大朋友畫出的畫作，色彩更偏鮮豔。有一次，一位藍眼睛朋友在繪畫過程中問我：「你怎麼能夠畫出物體的暗部，而我怎樣看都沒有看出物體暗部的色差？」，對於朋友的提問我不能回答，但肯定的是她的色彩感覺和我是有區別的，她看見和畫出的物體比我的更亮麗、色彩更鮮豔，由此想到不同色的眼睛觀察物體顏色肯定有別。

　　眼睛是心靈的窗戶，說起來感到好笑，自己在兩寸見方的小畫布上，畫出了一個藍眼睛被放在家中，於是，常常會覺得這個

眼睛好像在時刻觀察你的一舉一動。藍色深邃而富有韻律，記得小時候看過的一部羅馬尼亞電影《藍色的多瑙河》，藍色自然讓我想起了這部電影和魅力無窮的美麗多瑙河。電影中蕩漾在多瑙河上的優美旋律是如此迷人，彷彿睡夢中動人的舞姿，輕輕撥響心弦，但願人的心靈也像是廣闊的藍海洋。記得有句名言：「比大海更廣闊的是天空，比天空更廣闊的是人的心靈。」海洋和天空永遠是那麼碧藍。

正因為眼睛是心靈的窗戶，所以從西方禮儀的角度來說，與西方人交談時，眼光隨和地看著別人的眼睛是表現出的一種誠實，切忌與人交談時眼光轉來轉去東看西望。而與日本人說話卻要眼光不時向下表示謙恭，這是與人交往時應該懂得的最基本表情語和體態語。

在多倫多國際展銷會上尋找詩情畫意

2014年8月18日，我參觀了一年一度在加拿大多倫多開展的夏季國際展銷會。展銷會自8月15日開始，結束於9月1日，每週星期一有為孩子們專門開展的特別活動。

這是我來加後第二次參加多倫多國際展銷會。展銷會上人們興高采烈地參加各項有趣的活動：有來自世界各國的手工藝品展銷，服裝、鞋類展銷，花卉展覽，糖果和果醬、甜點食品、酒類品嘗，圖書、音帶促銷，化妝用品、醫療用品銷售，兒童玩具、珠寶玉器、床上用品、廚衛用具、餐飲器具展銷，宗教講解、選

民角資料分發及軍中用品、軍用車輛等展示五花八門。展覽主要分為室內和室外展示兩大部分：室內農場動物展展示了禽類及豬、牛、羊等動物的生長過程，蜂窩及蜂膠產生過程及垂釣用具；室內運動場和Casino賭博場需要買專門的門票；室內食品樓應有盡有地帶來了世界各地的優秀食物產品等。室外活動主要是兒童世界遊樂場所及驚險的空中纜車、空中表演。對於參觀時間緊迫的遊客來說，免費的遊覽觀光車可以讓人走馬觀花地遊覽室外展銷會場所。

民以食為天，多倫多國際展銷會上各類風味食物讓人流連忘返、琳琅滿目的食料和各國烹調技術吸引了不少食客，身穿各色民族服裝、各種膚色的加拿大人讓多倫多這個國際化大都市，再一次體現出了文化多元的含義和人類集體創作智慧的結晶。

對我這個出身於上海、熱愛海派文化的中國人來說，多倫多的文化或許更有詩情畫意。除了展銷活動外，各種藝術作品、表演也在展銷活動中佔有一席之地。空中雜技、藝術花卉、歌舞表演、繪畫作品、手工製作、雕塑作品展示及藝術家的當場表演，讓人看到了這個城市的活力和引以為豪的文化現象。多倫多展銷會上的手工藝作品製作精細、色彩絢麗、格調高雅，體現了各國的民族風情和優秀文化創作。展銷會上畫家當場為觀眾寫生，來自中國浙江美術學院的畫家們，熱情向我介紹他們的作品並合影。浪漫的希臘女孩邀我舞蹈並推銷化妝用品。軍用品展示角可以讓觀眾穿上軍裝並免費為你拍照，可以登上軍用機和裝甲車參觀。來自多倫多的中國女孩們的藝術舞蹈吸引觀眾注目觀望。在

歡快的節奏中，加拿大吉他手們為品酒的顧客自由彈奏、唱響民族樂曲。空中吊纜是勇敢者們的遊戲。五人多高用廢舊輪胎、工具、燈具等製作的大型工藝機器人作品讓人目瞪口呆，人世間真有這樣的奇妙幻想，讓人走進高度的機械化創作時代。雕塑家們在沙堆上用清水和稀釋的膠逐步完成雕塑作品，使人想起了米開朗基羅的著名雕塑《羅馬少年》。室外，沙地上為兒童準備的沙堆孩子們在玩沙，多少年後少年藝術家就在這樣的文化中誕生。

在吃過了頭戴牛仔帽、身穿黑色衫加拿大廚師烹調的燒烤豬肉和洋蔥土豆等西方食物後，在餘下的半個小時中，我和先生觀看了一場叫Mirage Acrobatic Show 的劇院舞蹈表演。

表演在晚上6：30分準時開場，觀眾們靜靜地觀看著舞蹈家們的形體表演。我的思緒也隨著精彩的表演意識流動，魂牽夢繞般地在冷、暖舞臺追光燈的光、形、色、影、體、舞中體會天地合一、嫦娥追月的空中夢幻。身穿阿拉伯民族服飾的演員和綠色閃光燈共舞，舞臺上美人魚姑娘和舞臺邊沿的男性鋼管舞，陽剛和柔美的身體舞姿表現了人間的夢境和天地和諧、人類和平、五穀豐登的人間意象和追求。色彩燈光變幻中的大型道具船既像是冰海沉船又像是諾亞方舟。

大半天的參觀時間，也不可能細細觀光所有展銷物品，留下一點點意猶未盡的遺憾，踏著月光歸去，突然想起了那首民歌《在那遙遠的地方》，生活是如此多姿多彩，但也不可能包羅萬象，哪兒有我的夢想，那兒就是我的家鄉！

蘋果樹下的祝福
——加拿大The Big Apple訪問記

　　沿著401高速公路，距離多倫多大約一個半小時車程的497號出口處，有個高約10米、42噸重量級奪人眼球的紅色蘋果，被稱作「The Big Apple」。它是世界目前最大的蘋果模型明星，也是安大略省Colborne小鎮的特色景點。

　　「大蘋果」大約創立於1980年以前，它的創始人是一位澳洲移民加拿大Colborne小鎮的商人，引進了澳洲Woombye市大鳳梨（Big Pineapple）和Coff harbour大香蕉（Big Banana）的概念，創立了童話般的紅蘋果企業。這位成功的移民商人，在出售了自己的住房、披薩店及政府基金的幫助下，在加拿大這個第二故鄉，創辦了以蘋果派為主要產品的高速公路休閒屋。

　　大蘋果景點停車場邊，設立小型動物園，山羊、兔子、雞鴨成群，吸引遊人目光。電動跑車場、小型高爾夫球場、乒乓台、新栽蘋果小樹林、草地上紅色小橋、指路牌、藝術照相處及大蘋果，與世界各大城市的距離標示牌等，是大蘋果的輻射景點。

　　沿高速公路邊，電子顯示幕上每分每秒，顯示出新鮮蘋果派的出售數量，至今已有超過五百萬數量的蘋果派售出。大蘋果的新鮮蘋果派讓人心動，忍不住有一種品嘗的欲望。其實，蘋果派在北美商場中也有出售，北美人也可以在家中製作蘋果派手續不煩，但大蘋果景點的人氣、品牌及漂亮的景點設施，是吸引人的

另外一個理由。

　　大蘋果標誌物旁邊的室內，是供遊人參觀和購買產品的場所，也有讓遊人坐下來安心品嘗新出爐新鮮派的商場餐廳。除了兩種特色蘋果派，這兒的南瓜派和派皮披薩、派皮三明治、蘋果麵包、蘋果派糖、新鮮蘋果汁等也是特色，另外加上旅遊明信片、紀念品等出售吸引遊人駐足。如今，大蘋果店堂內已引進創建於1950年的Donini品牌巧克力和創建於1993年的Waupoos Estates Winery品牌葡萄酒，大蘋果成了三家鼎立商場，三家企業互相融合、襯托，並展開激烈競爭。大蘋果開放式蘋果派製作工廠、Donini巧克力糖果店的五彩十色糖果造型、Waupoos Estates Winery的藝術酒瓶裝飾和品酒房各具特色，加上感恩節前的稻草人、南瓜裝飾，人丁興旺的參觀者和五、六架收銀機前購買者的長隊讓人過目不忘。

　　1920至1930年間，美國爵士樂手唱出了「成功樹上蘋果多，挑中了紐約就挑中了最大的蘋果！」的歌詞。遍地充滿人生奮鬥機會和黃金的美國紐約市在1921年被正式稱做「大蘋果」，與美國自由女神像共同成為理想、目標、奮鬥、知識、自由之源。《聖經》創世紀中，蘋果被認為是「智慧果」。亞當和夏娃因為蛇的誘惑，偷吃了「智慧果」蘋果，而被罰出伊甸園。人類的原罪從此無論美麗或醜惡，都被精心包裹，只有明亮的眼睛，才能找到人類光明的源頭。

　　有一種與蘋果非常相似、原產美國的水果叫蛇果，又名紅元帥，是天然的疾病鬥士。蛇果肉質脆、果汁多、味甜，無論從產

地、特性、營養價值以及食療功效來看，蘋果和蛇果是有區別的兩種產品，蛇果是一種北美洋水果，英文名字意思是「美味」。

　　大蘋果紅色的蘋果模型內，是一個以地圖、圖片及電視等簡單介紹蘋果歷史、種類、出產地、分佈點等的小型博物館。紅色蘋果模型頂部攀高望遠，不僅可以遠眺安大略湖色風光；瞭望臺上的望遠鏡，更是可以遠距離觀望氣勢非凡的加拿大平原景色。不知當初大蘋果的創辦人是何種原因挑中了加拿大這塊豐沃的土地，作為實現人生理想的奮鬥之地並獲得了卓越的成功。企業家的目光有多遠，心胸和理想就應該有多遠，並時刻準備著嘗試失敗的痛苦。在地球的某個角落，永遠有屬於自己難忘的理想伊甸園，為此，我的心早已飛向了高原，蘋果樹下許個願，來年必是豐收年。

Brighton小鎮的蘋果節

　　2014年9月25日至28日，安大略省Brighton小鎮舉辦了為期四天的蘋果節。Brighton小鎮是安省著名的蘋果產地，為了慶祝蘋果的豐收活動，Brighton小鎮在每年9月的最後一周舉辦蘋果節（AppleFest）活動。Brighton小鎮自1975年開展蘋果節活動以來已具有40年的歷史。2007年的蘋果節活動開始引入街頭藝術展示和藝術表演。蘋果節以蘋果為主題，加上街頭藝術表演、遊行、舞蹈演出、汽車和手工藝品展銷等吸引周邊居民加入蘋果節活動，並分享蘋果豐收的喜悅。

蘋果節期間，小鎮上有些居民住宅也隨之開放，屋主在自己的家中熱心推銷工藝產品，並開放精心佈置的房屋供遊人參觀。屋中的陳設顯示了小鎮的歷史，被壓扁的玻璃瓶、時鐘桌等藝術品展示想像豐富。咖啡桌上機械陳設下也為遊人提供座位和咖啡、點心。咖啡桌上方的燈罩上，我找到了現在已被電腦設計代替的機械平面設計三視圖，代表了時代的進步和人們的懷舊心理。看來，蘋果節活動已遠遠超出了人們慶祝蘋果豐收的涵義。

以蘋果為主題的活動當然包括品嘗蘋果產品，全只蘋果裹上麵粉後，經過深度油炸變得香甜而酥軟，引得人們排起了長隊，購買這種別出心裁的油炸蘋果。經過壓榨而成的蘋果汁原汁原味、沒有任何防腐劑和水份。蘋果裹上糖漿和香料，再插上一根短棒，成了天然的蘋果棒棒糖。經過種子改良後，農場培育出的蘋果個小、色澤光亮逗人喜愛，但是甜度不夠理想，是用來製作蘋果醬的好材料。蘋果派雖味道大致相同，但也有各家特色和香料的不同使用。蘋果節上，可以選擇買一款蘋果汁當場品嘗，也可以免費品嘗一、兩顆蘋果糖。另外，還有餅乾、咖啡、甜點、冷飲食品、燒烤等其他非蘋果產品和服裝、手工藝品、手提包、藝術南瓜裝飾、農產品等展銷。

Brighton小鎮附近農場的新鮮農產品和藝術南瓜、印第安彩色玉米、新鮮水果等，也吸引了不少觀眾駐足。其中，新鮮洋蔥個頭直徑竟有20釐米讓人驚奇，白色南瓜也是在國內沒有見過的南瓜品種。各種南瓜被塗上色彩，成了有趣的藝術品，當地加拿大人並不食用南瓜，而只是把南瓜當作藝術裝飾品來使用。用不

同樹種浸染過香料後製作的種子香料物，形態自然有趣並香味撲鼻。我購買的農場手工製作麵包，質地柔軟不黏口、新鮮而富有彈性，塗上黃油後口感更佳。

蘋果節活動，就像是中國內地農村過去的「趕集」或「趕罷」，是街頭交流和銷售農產品的一種形式。農民們為自己辛勤勞動培育出來的農產品感到驕傲，不停地向遊人介紹自己的產品特色，遊人的每一聲讚歎都讓他們感到自豪。一位祕魯裔的攤主在為他家人製作的手工藝品及由他吹奏、灌制的音樂CD片宣傳、表演，幾年前，他曾經為我這個中國人，單獨吹奏起中國歌曲《月亮代表我的心》。街頭還陳立著一架大型削蘋果機，主人熱心展示並表演削蘋果，被機器削過的蘋果不但去皮，還除去了蘋果芯，更加方便食用蘋果。

今年Brighton蘋果節的標誌物是一座用青、紅兩種色彩蘋果，經過排列、裝設的蘋果燈塔，像是航行中的指路明燈。1665年，在家鄉農村的蘋果樹下，英國科學家牛頓首先發明瞭萬有引力定律，這個關於「蘋果」主題的著名故事，一直深深地印在我的腦海中。

蘋果節街頭草堆、南瓜和彩色玉米佈置，不僅代表了豐收的意義，也為即將到來的萬聖節做了鋪墊。萬聖節是一個紀念亡靈的節日，Brighton小鎮上還保留著一座戰爭紀念碑、及許多戰士姓名銘牌。一邊是戰爭紀念碑，另一邊是蘋果節歡快的音樂節奏和舞蹈。和平寧靜的大自然，為人們安居樂業帶來豐收和勞動者的喜悅，不應該以將士的熱血來換取，在民族文化的這棵大

樹下，多民族的文化已盤根錯節，總會選擇生根發芽，總有一天麵包會有的，而在同一個飯桌上，吃過麵包和鹽的人，應該是永久的朋友。希望蘋果節的紀念活動，永遠為人們的新生活帶來希望、陽光和歡聲笑語。

性教育之我見

最近，安省為了是否要在中學生中普及性教育問題引起了不小紛爭。我不想探討是否應該在中學生中普及性教育，但是其實在二十多年前，我在國內一本全國優秀期刊、廣東省的《人之初》上已發表過《對孩子適當進行性教育》的文章。

當我還是少女時代時，也恥於談論關於性教育。我成長的年代是一個比較閉塞的年代，再加上家教很嚴，少女時代很少接觸到男性朋友，更不懂愛、情和性。

記得三十多歲時，因為週期性肚子痛到醫院婦產科檢查，一位幾乎同樣年齡的年輕女醫生對我說：「我幫你檢查一下吧」。我居然想都沒想當即同意，並按照要求躺上了婦科檢查台。當女醫生進入檢查室時，不禁笑出聲來，她說：「你談過朋友嗎？快起來，真是個小孩子！」被稱作小孩子的我，當時怎麼也不明白女醫生為什麼又不準備檢查我的身體了，想當然地認為肚子痛也只要像內科檢查那樣按摸肚子就能檢查。以後才知道，原來那次躺上婦科檢查台時，我正好顛倒躺錯了方向，所以，聰明的女醫生一看就知道我沒有這方面的知識和經驗。

我在政府「三優辦」工作時，因為單位承接了一個聯合國的關於「優生、優育、優教」的試點課題，需要製作一部錄像影片。其中有一個初乳對嬰兒好處的鏡頭，要上婦產科醫院拍攝餵奶鏡頭。由於經驗不足按照擬好的劇本，獨自帶領有線電視臺，進入產科病房尋找拍攝物件，一位女病人見我帶著電視臺攝影者出入病房，大聲對我說：「你敢拍，明天我就把你告上法庭！」我當即嚇得愣住，最後還是在醫院領導的協調下，徵得產婦理解，才終於完成這一鏡頭，並同時注意保護了產婦的隱私。

　　對我這樣一個還未婚的女孩子來說，要上臺對著下面年齡比我大的人，宣講如何正確餵奶是一件很尷尬的事情。為了講清「剪刀式」還是「C字式」哺乳，有時還要用手比劃，硬著頭皮被領導逼上講臺，心中有說不出的尷尬。

　　但是，在工作中我不但知道了「剪刀式」哺乳可以暫停乳水，「C字式」哺乳可以讓乳水暢通外，還居然連續發表了《母乳餵養好》、《女性四期心理障礙》等文章。

　　在大學讀中文時，老師也推薦過像《金瓶梅》、《查泰萊夫人的情人》這樣描寫「性」的文學作品。對於一個學中文的學生來說，大概也應該懂得一點關於性愛方面的知識，這樣才能客觀完成關於文學作品評價與批評的論文。老師常說：「食、色，人之性也。」當然對黃色下流的作品也不屑一顧，比較主張的是文學作品中關於性的描寫要含蓄。

　　實際上隨著開放，不論文學作品、電影、碟片還是一些其他途徑，孩子們多多少少會接觸這樣一類的題材，尤其在加拿大這

樣的西方國家中，適當對孩子進行一些性教育是有一定好處的，可以讓孩子們在對性的無知或懂得不多中善於與成人溝通，解決關於這方面的困惑問題。尤其早期性教育如果可以納入婦科病的預防、如何保護隱私、如何尊重他人、初乳的好處等這樣的課題，我認為這不是一種黃色，而是一種真正的長見識。

對孩子進行性教育要注意方式方法：一是要含蓄溫和；二是切忌黃色；三要面對實際；四要因人施教；五要利用道具；六要嚴肅正視；七要同性施教；八要推薦教材，甚至是醫科書讓孩子自學。也許這樣，才可能達到一定的性教育效果。

關於對孩子進行性教育的問題，中國家長肯定會不認同，如果選擇一些含蓄和知識性的教育，也許效果會不同。在《人之初》雜誌上，我過去發表的《對孩子適當進行性教育》一文中，提出一些觀點和教育方法可供參考。年輕時也參加過雜誌社關於這方面的專門討論，也知道其實在美國早已有這方面的教育，只是這樣的教育要得到推廣和認同，也要有一個過程。但願我早年對性知識的無知和麵對婦科醫生的尷尬，不要在下一代的孩子們身上再發生。

第三章　小鎮風情

參觀愛德華王子縣手工藝品作坊
──品味神祕的阿拉伯歷史和文化

　　在加籍黎巴嫩朋友Nahid的指點下，我有幸參觀了愛德華王子縣（Prince Edward County）手工藝品製作作坊。Nahid是一位善良的女士，認識她是因為在先生單位參加一次慶祝聖誕晚餐上，是她和他的先生主動走上來與我握手然後自我介紹，從此她就成了我的朋友。Nahid有一雙藝術的眼睛，愛好藝術、喜愛我的畫作，但更喜愛藝術手工藝製品。因為有共同的愛好，儘管她已離開原單位，但仍然與朋友們保持聯繫，她喜歡甜點和咖啡，在愛德華王子縣參觀手工藝製品的路上，我們一起享用了咖啡和甜點，同時也因為她的緣故，使我品味了一段神祕的阿拉伯歷史。

　　黎巴嫩其實是一個歷史悠久的國家，位於地中海東岸。早在2000多年前，腓尼基人就生活在這片土地上，腓尼基人是第一個環非洲航行的民族，發明瞭世界上第一套字母──拉丁字母。直到現在拉丁字母仍然用於某些藥物名稱。黎巴嫩過去也盛產香柏，所以黎巴嫩國旗上有香柏樹標記。後來，古羅馬佔領黎巴

嫩，花300年時間修建了巴爾貝克神廟，該神廟是世界上保存最為完整的最大的羅馬古建築之一。由於黎巴嫩扼守亞非歐戰略要道，也是中東最開放的國家，所以黎巴嫩被稱為東西方文化相遇的地方。在這裡大多數受過高等教育的人會說阿拉伯語、法語和英語三種語言。

在我小時候的印象中，關於阿拉伯國家的傳奇故事，也就是阿裡巴巴騎著毛驢、芝麻芝麻快開門的尋寶故事，長大以後就再也沒有學習過有關黎巴嫩有趣的歷史和人文常識。黎巴嫩屬熱帶地中海型氣候，絕大多數是阿拉伯人，還有亞美尼亞人、土耳其人、希臘人等。阿拉伯語為國語，通用法語和英語。居民約54%信奉伊斯蘭教，46%信奉基督教。上世紀六〇年代，黎巴嫩首都貝魯特被稱作中東的巴黎，可惜基督徒和穆斯林之間的內戰幾乎讓它成為廢墟。1971年11月9日，黎巴嫩與中國建交。

在朋友Nahid指點下，參觀了當地的博物館和各種各樣的手工藝制作坊，加拿大的多元文化和加拿大人的藝術才華又一次得到了驗證。加拿大的手工藝品製作方法非常獨特充滿詩意和想像，這兒有專門的陶藝、玻璃、鐵制藝術品制作坊，你可以親眼看到藝人製作手工藝品的製作全過程，也可以有各種各樣手工藝品挑選作為饋贈朋友的禮物。愛德華王子縣是安大略省有名的葡萄酒莊集中點，也是藝術畫廊和手工藝作坊聚集的區域，所以夏季來這兒參觀及購買藝術品的顧客絡繹不絕，同時還可以一路品嘗酒莊特色葡萄酒。

這裡的藝術製品想像獨特，有模仿搪瓷的陶器藝術杯、動物

玩具型掛鐘、花瓣形咖啡台、彩色玻璃被製成各種形狀器皿、水龍頭製成了掛衣購。也有被打磨、拋光得十分漂亮的貝殼類藝術品初看不相信是真，可仔細看原來是一種生長在熱帶海洋中的真正貝殼。記得去年在蒙特利爾看到過一場特殊的立體藝術展，在展覽現場有顛倒的自由女神像、水火相容的立體水鬥和點燃的火焰、兩門口對口的立體大炮組成拱門型彩橋，關於北美人的想像力真是讓人驚歎！因為知道先生愛釣魚，Nahid特地帶我到當地河灘看遊客釣魚，其實這兒只有小魚，就是釣到了小魚，加拿大人也會放魚歸水，如果逮住大魚這兒有餐廳可為你當場烹煮。

由於民族和文化歷史傳統背景的不同，我十分好奇阿拉伯民族食物的烹調方法。Nahid告訴我其實黎巴嫩的食物有點像印度食物的烹調方法，但是沒有印度食物這樣的辛辣味，黎巴嫩食物更像是希臘食物的烹煮方法。關於希臘食物與北美食物有什麼不同，Nahid告訴我其實食物運用相同方法燒烤、烹調，就是調料不同，所以味道也有一點不同，當然對我這樣的中國人來說幾乎分不出來。Nahid還告訴我黎巴嫩的藥物也有點像中國的中藥材，運用比較自然的植物和食物組成藥材，她的母親就能夠區分出加拿大土壤下生長出來的不同的新鮮藥材。

在朋友Nahid的建議下，我們在Slickers冰淇淋店共同品嘗了一款家庭手工製作冰淇淋。這種款式的家庭手工冰淇淋也製作得十分神奇，使用一種黑色的小顆粒燒烤碳粉嵌入冰淇淋中做成的，所以味道就有十分濃重的炭香味。這次參觀愛德華王子縣手工藝作坊，Nahid最大的收穫是在Green Gamble藝術品商店買下

了一個長方形經緯組合藝術鏡框，Nahid告訴我她的女兒已經成婚不久，就要有新的家庭成員照片放在鏡框裡。同時，我們也參觀了愛德華王子縣英倫博物館，博物館中成立著該縣最早的食品罐頭作坊、操作工具及各種大小舊式罐頭及包裝紙、包裝箱。博物館中的一張舊教會女子中學的老照片，使我想起了《簡愛》的故事，及我上海的母校──上海市第三女子中學。解放前，市三女中也是這樣的一座教會學校。

分手前，我邀Nahid和她的家人有機會參觀中國上海，Nahid也熱情邀請我和我先生下次去她家享受燒烤，並親手為我做出黎巴嫩食物晚餐，同時，也參觀她家經營的農莊奶牛場和加拿大農村風光。

特倫特河灣明星小鎮，垂釣、休閒理想地
──在特倫頓（Trenton）觀釣魚競賽

特倫頓（Trenton）小鎮位於加拿大安大略省的東南部、座落於特倫特（Trent）河口，是加拿大歷史上的一個著名的要塞小鎮。小鎮現有居民大約為17,000人左右，大多為歐洲白人移民。特倫頓地區因為特倫特河而被當地印第安人稱為「快速流動的」的港灣，它的歷史可以追溯到1790年，歐洲殖民者開始定居在沿特倫特河地區，這些定居點被賦予不同的名稱。這一帶也是英國保皇派的地盤，當年總共有四、五萬保皇派從美國來到加拿大，其中7500人來到安省。為了安置從美國來的保皇派，

當時的魁北克總督負責規劃安置點，總共選了三個安置點：靠近Kingston的聖羅倫斯河北岸地區、尼亞加拉半島地區和特倫頓的Bay of Quinte周邊地區。這裡正是當年加拿大最早開發的地區之一，由於他們的到來，導致了1791年依據《憲法》把英屬魁北克省一分為二：上加拿大（如今的安省）和下加拿大（如今的魁省）。1853年，英國殖民者開始把「快速流動的」的港灣地區改稱為特倫頓（Trenton）。從此，沿河地區萌芽發展為一個以大面積狩獵、捕魚和木材為主要行業的村莊。直到現在，特倫頓小鎮還保留著早期伐木工人從現崗昆公園伐木、經特倫特河運輸到中轉港口特倫頓的歷史遺址。

早在1917年，特倫頓鎮成為加拿大早期電影拍攝點，該鎮保留了一些曾經「電影」街的街名。1923年，安大略政府購買小鎮房子成立安大略電影局工作室和實驗室。1934年，由於電影設備陳舊，該鎮電影工作室關閉。

第一次世界大戰期間，特倫頓鎮有一個重要的軍火工廠，1918年，工廠毀於一場大爆炸。1929至1930年，加拿大皇家空軍站在該鎮建立，推動了地區的經濟發展，使該地區走出了二戰後經濟危機大蕭條時期的陰影。

1980年和1998年，特倫頓合併法蘭克福村和西德尼鄉等形成了西昆特。西昆特周圍有許多保護區、露營、野餐區、碼頭和最好的滑板公園。特倫頓是西昆特心臟地帶，西昆特是著名的Trent Severn航道的南大門，垂釣者的理想地點、也是特倫特河美麗的港灣。

如今，特倫頓鎮仍是加拿大皇家空軍紀念館和加拿大皇家空軍運輸基地。從另一個意義上講，這裡似乎更應該是安省、乃至加拿大的中心。二十世紀60年代末建成的401號高速公路進一步促進了該地區的繁榮，成為穿越南部、安大略省中部和東部的主要交通幹道。小鎮現在擁有多種製造業工廠。加拿大最大的空軍基地成為加軍和阿富汗戰區的唯一通道。所有在海外犧牲的加軍遺體，都是在這裡經過401號公路被運回到多倫多法醫解剖中心，為此，401號公路被命名為「英雄之路」。同時，這裡也是加拿大和安省緊急救援中心，凡是大型災難性事故發生，需要軍方支援的話，這裡就是快速反應部隊的調遣和出發中心，也是加軍高級戰術訓練中心，甚至加軍最神祕的特種部隊基地也在這裡。夏季，特倫頓提供的旅遊服務項目包括：高爾夫球場、棒球場、網球場、露營拖車設施、釣魚運動、藝術畫廊、歷史遺址、農貿市場、購物等娛樂和體育活動。特倫頓也是安大略省最熱門的釣魚地點，每年五月初準時舉辦Walleye世界釣魚周活動。對於喜愛垂釣、划船的旅遊者來說，特倫頓是一個理想的度假勝地。

　　2014年釣魚周競賽始於5月2日午夜12時，這樣的活動每年在5月的第一個星期六淩晨開始，已經在特倫頓小鎮上連續了至少35年以上，這是小鎮的一項具有歷史意義的活動。在這一個星期裡，許多從四面八方趕來參加垂釣活動的釣魚觀光者絡繹不絕，有的甚至拖家帶口、開著房車露營在草地上，直到釣魚周結束。從釣魚周開始的第一天起，也是政府規定的釣魚季節開放的日子。在加拿大為了保證魚類的繁殖，不是任何時候都可以隨便

釣魚的，只有在魚類產完卵後才開放釣魚。釣魚節上，每天有人釣到不少大魚，如果你買了釣魚票，釣到最大的魚可以贏得最高一萬加元的大獎。記得前幾年，先生釣到重38磅的大魚，成了那次釣魚節上釣到的最大魚，但就是因為沒有買釣魚票，而失去了贏得萬元大獎的機會。今年的大獎是三艘嶄新的釣魚船，不知哪三個幸運的釣魚者能獲得大獎。釣到的大魚被過磅後放入大魚缸內。魚缸前，當地電視臺釣魚節目主持人在向觀眾介紹釣魚知識，並當場贈送魚竿、魚鉤等禮物，同時為觀眾簽名。為了保證釣魚周水上活動的安全，身穿橡皮衣的加拿大海岸警衛隊（Canada Coast Guard）全體出動，運用設備齊全的巡邏艇在河上巡遊、加強巡邏。中午休息時，警衛隊員們聚在一起，頭上冒著熱汗，暫時鬆開了橡皮衣，看見我在對著他們拍照時，幾個頑皮的年輕隊員們穿好制服，笑嘻嘻地向我開起玩笑來。近看，原來加拿大海岸警衛隊中居然還有女隊員，看來她們的體力大概足夠水下救援，這似乎又成了小鎮平時難得見到的一景。

狂野的狼島

　　狼島，是安大略省聖羅倫斯河上的一個獨立小島。在聖羅倫斯河與安大略湖相連接的河段上分佈著1,800多個大小不一的島嶼，被稱為Thousand Islands（千島湖），它是加拿大著名的旅遊景點。而Wolfe Island（狼島）則是安大略湖口聖羅倫斯河上一個被孤立的獨立小島，與金士頓市近距離隔河相望。

從金士頓市到狼島唯一的交通工具是擺渡船。擺渡船分上下兩層，船艙都有座椅，坐在擺渡船上層放眼瞭望，金士頓市景盡收眼底。擺渡船春夏秋冬每小時不間斷，準時運送著來回於金士頓到狼島的各種車輛和過往行人。夏季，擺渡到狼島旅遊的遊客不少，在加拿大已不常見到這樣規模的大型擺渡船。

　　擺渡船分載車35輛、載車75輛兩種。開車去狼島的那天，大擺渡船正在進行維修，等了一個小時，唯一的一艘擺渡船準時到達。船碼頭上工作人員頓時開始忙碌起來，緩緩放下斷橋，指揮著排著長隊的各種車輛進入船舶。滿載後的船舶無情留下了未能進入仍然排著長隊的車輛，無奈這些車輛只能等待下一個小時後的再見。

　　狼島，初聽起來就覺得名字怪怪的非常狂野，設想很多年以前這兒也許是野狼出沒之地，從狼島博物館牆上的圖片知道古代這兒也有野人出沒。登上狼島，只見一片荒涼，荒地上連綿不斷地豎立著三片葉的白色金屬柱風車，風車葉片隨風緩緩移動，像極了杆杆白色椰子樹林。究竟是到了風車之國？還是撞見了一片鋼鐵「椰子林」？彷彿回到了賽凡提斯的小說《堂吉訶德》的意境裡。

　　風車奇奇怪怪地豎立著，聯想和感覺隨著風車的轉動也變得孤獨起來。從金士頓擺渡到狼島只需短短15分鐘，卻不見了城市樓宇和人群，原來狼島與熱鬧的金士頓是那麼隔離。從不服氣友人經常說我是只會享受城市生活的「City girl」，見到狼島，情願不辭長做「城市女孩」。狼島輪渡口附近一家小雜貨店中可以

購買到狼島旅遊紀念品。

　　甩車獨自走在鄉間小道，突然一輛摩托車呼嘯而來，不敢學堂吉訶德與「鋼鐵俠」搏鬥，趕快讓道躲在一邊。泥路小道可見三三兩兩騎自行車者，輪流與我打招呼。沿著小道深入腹地，一路上可見牛群和野花，狼島是最適合騎車人的遊覽。

　　上狼島最想看的是美加海關，從擺渡口駕車到海關距離不算遠。在這裡可以看到一幢平房，三、四個海關人員，設施簡單得不能再簡單，而這也就是狼島著名的加拿大到美國的輪渡海關。把車靠在路邊，立即就有一位海關人員上來查問，告訴他：只想看看海關。這裡與美國佛羅裡達隔海相望，從美國過境加拿大必須出示護照和攜帶的物品。

　　所謂的狼島「City Hall」（市政廳）也就是一間面積不大的平房，周圍一個老房子博物館構成了狼島的政府中心。博物館是我旅遊過程中經常必到的地方，走進老房子博物館，就像走進了加拿大鄉村舊時代的家庭生活，這裡的女主人同時也是一位加拿大鄉村女教師。

　　老房子博物館二樓臥室內陳立著鄉村簡易教室，小黑板加上三、四把座椅和講臺就是一個鄉村教育的課堂。除了課堂外，一把舊輪椅預示著那個年代加拿大鄉村已有了最早的木制輪椅。博物館任何地方的擺設都呈現了狼島人淳樸的民風，也像是啟動了件件塵封的陳年家庭往事。

　　關於狼島的歷史各種老報紙上介紹很多，因為隔著聖羅倫斯河，狼島荒野一片就像是被封閉了起來，與城市的生活格格不

入。這裡人們愛好的是野營、露餐、騎車、航游和水上運動，近年來也是因為這些吸引觀光客登島，享受陽光、露水及野外芳香新鮮的空氣。

狼島最大的餐廳是Wolfe Island The Grill 餐廳，這裡的生意非常之好。因為距離輪渡口不遠，居住在金士頓的城市居民，也經常來這家餐廳，品嘗鄉間菜肴、啤酒和酒精飲料。烤雞被濃鬱的家庭佐料醃製成獨特鄉村風味，由西瓜拌成的沙拉加上山羊乳酪和綠葉香料，食物滲透出股股山野鄉村般的奶香和炭烤味。附近的小餐廳也會用漂亮獨特的花卉、色彩佈置搶奪生意，透露出荒島人生意場上善意、幽默的浪漫。半天的徒步已餓得瘋狂，顧不上淑女風範，倒像是一匹飢餓的野狼。

坐在Wolfe Island The Grill餐廳外，一邊享受食物，一邊瞭望聖羅倫斯河，從金士頓自駕遊停留在餐廳外河面上的輪船不少。一個被曬得滿臉通紅的醉漢，還未醒酒就開著水上摩托風馳電閃般地離去。忙綠中，「嘭」的一聲，一個特大啤酒杯被店主小夥摔壞，毛手毛腳的店主小夥像極了三毛筆下的大鬍子荷西，粗獷典型的狼島人。

粗野的狂風、冰天雪地的泥地、沒有街燈的水泥道，小店和關閉的夏季旅館，不敢想像狼島人冬天的生活。狼島的輪渡能輕易把人送往夢中的城市金士頓，就是這15分鐘的輪渡之隔像是隔開了一個世紀的生活。

突發奇想如果在狼島和金士頓之間架起一道橋樑，不僅會方便兩岸交通，更會提升狼島地產業發展，狼島就會成為金士頓城

市的一部分。但是，城市的延續或許就會頃刻消滅那裡的粗野山風，荒涼、曠野的狼島就會隨之消失，狼島也就會變成一匹馴服的山羊。

究竟是保留，還是消滅？這是城市建設過程中一個永遠無法回避的問題。狼島，這片未開發的處女地，就像是聖羅倫斯河上一顆未被挖掘的璀璨明珠，等待著人們去思考、探索、發現和開發利用。

狼島，既然上帝已為她打開了一扇門，該怎樣再去為她點亮一盞燈？

老人與店

7月底的一個早晨，當我來到安省南端的小村莊Roseneath時，那裡正在舉辦老爺車展覽（Carshow）。Roseneath是一個十分冷僻的小村莊，方圓幾十裡都是一片加拿大典型的鄉村景色。因為老爺車展覽的緣故，這一天恰好十分熱鬧，引來了不少遠道而來湊合熱鬧的觀眾和老爺車主。

因為看多了各種老爺車展覽，所以對這裡小型的老爺車展已不十分感興趣，於是抽空到村莊上轉悠，順道欣賞各種加拿大夏季的鄉間景色。

7月的陽光十分耀人，不多久就汗流浹背。來到小村唯一的一家小店，店主Robins是一位拄著拐杖的81歲老人，正坐在這家名叫Robins General Merchant的小店門口長椅上休息。

小店外表不十分特別，磚石結構的房子經過了精心整修，留下了屋簷下精緻的小段木雕欄，小店側面還保留了用油漆刷在牆壁上的碩大的舊店招。店主Robins就出生於Roscneath小村，也從未離開過這個小村莊。

見我走近商店，老人站起身笑嘻嘻地與我主動打招呼，隨後就跟進店來，並開始滔滔不絕地介紹起各種飲料。小店其實也就是一家普通雜貨店，一開始也並不引起我的注意。因為這是這個地區唯一的一家小店，所以我想看看這裡到底有些什麼物品和食物能滿足方圓幾十裡居民的臨時需要。

見我不斷有興趣地查看小店各種食品和飲料，老人忍不住就介紹起小店的歷史來。聽著老人的介紹，倒是著實嚇了一跳，貌不驚人的老人和小店原來是十分不尋常。這位每天需要注射4針胰島素、患有糖尿病的老人出生於商人之家，妻子不光是Roseneath村長，而且曾經還是Rice Lake地區的政府首腦人物，這個家庭原來算得上是方圓幾十裡的「名人之家」。

老人熱情地向我展示了兩頁關於小店歷史、家屬經商史的舊報紙。據2008年7月25日《Coboury Daily Star》上的一篇整版報導，老人的父親當時用3500加元，從一位旅館業主手裡購買了這家鄉村旅店，並改建成雜貨店。老人父親過世後，子傳父業老人開始經營這家雜貨店已有17年，除了星期天外，每天早上7點開門，晚上7點關門，多年來服務於鄉村居民，從不敢偷懶和退休。

過去，老人不光經營著雜貨店，還經營屠宰生意和小農場，生意興隆的時候小村莊的生意還走進了整個安大略省，現在家屬

的生意已有老人的侄兒等親戚繼承。老人驕傲地告訴我：「有一次，在多倫多大街上，有人不光知道我的名字，還與我不斷打招呼」。關於經商祕笈老人認為是對待每一位顧客都十分真誠，老人說：「對顧客的熱情和不厭其煩為我贏得了很大的生意」。

老人同時也向我打聽中國農村是否也有這樣有趣的鄉村小店？談到現代化的大型超市，老人連聲稱「只懂賺錢，沒有人情味！」見到老人商店生意興隆，曾經有人在小店的馬路對面也建立了另一家小店，但不多久就宣告失敗。老人的商店已成為當地鄉村的品牌，再加上努力和勤奮的工作，別人已無法競爭。在Rice Lake地區的地圖上，還印有「老人和店」的照片作為該地區的標誌物。

在Robins General Merchant小店中，除了過去旅館中的吧台被改變成現在的櫃檯外，老人還保留了旅館中的舊電話機和開有小窗口的旅店房門，老人很有興趣地帶我走進櫃檯後面的房間，向我展示他所保留的舊電話機和重新油漆過的白色舊房門。在小店門外，老人指著那塊淡黃色黑字的鐵皮招牌告訴我，現在的商店有這樣鐵皮招牌的已經不多，這好像又是一個小小的歷史遺跡。

談起自己的妻子，老人稱讚：「她是個了不起的女人！」老人的妻子不但是一位經營農場的主婦，也是一位獨立、有個性的小村女強人。在她從政期間，她不斷敦促地方政府改善鄉村設施建設。在任期間，她主持修建了小村花壇、小公園，還恢復修建了兒童設施。退休後，她忙於教堂工作，繼續籌集資金為鄉村建

設再作貢獻。

在這次老爺車展上，1905年美國製造的兒童旋轉木馬設施為兒童和成人開放，這個兒童娛樂設施曾經因為破損，被閒置多年，幾乎被人遺忘。老人的妻子曾經主持修復了這個兒童娛樂設施。如今，這個娛樂設施每個星期天下午都會對外開放，並正在想方設法把這個具有歷史意義的設施保留進固定的建築物。

聽完店主老人的介紹後，再走進車展，坐上旋轉木馬，讓這個經過油漆修復煥然一新、上下不斷移動旋轉著的木馬把自己再次帶回到童年時代。雖然，現代化的游樂設施在當今已不算稀奇，但是，能夠坐上這古董般的大型娛樂玩具，體驗著不一般的心境，這也是小村人的一份驕傲。3加元的一張旋轉木馬門票也算是對這個村莊的一點小小貢獻。為了鄉村建設，已經有不少熱心人促成了這樣的老爺車展和各種農具展覽。

再回看鄉村老爺車展，心情也已很不一樣，仔細看來每輛老爺車其實也有一小段歷史痕跡，不光能看到每個時代的製造業發展狀況，同時也許也蘊藏了一段不平凡的家庭歷史和文化。車展上一般都很少見到華裔，對加拿大歷史文化的不敏感、或者缺乏瞭解重視，是華裔不能真正融入加拿大的原因之一。

加拿大是個十分懂得保護和珍惜歷史的國家，那怕是一點點的歷史痕跡，都會引起人們的重視。老人與店的歷史故事雖然很平凡，但人們親歷而為善於把歷史故事延續、保留、繼承和傳播開來，卻是一種珍惜歷史文化的文明表現。加拿大眾多的博物館文化就是經過大浪淘沙被保留下來的一個個歷史小故事，從城鎮

到鄉村，就是這一段段平凡普通人創造的歷史小故事，構成和延續了加拿大國家的真實文化、歷史和文明。

一個流浪人的故事

在Trenton的A&W速食店，每天早晨都會見到一位頭髮稀疏、衣著還算整潔的流浪者。關於流浪者的名字及照片為了尊重個人隱私我不能提供。每次見到這位流浪人走進店堂，如果店堂中只有我和先生在場，他就會彬彬有禮地與我們打招呼。流浪者是一位60左右年齡的老者，左腿有些殘疾，走起路來一腐一拐，看著使人感到吃力。

因為每次到A&W速食店早餐都會看見這位流浪者，不由得使我感到非常好奇。流浪老者穿著一件格子布長衣外套，夏天幾個月來不見換衣，但衣服還算清潔。

老人與店堂內工作人員都熟悉，這大約是他天天必到的緣故。老人把店堂當作了自家廚房，每天早上8點到10點左右都能在Trenton的A&W速食店準時見到他的身影。

每天早上，老者都會在A&W速食店買上一杯咖啡，靜靜地坐在固定的座位上。熟來店堂的顧客都會空出這個座位等待老人到來。

老人除了與店堂工作人員打招呼外，一般很少與人交談。看見我這個中國人經常出現在店中喝咖啡，他只是偷偷打量著我，老人的眼神是灰暗無力的，一副茫茫然樣。

在早上8點到10點飲咖啡期間，老人會經常走出店堂，他的家就在速食店對面，走過一條小街可以看見一排白色的小平屋，就是他和流浪者之家了。

流浪者之家有一排白色分割的小屋組成，這兒每個小屋都是一個流浪者之家，流浪者大都是單身漢，只有等到他們不想再流浪、想有個安生之地後這兒就會成為他們的漂泊港灣。流浪者之家費用都由當地政府支付，位於小鎮市中心，便於無車的流浪者購買食物，小屋前面也有停車線供有車的流浪漢停車之用。流浪者之家雖然面積不大，但卻是一個冬天能避寒、夏天能避暑的溫暖港灣。

老人雖然是流浪漢，但足夠有錢每天上A&W速食店，嘗上一杯咖啡坐上大半天。A&W速食店咖啡免費續杯，這也為老人提供了方便。老人每天坐在餐廳飲用咖啡，並靜靜地看著來餐廳用早餐的每個客人，這大概也是一個流浪者接觸社會的方式。

見多了這位老漢，有的客人也會主動向他打招呼，這兒沒有人歧視流浪者，包括店堂工作人員對他都很客氣，有時還會與他簡單聊天。

流浪老人在飲用咖啡期間，都會幾次跑出店堂，桌子上留下一些錢和未喝完的咖啡。初次見此，以為這是給店堂服務員的小費，其實不然，這是他要回店堂來的記號，所以服務員心知肚明，從來不去拿桌子上的幾個銅板。他結束飲用咖啡，會把咖啡杯送還店堂，這時候才見他艱難地起步，走出店堂向對面的流浪者之家走去。

因為好奇，幾次也跟著流浪者走出店堂，看看他究竟為什麼要常常走出店堂？幾次跟蹤發現原來他走出店堂是為了抽煙，在加拿大公共場所是不允許隨便抽煙的，連流浪漢都懂得遵守這個公眾規矩。

　　因為抽煙，流浪漢常常帶著打火機，有時店堂中熟知他的抽煙客人，都會向他借用打火機，甚至有人也會向他借用香煙，這時他都會欣然答應。

　　加拿大是個有信仰的國家，人們相處平等友好，加拿大人富有同情心，見到街頭流浪漢也會給錢，但是，有一次因為給了一個街頭流浪者一些小錢，卻親眼見他跑進酒店，買了一瓶昂貴的酒，從此也就沒有再給過街頭流浪漢小錢。

　　早就聽說加拿大的流浪漢待遇不錯，但耳聽不如眼見，對於一個流浪漢來說，政府提供的一切足以讓他過上一種有尊嚴的生活，疲倦了流浪，可以如常人一樣享受安心的晚年生活。

　　對於殘疾人、病人和殘疾流浪者，民間慈善機構更加關注，加拿大教會及好心人也會為之捐款。加拿大眾多機構更是上門收集食物、衣物及其他物件為各種病人、殘疾人捐款和捐物，著名的泰瑞‧福克斯長跑就是加拿大首創的為癌症病人捐款的活動。

　　加拿大的流浪漢常常酗酒、吸毒、賭博，這是他們貧窮的根源。加拿大的教會會為流浪漢提供食物及聚餐，也會為流浪漢募集資金，幫助流浪漢戒毒。加拿大的醫療免費，只要街頭流浪者願意停止流浪，都會找到一個適合自己的安生之地，並享受一個加拿大國民應有的所有待遇。

特倫頓的「船員之家」

　　安大略省的小鎮特倫頓（Trenton）有一個Trent Port Marina的建築被稱作「船員之家」。

　　特倫頓是座落於特倫特（Trent）河口的一個風景迷人的小鎮，由於地理位置的重要和風景秀美，小鎮在Quinte West地區十分有名。

　　小鎮的地域寬廣、水系豐富，得天獨厚的風景是人們夏季觀光和旅遊的好去處。每當夏季來臨，特倫特河面上也逐漸變得熱鬧起來，小鎮居民在特倫特河灣中捕魚、游泳，來自大城市的休假觀光客也從四面八方自駕遊輪，來到這兒享受陽光、空氣和迷人的水上景色。

　　河面上只見繁星點點，各種遊輪懸掛的國旗代表了遊客的不同身分和國籍，來自五湖四海的觀光客成了特倫特河上的一大景色，為這個小鎮增添了不少生氣和活力。特倫特河以它寬厚和迷人的姿態迎接著遠道而來的客人。

　　每年夏季這兒被稱為「船季」。為此，小鎮政府看中了其中的商機，在臨河的特倫頓市中心建立了Trent Port Marina建築作為「船員之家」，為來自各方的客人提供便利，同時也為小鎮政府帶來一定的稅收。

　　2015年夏季，Trent Port Marina「船員之家」正式運營，新修建的泊船口也同時對外開放營業。「船員之家」瀕臨河灣泊船

口，離船上岸的遊客能在Trent Port Marina「船員之家」中找到咖啡、零食、電腦無線上網、餐廳、資訊服務、旅遊紀念品、廁所、燒烤爐、淋浴設備和休息場所等各種周到的服務。

新修建的港灣泊船口能臨時容量380條遊輪的停靠，Trent Port Marina「船員之家」被稱作Quinte West的心臟。「船員之家」附近是政府辦公樓和圖書館，中心花園的綠草地、花卉為離船上岸的觀光客帶來新鮮的空氣和寧靜的環境。

走進「船員之家」這個面積龐大的建築物，只見餐廳十分寬敞和明亮，餐廳後部是一個操作廚房及零食、咖啡、冰淇淋購買點，這兒的咖啡價格不貴，冰淇淋色彩怡人、味道十分可口。因為剛開始營業，這兒的生意仍十分清淡，「船員之家」在旅遊淡季也對外出租，客人們可以在這兒舉行生日派對或商務會議。

Trent Port Marina出租每半天花費大約200加元，客人們可以利用內部廚房製作食物舉行家庭聚會和商務活動，泊船所需的費用根據每天、每月等類型提供不同價格。Trent Port Marina建築外還設有桌椅，可以在這兒享受咖啡、零食和冰淇淋，五光十色的河上景色同時也盡收眼底。

「船員之家」中不僅有沙發供遊人休息，一些有關小鎮歷史、文化的介紹不久也將被納入建築中。大廳中成立的小木舟是一位曾經的軍人捐助的，關於特倫特河港灣泊船歷史已有200多年，特倫特河上的水上運動也十分著名。

「船員之家」電視屏上每天播報著天氣預報，為將要起錨離港的客人提供準時氣象資訊。牆上的世界地圖為來自各方的遊人

尋找故鄉的歸途，美麗的小鎮留不住匆匆過客，這兒只是每　個遠方來客的臨時家園，下一站的旅途是否也同樣令人憧憬？

關於建立「船員之家」的設想，大概也是特倫頓市政府的首創。Trent Port Marina建築設計新穎，磚石結構的建築物像是一條停泊在港灣的渡船，寬廣寧靜的草地和河灣為這個迷人的小鎮帶來了一道亮麗的風景線，小鎮居民為此而自豪，「船員之家」成為了特倫頓小鎮的另一個嶄新建築標誌物。

可愛的狗狗、貓咪寶貝

在加拿大初次就醫，醫生會讓你回答各種各樣的問題。比如，你是否喜愛與小動物相處？在北美寵物是家庭成員的一部分，野生動物更不主張隨便射殺，動物保護組織一直在抵制獸皮制衣，並且到處可見醫療設備齊全的寵物醫院。北美的獸醫具有高學歷和高收入，為骨鯁在喉的寵物取碎骨，包括麻醉在內要化費將近600加元。因此，在北美即使我再喜愛小動物也敢愛而不敢擁有。

想起在上海家鄉時，父母鄰居家養的小狗、小貓常常到家做客。早晨稍晚起床，鄰家小貓就會跑到家門前不停地叫喚，弄得你不得不在寒冷的清晨起床為小貓打開房門。小狗狗更是搗蛋，每每與父母一起吃飯，小狗總是跑到桌前可憐巴巴地盯著你看，使你不忍心不給它餵食。因為自小喜愛小動物，所以不忍心看流血和虐殺，更是當不了手術醫生。

想不通連蟑螂都怕的弟媳曾是教學醫院手術臺上的開刀高手。常常關照弟弟放棄研究醫學，即使醫學實驗也不能隨便濫殺動物，才知北美實驗動物標本要由執照的專人負責提取。可以理解北美醫學院為小白鼠樹碑立傳，為了人類的醫學事業小白鼠獻出了寶貴的生命。

　　如果寵物瘟疫流行是不是該殺小動物？對於這樣的問題，我常常王顧左右而言他不知如何回答。在北美殺豬牛要先電殺，然後才能庖丁解牛，為此豬、牛肉常有強烈的血腥味。有一次煮龍蝦，先生關照要等水開後才能放入活龍蝦，以免龍蝦在沸水中痛苦太久，此時才知原來自己也不懂得善待生命。想起小時餵養的小雞被宰殺煮湯，從此見雞湯就噁心，情願買北美冰凍肉類食品，也可以防止禽流感的傳播。

　　在北美見慣了人性化地宰殺動物，可是不明白每年秋季北美具有歷史傳統的打獵活動允許射殺野鹿。北美早春的傍晚駕車，往往在鄉間會有機會看見野鹿，可憐的小鹿見車燈就像飛蛾撲火一般撞上來造成交通事故。剛到北美的駕車人目瞪口呆不知該怎樣處理被撞死的野鹿，加拿大法規規定要先報告，然後你可以擁有野鹿作為盤中餐。

　　家養寵物的命運往往要好過野生動物，野鹿雖可愛但是不敢輕易親近，就連北美鄉村小路上的野草有時也會讓你中毒過敏。據說在加拿大的北極，如果有人出錢十萬就允許獵殺一頭北極熊，不知當地動物保護組織該怎樣看待？

　　珍稀動物得不到很好保護，就會像恐龍一樣最終滅種，但

太多的野生動物有時也會擾亂鄉村生活的寧靜。加拿大鄉村生活中，常常見到各式各樣的野生動物，實在是不喜歡看到自家庭院草叢間躲著幾條小蛇。中國人眼裡蛇可以成為美食、藥物，但卻很少能夠成為寵物，而北美人的寵物可以是各種怪異動物簡直不敢想像。

當然，最得寵的動物還是小貓和小狗，小貓可愛，小狗忠誠。愛上了小動物卻養不起，這是北美生活的苦惱。飼養小動物的開銷不小，貓有貓糧，狗有狗食，商店裡的動物食品價格不低，寵物在家無人看護還要雇人看管，傷人時要負責賠償，再加上動物玩具是一筆不小的開銷。加拿大的小狗小貓不串門，但常見有人在街上遛狗，夏季有專門的寵物賽藝活動讓有寵物的家庭參與，因為共同的愛好讓擁有寵物的家庭走的更近交流心得。

有趣的是這兒的寵物見人不陌生，附近店家有一隻可愛的小貓咪，我常常光顧小店與貓咪玩耍，貓咪見我就高興地閉起眼睛享受我的按摩。有人見我喜愛小貓，要送我一隻流浪貓終究不敢接受，既然要擁有就要善待，實在沒有足夠信心照顧好小貓也就只能忍痛割愛。

常常想起家鄉鄰家的小狗、小貓，每每打電話回家，總是問起鄰家的寵物寶貝。如今，隨著國人的日漸富裕，大街上遛狗族逐漸多了起來。寵物狗被梳妝打扮、穿上各種色彩鮮豔的服飾非常靓麗，但是不時會見到穿著漂亮的寵物隨地大小便，走在大街上不當心就會踩上狗屎。

國內的寵物醫院主要為寵物美容、打扮，一旦寵物真正生

病就打針安樂死。一般貧民家庭很少付錢救治寵物，寵物在不同階層的家庭中命運也大不相同。常見國內公園中有人投食餵養野貓，也偶見狹小公房中有老人節衣縮食餵養很多貓咪，因此常常引起鄰裡矛盾。

究竟是否該養寵物只能問自己了，愛上寵物捨不得割棄是一種愛，但是有時學會放棄雖然痛苦也是一種大愛。這個問題就像是莎士比亞的名句「To be or not to be？」（是生存，還是毀滅？）一樣難以回答。

從撿「洋垃圾」到廢品回收

大凡早年到國外留學的窮學生和早期技術移民，大都有撿「洋垃圾」的經歷。臺灣女作家三毛，為她所撿到的「洋垃圾」寫了一本傳記性作品《我的寶貝》。在這本書中，三毛詳細地描述了她所撿到的「洋垃圾」，經過她的藝術想像而親手變費為寶成為藝術品的經過，並仔細地向讀者介紹了她的「垃圾」寶貝。三毛是個敏感而具有浪漫情結的現代派作家，雖然她的作品在我學文學史的那個年代排不上位置，但三毛歷經艱辛、變苦為樂的流浪傳記卻吸引了不少讀者。三毛雖然出生於家境不錯的家庭，但也十分喜愛撿各種「洋垃圾」，有趣的是，她能夠把《我的寶貝》變成她個人的「鑒寶書」，介紹給讀者。所有著作中，唯獨《我的寶貝》這本書寫得非常實在，在丈夫荷西過世她回到臺灣生活時，仍然保留了她的一部分撿回的「洋垃圾」。

在加拿大這樣發達的國家裡，街邊洋垃圾的確是可以撿到的。而且，撿到的洋垃圾往往是仍然可以利用的居家物品。像舊電視機、舊電腦及一些舊家具等，為初到加國的窮學生們提供了免費的可利用物品，「洋垃圾」有時甚至還是一些沒有拆封的物品。加拿大人把這些破玩意放在街邊，寫上「For Free」（免費）則可以免除扔掉這些破玩意所要花費的錢財。不要以為洋人一定富有，其實洋人的浪費一直是我實在看不慣的。比如家中用的好好的電視機、床墊、電冰箱等，先生不知道為什麼不喜歡就要買新的，於是過一段時間，這些家用品就得花錢送到固定的地方扔掉。家中花了500加元買來的嶄新塑膠衝浪浴缸用起來非常舒服，卻在先生看上了舊貨店裡的搪瓷衝浪浴缸後再也不喜歡使用，而作為廢品處理掉了。新的物品不要而買舊貨，真不知西方人古怪的價值觀，與西方人共同生活，價值觀難免不同，衝突也不斷，只是自己脾氣好而已。

　　在國內與父母一起生活往往十分節儉，中國老一輩的勤儉節約美德一直為我所敬佩。可憐老一輩的黃金年齡都在過分節儉中悄悄流逝。隨著生活條件的改善，現在國內城市的年輕人價值觀也有所改變，也學會了追求時尚、享受生活，甚至出現了「月光族」。然而，正因為中國經濟發展的不平衡，仍然有大部分貧困人群的存在，所以像舊電器、舊報紙、塑膠瓶、半舊家具等一些家用品，還是被有償回收送到貧窮地區再出售，或被再利用的。為此，市面上出現了廢品回收的買賣市場，也常見一些穿著破爛的撿垃圾人在城市垃圾箱中尋找舊垃圾。記得過去大侄兒讀小學

與我父母同住時，有一次考試成績偶爾不理想被老師批評，於是我找姪兒談話，告訴他：「如果讀不好書，將來長大沒工作做，也沒錢養活自己，只好去撿垃圾。但是，總有一天垃圾也會被撿完，到時你怎麼生活？」姪兒十分委屈無語，過後竟然把我的撿垃圾故事寫在作文裡，於是家長又被老師談話，老師十分驚訝成績優秀的姪兒竟會有這種想法。大概「撿垃圾」故事印象深刻，姪兒直到長大也是一個懂得節儉的孩子。因為舊貨垃圾在國內有市場，所以也產生了一些以此為業的買賣，據報導也有一位高學歷研究生畢業後從事廢舊回收生意，收入不錯足夠養活自己。

在加拿大靠撿垃圾做買賣賺錢是不行的，但很多有利用價值的家用品是可以免費撿到的。加拿大雖然是個發達的國家，但由於西方人太注重及時行樂享受生活，以至於造成很多的浪費。吃光用光是西方人的生活習慣，對一個普通的工薪階層來說有部分積蓄，但絕對數目不大，所以，國外的工薪族有可能還沒有國內大城市的白領富裕。西方人買東西從不充分考慮匆匆買下，然後不喜歡就隨手扔掉。也有像買彩色列印油墨的價格，等同於買一架新列印機包括油墨的價格，於是許多人當然選擇買新的列印機了。扔下的「洋垃圾」還沒人要，電器等則被送到集中地，運往一些不發達國家或地區，經過拆裝處理後作為成品再銷售，這就是一個國家發達與不發達之間的區別。一方面消費可以促進經濟發展，一方面也造成了大量物資、人工、交通運輸等的浪費。不同的國家有不同的消費觀，說到發達國家的浪費，也想說一下特別奇怪的是：要是真看中了喜歡的物品，即使是舊貨我先生也

買，這倒使我這個中國人十分不解與不適應。在國內因為生活和經濟條件還可以，即使節約也從不買舊貨，像舊家具、舊電器、舊衣服等，送人也不受歡迎，除了有收藏價值的舊貨例外，也沒有這樣的舊貨店，可以出售生活用垃圾舊貨。

能在生活艱苦條件下浪跡天涯、甚至能把撒哈拉沙漠生活中所找到的「洋垃圾」輪胎變成座椅，把廢棄物變成藝術收藏品的作家三毛，回到經濟發達的臺北後居然會選擇自殺實在令人想不通。也許城市生活的節奏和繁華，使一些原有的價值觀念發生改變，由生活和精神帶來的壓力和焦慮，使一部分人難以適應，三毛收藏的這些洋垃圾藝術品，也成了家人最後的紀念品。

加拿大有趣的私人住宅

在加拿大私人住宅往往受到很好的保護，任何部門和個人不能隨意侵犯居民的私人住宅，就是警察等執行公務也不能亂闖民宅，沒有邀請更不能隨意進入北美私人住宅。　加拿大的私人住宅是完全屬於私有財產，上至房屋空間、下至地下幾公分即使發現稀有金屬、珍稀寶貝也屬於私房擁有者，別人不得侵犯，這是法律所保護的私人權益。因此，加拿大的私人住宅主人往往根據自己個性化的要求設計裝飾房屋，定時油漆、翻新屋頂和外牆，保持房屋外表乾淨和整潔。在加拿大很少看見破舊的私人住宅和公寓房，有些私人住宅主人根據自己的愛好，設計了有趣的私人空間，有些鄉村私人別墅經過一定的手續，建成了居住和商店兩

用的個人商鋪。加拿大私人住宅周圍的綠地，及各類樹木也屬於住宅主人，儘管房屋周圍沒有圍牆，但別人不能進入私人領地。在加拿大的鄉村，有的私人住宅周圍草地，方圓幾裡都屬於個人，別人不能隨意踏入及狩獵。

初到加拿大，不知私人領地的重要性，往往會誤入私人領地。如果發現自己誤入私人領地應及時退出，並向主人道歉。如果在美國沒有理由而擅自進入私人領地，別人一槍把你打死也不犯法，誰叫你侵犯私人領地。私人住宅周圍綠地上的各類樹木，必須由主人自己管理，如果發現樹枝延伸到鄰居家，而影響鄰居生活的話，必須與鄰居商量後鋸斷樹枝，一切費用由私人出資。在加拿大由於人工比較貴，所以，要鋸斷一段樹枝最便宜大約也要花150加元左右。

在加拿大鄉村生活中，由私人住宅改造成的商鋪往往非常個性化，主人會根據自己的特長製作一些甜點、調料等出售，也有家庭商鋪改造成了私人作坊，製造出傳統而又新鮮的巧克力等。有的改建成畫廊、手工藝品門店銷售與一般大型商場不同的特色製成品。一般這樣的住宅底層是商鋪，上面就是主人住家，既方便做生意又供主人居住兩不誤。客人進入私人商鋪，如同進入朋友家中參觀，加拿大私人商鋪主人笑臉迎客、熱情與你打招呼，並介紹自己產品特點，有時，還讓你品嘗一下新出爐的產品。在安大略省Barrie市Penetanguishene路上，我發現了一家叫Chelsea的由私人住宅改建成的巧克力工廠和小型巧克力店。這家私人作坊巧克力工廠，生產手工製作的各類藝術巧克力，黑、白巧克

力被製成了各種動物形態、球形和心形。製作手工精細、甜度適宜，同時也製作酒類巧克力。進入店鋪後，主人熱情地介紹起了他的巧克力工廠，並讓我觀看巧克力醬攪拌機。巧克力在適宜的溫度下，被攪拌均勻後再進行手工製作，所做出的巧克力非常新鮮、口感細膩。在商鋪選購了兩款動物巧克力後，主人又邀請我免費品嘗一款剛出爐的葡萄酒巧克力。該商鋪還為顧客定制各種生日巧克力、婚禮巧克力、個性化巧克力和孩子巧克力禮盒等。

當然，私人住宅的特色裝飾還有更絕妙的。在安大略省Barrie市附近的Midlang市有一個非常特殊的私人住宅，這個私人住宅包括周圍的大片綠地，整個就是拷貝了一座舊式火車站，私宅主人特殊的構思令人拍案叫絕。私人住宅模仿了加拿大老火車站的顏色、建築風格和外景，偌大的綠地上建成一條長長軌道，環繞草地周圍引人進入草坪，住宅前拷貝了老火車站的名稱、周圍還有老火車站的歷史介紹資料和車亭。

加拿大有許多人非常注重火車發展歷史，專門收集有關加拿大火車發展的歷史資料。在安省Orillia東部12號高速公路邊，有一座加拿大七十年代至今仍非常著名的漢堡工廠。這家漢堡工廠是一座黑色的建築物，建築物上方整天冒著燒烤漢堡的煙霧，有專門架設的紅色鐵制引橋，方便馬路對面的客人，穿越馬路進入漢堡工廠和店堂。全開放式店堂，可以讓食客觀看燒烤漢堡製作全過程，店堂內食客排起了長隊，等候按號取漢堡。黑色漢堡工廠內只有廚房和燒烤處，而沒有座位讓顧客食用漢堡，如要坐下享用漢堡，漢堡工廠旁邊有一組利用真正的老火車車廂設置的火

車餐廳，火車餐廳中座位保持了火車座原樣，而且收拾得非常乾淨整潔，每排座位前都有小桌子，供顧客坐下食用食物及飲料。車廂中還設有男女衛生間，衛生間中洗手龍頭也很別致、小巧，很像火車車廂中的簡易洗手龍頭，龍頭邊有洗手液和用於擦手的紙張供應。

這座漢堡工廠及火車座特色餐廳，雖然不是私人住宅卻也非常獨特奇妙，這又是漢堡工廠主人的一大精妙構思、創作和改建工程，同時，可見加拿大人的創造能力。

憶白求恩醫生

當我來到白求恩的故鄉加拿大後，我非常驚奇許多加拿大人並不知道白求恩醫生，而他在中國是一位家喻戶曉的加拿大醫生。

許多中國人熱愛白求恩，是因為他是一名著名的胸外科手術醫生，及手術器件發明者。他在二次世界大戰中，組織流動醫療站和流動血液站，幫助西班牙及中國人民，治病救人、履行他醫生崇高的職責。他同時也是加拿大免費醫療的倡導者。

他放棄了在加拿大格雷文赫斯特的優越生活，到醫療物資、食物缺乏的中國幫助中國人民的抗日戰爭。在一次外科手術中，由於缺乏醫用手套而割破自己的手指。幾天以後，由於病毒感染手指，而犧牲在窮鄉避壞的中國。許多人流淚為他送行，人們把他埋葬在山邊，群山為之而動容。

毛澤東為此寫了《紀念白求恩》一文，從此，白求恩成為了中國人民的英雄。

在加拿大參觀了白求恩故居後，白求恩在我的心目中變得更形象起來，因為他不僅僅是我們課本中的偶像英雄，他更是作為一名普通的有個性的加拿大醫生，而贏得人們真正的思考和讚歎。

我的丈夫是個地道的加拿大人，但他從不知道白求恩的故事，在我的影響下，他開始慢慢瞭解了這位加拿大英雄。自從去年開始，我們決心每年到格雷文斯赫特拜訪英雄的故居，以緬懷這位永遠回不了家鄉的加拿大醫生。

為此，我們和格雷文赫斯特白求恩紀念館結下了深厚的友誼，連續兩年，我帶了自己的畫作贈送給紀念館，想以此帶動更多加拿大人瞭解這位不為人知的本土英雄。

儘管白求恩的名字在加拿大有所爭議，不管他是共產主義的崇拜者也好，也不管他是一名基督教徒也好，總之，他是一名履行了希波克拉底誓言的稱職醫生。

加拿大的六月是盛夏的開始，當我們開車走向格雷文斯特的路上，我們心潮澎湃，回想當年白求恩大夫遠離家鄉的時候，他是抱著什麼樣的心情，開始新的工作和適應艱苦環境的呢？在艱苦的工作環境中，他總是說，「我不是來休息的，我是來工作的。」

一位著名的加拿大作家說過：「加拿大為中國輸送了一名醫生，中國為加拿大塑造了一位英雄。」而我認為，白求恩大夫永

遠是一位藝術家，他不僅僅塑造了自己，塑造了作為醫生的崇高職業形象，更塑造了中加人民的友誼，塑造了一種精神，就像他的自畫像掛在紀念館中，讓人留下深深的印象與思考。

希望更多的加拿大人與中國人民的後代，瞭解並記住這位加拿大醫生。讓我們祝福我們享有的美好生活，祈禱戰爭永不發生，祈禱世界更加和平與安寧。

白求恩，故鄉的驕傲

幾天前，再次造訪安大略省格雷文赫斯特白求恩故居，已是在侄兒大學畢業跳級考進加拿大著名醫學院之後。九十年代後出生的侄兒，雖然出生於世代醫學之家，但那一代人對白求恩的故事並不十分瞭解。

當初，要求侄兒學醫時，他就一直強調見血就怕。後來，我對他說：「你看，你小提琴拉的多好，手指多麼靈活，難道你不敢做醫生，以你靈活的手指為病人開刀解除痛苦嗎？」

幾年後，侄兒以平均99分的優異成績畢業於大學，成為學生醫學研究者，獲得加拿大總督獎，並直接進入了醫學院深造。

侄兒曾幫我翻譯過幾篇關於白求恩醫生故事的文章，但他對白求恩醫生的故事還是知道不多。

對白求恩醫生的崇敬，並不是因為讀了《紀念白求恩》的文章，而是因為我來到加拿大後，再一次認識了這位加拿大胸外科專家、手術醫師。

如今，在加拿大進入著名醫學院學習，並不是一件容易的事。白求恩醫生早年畢業於多倫多大學醫學院，青年時代就當過記者。1922年成為英國皇家外科醫學會會員；1933年被聘為加拿大聯邦和地方政府衛生部門的顧問；1935年被選為美國胸外科學會會員、理事。他的胸外科醫術在加拿大、英國和美國醫學界享有盛名。

白求恩醫生出生在一個富裕家庭，但他卻來到了貧窮的中國。在他的醫學實踐中，不但發明瞭現在醫學中還在使用的醫療器械，而且他早年多才多藝、能畫善寫，並為加拿大的免費醫療奠定了基礎。他不光是一名學者和醫生，而且是一位社會活動家，他經常參加藝術家聚會、寫作，並幫助籌備兒童藝術學校。

紀念館的牆上，懸掛著白求恩醫生早年的三幅畫作，電視屏上可以查閱到他的手寫稿和更多畫作，他當年旅行用過的破皮箱被陳列在紀念館中，白求恩醫生在中國過著清貧的生活。每年，白求恩紀念館都會有一些新的展出內容，每一次參觀，都會再次撥動我的心弦，引起我的再思考與再認識。

白求恩醫生曾用自己的雙手拯救了無數的生命，今天，加拿大不久就要實施的「安樂死」又把病人死亡的權力交給了醫生。對生命的尊重，包含了對死亡尊嚴的維護，這是醫生與劊子手的區別，年輕的醫生心靈和雙手，是否能夠承受得住這份沉甸甸生命的最後託付？醫生的職業不容褻瀆。

在展廳中邁步參觀，走到去年贈送給白求恩紀念館的畫作《我要去中國》前再次留影，心中感慨萬千。在金錢崇拜、道德

墮落、物欲橫流的社會中，白求恩精神有了另一種新的詮釋，給了我們另一種教育，樸實而閃光的人性與道德美，依然是我們今天的精神與榜樣。

白求恩醫生的一生不是完人，但他最後還是盡到了一名醫生治病救人的神聖使命。加拿大許多人對白求恩醫生的故事過去也是知道不多，在白求恩故居參觀時，工作人員介紹說：「如今，安大略省的醫科生都知道白求恩醫生的事蹟。」

白求恩醫生的故事，也逐漸被白求恩故鄉的加拿大人所瞭解，當加拿大人參觀白求恩故居，知道了白求恩的事蹟後，往往會翹起大拇指稱讚：「他是一個了不起的加拿大人！」

在參觀白求恩故居過程中，瞭解到白求恩醫生的故事雖為多數老一輩中國人所知曉，但香港和臺灣等地區的中國人對白求恩醫生的故事也很少瞭解。不久，白求恩故居將迎來參觀旅遊巴士，這將為更多人瞭解白求恩事蹟起到了積極的作用。

白求恩的故鄉也因為白求恩的故事，越來越引起人們的關注，小鎮上新建了白求恩餐廳和格雷文赫斯特標誌性建築物。加拿大政府同時也積極為白求恩故居、紀念館建設創造條件。白求恩醫生其實只是一個普普通通的加拿大人，他的助人為樂體現了絕大多數加拿大人的素質，也向人們展示了個人的人格魅力，這與那個時代所爭議的政治傾向沒有任何關係。

白求恩醫生是挽救千千萬萬病人生命醫生中的一個特例與榜樣，白求恩精神也應該成為這個時代拯救靈魂的道德規範。醫生的誓言永遠在於看重生命，醫科生的驕傲不光在於他們的成績、

聰明和才智；更應該是靈魂的昇華、生命和死亡的守護者，希望珍重生命·愛護生命、捍衛生命成為未來醫科生的神聖責職。

我家庭院秀

談起我家庭院來，其實沒什麼特別，與許多人家的庭院，比起來也許要小得多。但對我這個來自中國的人來說，有一個這樣的庭院，已經是綽綽有餘了。平時，只有我和我先生兩個人生活在一個很大的房子裡，屋裡陽光充足光線明亮，冬天享受暖氣、夏天享受空調，就是連地下室也不大去，偌大的客廳已經全部滿足了一般的日常生活需要，所以，庭院是我很少有機會會想到去享受的。夏季庭院裡的割草、種植小植物、蔬菜等都是我先生的日常勞動，我則享受來自庭院的新鮮菜肴。

不知那一年，乘著我回國探親的時機，先生突然給了我一個意外的驚喜。當我回到家中時，庭院居然已經改變了模樣，庭院裡已經新建了平臺，平臺上新添了藍色可移動的充氣塑膠衝浪浴盆，配上一圈矮牆上的各色鮮花，使庭院突然變得漂亮起來。特別讓我驚喜的是：先生竟自己動手新砌了漂亮的石頭灶台，灶臺上新添了燒烤用具，灶臺上新砌的瓷磚中嵌進了三塊彩色瓷磚，圖案漂亮，新接進了煤氣管道。「哇，先生居然能自己動手砌灶台，我還是第一次親眼所見。」更絕的是，灶台下部砌進了我從上海城隍廟購回的金屬人臉拉手，每每看到新砌的灶台，就勾起了我的思鄉情緒。

自從有了新灶台後，我到庭院裡去的機會就多了。夏季在庭院中的灶臺上炒菜，是一個不錯的選擇，避免了中國式高溫炒菜的油煙破壞屋中的整潔，一邊炒菜，一邊還可舉目享受庭院綠色的環境。自家庭院中的新鮮蔬菜摘下後，再在灶台邊的水槽中清洗一下，就可直接下鍋，方便簡潔。同時，庭院中的搖椅還可讓你在燒烤的間隙暫時小憩，我先生常常利用這段間隙享受啤酒的美味。

　　不知為什麼，先生在灶台邊配置的水槽，竟然是一個牙醫用的舊水槽。灰紅色的舊水槽與新砌的灶台怎麼也不配，而且，使我在舊水槽中清洗新鮮蔬菜時的感受也有些奇怪，視乎還有些心裡障礙，不知是先生的審美觀出了問題，還是詼諧幽默的表現？

　　不管怎樣，現在因為有了灶台，我到庭院中去的機會多了，除了燒菜，另一個原因就是享受衝浪浴盆了。雖然家中已有浴缸，但躺在充氣浴盆裡，軟綿綿地享受水流的沖洗，與在家中浴缸中的感受是完全不同的。身著漂亮的泳衣，在自家庭院偌大的溫水浴盆中照張照片，浴盆中還漂浮著啤酒杯，這在國內家庭生活中是從來沒有想像過的。

　　說來說去，其實自家庭院本來也沒有什麼特殊的與眾不同，所謂的不同也就是這一點了，先生才是自家庭院與眾不同的創造者，除了用大木塊拼建好平臺後，搭建了灶台、種上了花卉、購置了搖椅和浴盆，自家庭院的美麗就是靠這樣創造出來的。

小鎮垂釣

初夏的時候,我和我先生總喜歡駕著自家的小船在小鎮湖泊中垂釣,釣魚幾乎成了我業餘的一大愛好。

初到加拿大時,不知這兒釣魚還有許多規矩。首先,你得有釣魚證,然後,你得知道什麼時候可以釣魚,為了保護魚類的繁殖期,加拿大政府有明確規定,一年之中有幾個月是不準垂釣的。

安大略省水資源非常豐富,與美國相連的世界著名五大湖泊中的各種淡水魚類在國內幾乎沒看到過。我居住的小鎮離大城市不算遠,是個垂釣的好地方,夏季的時候,有許多專門從多倫多等大城市到小鎮來度假垂釣的漁船。

我出生在中國的大城市上海,從小是個乖乖女,躲在家裡用功讀書,關於釣魚印象最深刻的是美國作家海明威的小說《老人與海》,除此之外,沒有任何釣魚的感性認識。

當我初次拿起釣杆的時候,不知如何拋出釣繩,也根本不知魚是否上鉤,往往把水草當作魚上鉤,拉上來一看,空歡喜一場。

慢慢地功夫不負有心人,我終於能熟練地垂釣了,也像當地人一樣把小魚扔回湖中。一個好的垂釣手最興奮的時候,是大魚上鉤收釣繩的一瞬間,這也是你和魚兒搏擊的過程,一不小心,魚兒就會脫鉤。有了釣大魚的經驗,你才懂得海明威小說《老人與海》中的老人,釣到大魚後與風浪搏擊、與魚搏擊的壯觀,你

才懂得老人的驕傲，儘管被拉上岸的大魚，最後幾乎只剩一個空骨架。

在小鎮湖泊中垂釣，不用你去與風浪搏鬥，只是慢慢地培養起你的耐心，靜靜地享受初夏和煦的暖風與幽靜，經過了漫長的冬季後，享受耐心等待著的一年之中最好的時節。

熱愛釣魚的人們就是寒冷的冬季也不閒著，他們冒著刺骨的寒風，在冰凍幾尺厚的湖面上打個洞，繼續可以垂釣，據說冬季的魚還特別容易上鉤。如果你怕冷的話，小鎮附近還有專門為冬季垂釣的人準備的移動小屋，你可以租個移動小屋，在冰凍的河面上打洞垂釣。同時，還可以喝上一杯熱騰騰的咖啡，享受城市生活中從沒有過的經歷。

第四章　藝術實踐

「無業遊民」在加拿大的畫匠經歷

　　童年喜歡到處亂塗，四歲趁父母不在把屋中牆塗滿。父母儘管生氣，但還是不斷買各種各樣的顏料和畫筆，從此，顏料和畫筆成了我童年特殊的玩具。

　　畢業後當過教師、做過婦聯工作、擔任過政府公務員、也做編輯工作。在就業競爭壓力下，放棄愛好、要求不高，只為做一份白領工作。即便這樣，到加拿大後所有的學歷和經歷都被打回到「零」，成了真正的加拿大無業遊民。閒著也無聊重新拾起已放棄三十年的藝術愛好，用貝殼製作一些工藝品送人。也想過到超市服務體驗白領外的生活並學英語，弟弟鼓勵我不要當加拿大的無業遊民。想起如今在北美具有博士生導師資格的弟弟剛到北美吃盡苦頭，一個文弱書生總共帶著2000美元闖蕩北美，第一個月就化去400加元與人合租房屋，當過宰肉匠、餐廳服務生、做過麵包工同時打幾份苦工，並尋找獎學金機會重新完成研究生學業。幼小的侄兒剛到加拿大吵著買糖，也只能得到一、二粒，免費漢堡只能在聖誕夜午夜12時，才能在慶祝活動中得到免費發放。為節省2加元車費，侄兒懂得在加拿大零下20度冰天雪地

中，走上一小時從學校回家。告知侄兒哈佛、耶魯這樣的名校沒錢供應，學費自理。侄兒急傷心就說打工也要到北美最著名的癌症研究所去工作。剛成年的侄兒，如今回國彬彬有禮，見鄰居有困難熱心相幫，別人直誇孩子善良。

在加拿大吃不起這樣的苦，就為自己找個女士優先照顧的理由，當然也更不想做職場女強人，比較容易的還是當好每日的家庭主婦，並原諒自己享受清閒的退休生活。加拿大朋友Donna是第一個真正掏錢買我畫的人，並願意為我引薦加拿大有名畫家。

在朋友建議下，試著把畫打進安大略省一個比較有名的畫家村，那裡有個經營了17年生意的畫廊女老闆，挑畫眼光苛刻，朋友建議做好失敗的心理準備。去年，空手進畫廊，女老闆找個理由說有空再約，等了將近一年也沒有回音。先生開玩笑說：「就是像梵谷這樣的畫匠，也是生前潦倒，死後突然成名誰又能料到呢？」聽了彆扭，借用張愛玲名言「成名要趁早」應該鼓勵孩子奮發圖強才對。今年舊事重提，不是繪畫科班出生的我早已失去信心，在先生叮囑下，這次帶了兩幅畫作再次登門，女老闆終於肯預約見面，並要我在一星期內完成幾幅當地題材畫作。第三次見面按女老闆要求，帶上三幅新作和各種類型的畫作十幅供挑選，終於她拿下我三幅新作和另一幅當地題材畫作試銷，其他一律不看。問我要多少價格才肯出售畫作，想起朋友告知畫廊中出售畫作有規矩，價格不能太低，價格過低別人無法賺錢，周圍畫家也不高興。有些畫家花費很深功夫，一個月才完成一張畫，被你擾亂市場別人會失去銷售機會。

見我猶豫，女老闆說這樣吧，沒畫框的每幅300到350加元，開始300加元，銷路好的話再談漲價。按照協議，如銷售成功畫匠得200加元，餘下的別人需要畫框由她提供，配框後即使畫作提高到五、六百加元也與畫者無關，終於決定簽下第一份單子。特別感慨Stirling公共圖書館畫廊負責人看了我的畫作後，居然肯給我今年六月整月免費個人畫展機會，同時允許我畫作標價出售，銷售成功圖書館和畫廊不收取任何一分錢。我的中國畫家朋友Tina今年在畫展上再次見面，鼓勵我報名參加獨立巡迴畫展，並告訴我一些舉辦各種畫展的消費和物品準備細節。於是，最終決定還是到加拿大當地就業指導中心瞭解諮詢一下各種問題。

　　就業中心一位加拿大女士，聽了我各種各樣古怪的想法後告訴我，我很喜歡你的各種各樣想法，但到底什麼事是你目前最想要做的，集中精力先做好一件事，我們可以建立一個聯繫方式，指導你實現目標。自以為畫畫大概最適合，巡迴畫展只是夏季比較忙，而且到處旅遊展出，也是一個不錯的主意，畫作銷路不好暫時沒關係，正式註冊也許會有機會得到一些減稅。一開始就考慮失敗，先生反復強調我實在不是一個會做生意的人。打聽細節任何事也不容易，開始畫畫時只是玩樂，從不考慮簽名等其他細節問題，現在畫作不光簽名要一致，簽上自己正式中文名後不忘寫上拼音名，因為以前畫作上寫了拼音「yunyi Wu」，所以不能隨便更改成「Wu yunyi」，更不能隨意起英文名，避免畫作由於簽名問題解釋不清。同時，朋友好心提醒簽名要偏上一點，以免人家做鏡框時擋去簽名。

再就是名片問題也重要，別人見面要名片只得老實告知沒有。記得國內工作時單位幫我印過一次名片，但外出開會、活動也常忘記帶名片。無業遊民要成為加拿大畫匠也要名片，實在不知怎樣製作自己的名片。指導中心女士建議選擇自己特色畫作做名片，而且最好帶掃描標誌，以便人家用手機一掃，就能直接進入畫作網站連結。原來還得建立自己畫作網站，在加拿大當畫匠也實在不容易。買巡迴展出帳篷不能是便宜貨，必須是正式指定的畫展帳篷，以免掛上畫後倒下傷人。便宜畫板、顏料不適合，將心比心誰願意出錢買一個次品。臨摹畫作只能送人不可出售，避免版權糾紛。畫作要獨創、畫出個人題材與風格才受歡迎。也要考慮建立個人帳戶，及有一個能供人刷卡付錢的機器，並要有專業註冊會計師指導稅收、逃稅犯法。建議先寫一份報告，註冊容易付錢就行。記起去年底有出版社相約聯繫出個人畫冊，要求也是一大堆，畫作至少50幅原創、圖片清晰、署名，並要求標上創作年份、畫種、作品要起名及畫作有規格尺寸等。

　　因為沒想過要做加拿大正式畫匠，以前90幅畫作只能挑選。臨摹畫作、畫在木板和紙張上的畫及損壞的畫作廢。有朋友想看我青少年時代畫作，回國探親翻箱倒櫃找出幾幅，大多損壞、要麼就是沒有當時簽名、也沒有日期。學了不少當畫匠的知識，但一旦真做起來也許不如不做，安享退休生活是一項比較好的選擇。於是選擇急流勇退，甘心情願做加拿大無業遊民、家庭主婦的減壓生活。

寂寞無聊學吉他

　　加拿大的冬天漫長而無聊，冬季沒有多少活動可以參加，也正是因為冬天冰天雪地，也不是旅遊的好季節。對我一個來自大城市、卻住在小鎮的上海人來說，待在偌大的房子裡感到特別無趣。

　　買了收錄機後，開始聽音樂。北美人對音樂的愛好如同體育一樣，不管是現代流行的，還是五、六十年代歌手的唱片都能在這兒買到。先生特別喜愛老歌，出生在五十年代的他，將年輕時代的回憶全部寄託在這些老歌中。為了能更好地欣賞音樂，先生自己動手，在地下室改建了立體聲音樂設備，購買了立體聲唱機，並從不同的商店中找到了立體聲唱片欣賞他的老歌。老歌的立體聲唱片非常難找，四聲道的老式唱機唱片，現在幾乎不生產了，只有在舊貨商店裡，才能找到喜歡的唱片。

　　不要以為舊唱片的價錢低廉，其實並不比現在的CD片便宜，還很難找。先生談起他的老歌來滔滔不絕，可加拿大老歌對我來說，就好像有點對牛彈琴。五、六十年代的中國，不像今天這樣開放，加上文革等各種運動時期，那時的中國人是根本欣賞不到北美音樂的，更別說中國和北美的文化又是如此不同。

　　除了喜愛音樂，許多加拿大人能歌善舞、對彈奏樂器也津津樂道。在加拿大的許多活動中，都能見到不同的樂隊為觀眾現場表演，也有專門的音樂專場，會讓你欣賞到音樂家的演奏，就連街邊乞討者，也能演奏某種樂器以吸引路人關注。

加拿大最大眾化的樂器要數吉他了，吉他也是自彈自唱的最好樂器。我的加拿大親朋好友中，就有許多人會彈吉他，其中不乏孩子。奇怪的是，我先生如此愛好音樂，卻從不會彈奏樂器。

　　憑著之前學過小提琴及鋼琴的基礎，基本的樂理知識和識讀五線譜的本領，讓我萌生了學吉他的念頭。樂器大致可分為三大類，即：鍵盤樂器、絃樂器和打奏樂器，吉他屬於絃樂器。我認為絃樂器中，最難學的要數小提琴了。小提琴琴頸上沒有任何標記，要按準音符全憑耳朵聽力，而吉他琴頸上有標記，比較容易按準音符。

　　在小鎮上買了一把便宜的吉他，說是容易，可一開始卻不知怎樣學吉他。後來上網查找了一些教吉他的課程，發現其實各類絃樂器的彈奏方法大同小異，掌握了一些樂理知識，知道半音和全音的關係，學會彈吉他也並不難，關鍵在於多練習，彈得好壞全在於花多少工夫了。

　　吉他分古典和現代流行兩種彈法，我學的是比較容易，也最實用的彈奏。很快我已能自彈自唱一些中英文歌曲了。在學習彈唱英文歌曲中，沒想到帶來的另一個好處，是提高了自己的英語水準，因為在唱歌中，特別能記住一些英語單詞。

　　親友們很驚訝，我以如此快的速度學會了彈吉他。但他們並不知曉，我過去在中國學過的音樂知識幫了我的大忙。當然，要成為一個好的吉他手還路途遙遠。

　　要說現在中國國內，許多家長都會讓自己的孩子多少學點音樂，或是學某一種樂器。據說會彈奏樂器的靈活手指，還能幫助

鍛鍊大腦的靈敏程度。不同的是，中國孩子大多學習的樂器，一般如小提琴、鋼琴等，或是一些中國民族樂器，很少有人會學彈吉他。許多中國家長望子成龍，對孩子的學習要求很高，希望自己的孩子能夠考上音樂學院，在高考中，會彈奏樂器的孩子也更容易進入好大學。

而大多加拿大人學習彈奏樂器完全是自娛自樂，它們首選的樂器往往是比較容易學的吉他，還有个少加拿大人雖會彈奏樂器卻不識五線譜，想必沒有系統學過。

除了繪畫，我也十分喜愛音樂，家裡的兩個侄兒也都是音樂愛好者。18歲的大侄兒學習的是難學的小提琴，移民加拿大後，成為了Saskatoon市青年交響樂團小提琴手和話劇團成員，並經常在加拿大巡迴演出。15歲的小侄兒，是上海延安中學和市少年宮民族樂隊的打鼓手，最近剛從澳大利亞演出歸國，並在國內巡迴演出中得到一等獎，為樂隊贏得了榮譽。

正因為有多種多樣的愛好，使我在遙遠的加拿大冬季裡不會感到很寂寞，但是，靜下心來，對故鄉親人朋友的思念還是不能釋懷。

玩七巧板和魔術方塊
——培養兒童平面和立體空間想像力

隨著現代生活節奏和先進生產技術的發展，兒童玩具也越來越豐富。許多兒童玩具結構複雜、色彩鮮豔，不但讓孩子們享受

到了童年玩具的樂趣，就連家長們也被這些玩具吸引，在兒童玩具店裡舉棋不定，不知該怎樣來為自己的孩子選擇適合的玩具。成功的玩具設計能更好地開發兒童的智力和想像，玩具設計商的創造能力、加工材料及製作，使玩具不但新穎獨特，而且又要注意到很好地保護兒童的身體健康。

記得作者小時候的那個年代，由於物質生活的貧乏，而沒有豐富的兒童玩具可以享受。在那個年代裡，買令人滿意的兒童玩具不但要花很多錢，也沒有琳琅滿目的兒童玩具可以讓你多種選擇。於是，就和同學一起自己動手做一些簡單玩具，比如：毽子、紙質風箏、彈弓等，把斷橡皮筋鉤成小皮球，用竹節和鉛絲製成可以活動的玩具蛇等。父母給我買過許多硬殼塑膠不倒翁娃娃，都被我扭下腦袋，直到父親給我買了一個昂貴的洋娃娃敲琴玩具，被我擰下娃娃搖頭晃腦的腦袋後，父母終於生氣，以後再買的玩具就是鐵製機關槍和積木等不易損壞的玩具，供我和弟弟們分享。

那個時候，大弟弟是一個一副積木可以玩上大半天的孩子，小弟弟則坐立不停、沒有恒心玩枯燥的積木玩具，而且經常闖禍。我是一個因為年幼無知而天不怕地不怕的孩子，直到摔斷胳膊。雖然沒有高檔的玩具，但像七巧板和魔術方塊這樣便宜的玩具，父母還是買得起。所謂七巧板，就是顏色不同的七塊小塑膠板，你可以用它來拚搭各種平面圖形，不同的拚搭方式，可以構成不同的平面結構。玩具雖然簡單，但要拚搭出多種結構合理、平衡、圖形豐富的平面圖也是不容易。魔術方塊對兒童來說，則

是一種更高級的立體空間操作玩具，魔術方塊的6個平面各有9塊小方塊組成。轉動魔術力塊後，小方塊色彩就會變動，變動後的色塊要轉回9色相同，對孩子來說也不容易。操作魔術方塊並能很快地調整色彩，需要一種對立體空間感的認知能力。還有就是玩具套鉤，要想取下被套住的金屬環也是不容易，同樣需要對空間技術的把握感。

對孩子們來說，從小培養他們的平面和立體感覺很重要，經常訓練可以幫助他們提高認知。在數學平面幾何和立體幾何的解析證明過程中，這種平面和空間的想像能力和感覺最基礎地訓練了人的大腦。現代設計技術也很多運用到了這種立體想像力，就是立體裁剪服裝，也要有空間感覺能力，才能裁剪得合理。創作手工藝品和雕塑，更是空間想像能力的運用。愛因斯坦的時光隧道理論，就是一種試圖把時空轉換成超時空的科學理論。

對於學文學和藝術的孩子來說，這種空間想像和感覺使他們能更好理解像先鋒、意識流小說這樣的現代文學流派的文學作品。意識流小說就是作家借助立體和時空的超越想像，試圖與讀者一起共同完成的文學創作活動，如果讀者根本沒有這種時空間的流動感覺，就沒法讀懂意識流小說。所以，有的時候文學創作和科學理論都誕生於一種超時空的感覺和認知，沒有這種感覺，就不會有現代派藝術創作和文學理論上的新型理論結構主義和解構主義。

人的眼睛在一個平面上所能感覺到的只是三度空間，繪畫中的透視就是這種三度空間的運用。與中國畫散點透視不同，西洋畫中三度空間感覺不清，繪畫就沒有立體感，也沒有西式繪畫中

的高光透視和焦點透視。據說蒼蠅這樣的昆蟲，具有6度空間感覺能力。也許因為這種啟發，西班牙畫家畢卡索的二戰名畫《格爾尼卡》中，畫家就試圖在一個平面中表達三度以上空間。許多人看不懂畢卡索的這幅名畫，是因為沒有理解畫家的創作意圖。畫面上支離破碎的殘肢、電燈泡般的人眼和在一個平面上同時出現的人臉正面和側面，詮釋了多度空間立體想像的理論，同時試圖多角度地表現戰爭的殘酷和對戰爭的不同看法。

當孩子長大成人後，無論從事何種工作，平面和立體空間想像能力的培養使孩子們變得更聰明、也更有創造能力。七巧板和魔術方塊雖然只是一種簡單的玩具，但從中卻學到了初步的空間感覺能力，希望玩具商們在設計兒童玩具的時候，也多動腦筋創造出更豐富的益智玩具，而不僅僅是仿造一些相同、無趣的玩具。

藝術，還是生意？
——觀Warkworth藝術展有感

安大略省Warkworth藝術展自5月16日開始為期三天，這是Warkworth第四次舉辦這樣的活動。Warkworth位於Trenton北部，是一個十分偏僻的小村，居民不多，小村上商業也不發達，居民要開車大約半小時才能到達附近小鎮購物。Warkworth比較著名的是：這兒有一個專門關押輕罪犯人的監獄。除此之外，大片的綠草地留下了廣闊的讓人遐想的空間。

為了帶動小村的經濟和人流，Warkworth四年前開始組織籌備藝術展。藝術展期間，所有的小店、教堂隨之開放，同時也有居民趁機開展Yard sale、街頭擺攤等活動。

　　每年的Warkworth公園室外藝術展銷雖然規模不大，大約也只有二、三十頂白色參展帳篷攤位，但確實為小村帶來了一股人氣和人流，前三年藝術展上，人們曾經踴躍購買藝術品，使參展的藝術家們獲得了不少的收益。我的來自多倫多的中國裔畫家朋友Tina每次都按時參加這兒的藝術展，這也是我為什麼每次都要光顧Warkworth藝術展的原因之一。

　　見到Tina時，她給了我一個熱情的擁抱，這位畢業於青島藝術學院的朋友曾經師從俄羅斯畫家學藝，一次偶然的相遇使我們成為了朋友。以後每次Warkworth的藝術展上，她都會對我說：「我有這樣的預感，你一定會來！」除了回答她詢問我是否還能堅持畫畫外，還談到今年以來藝術品市場的不景氣與貨幣跌價、人們購買力降低有關，許多畫廊紛紛關閉，大大挫傷了藝術家們的創作熱情。

　　談起我的最近一次個人畫展，告訴Tina為了順應市場，今年我的畫風已大大改變。實用藝術也許是各類藝術中較受歡迎的，小村藝術展也藏龍臥虎，一位藝術家的手工陶瓷製盤，成為了日本大使館用來宴請加拿大總理哈珀和美國總統奧巴馬的食用器具。可以明顯看出，這次藝術展銷參展畫家不多，許多手工藝製品攤位占了藝術展的主要部分。觀眾們熱愛藝術的熱情不減，人們還是充滿熱情地觀看著藝術展，很有興趣地與藝術家們互相交

談，也肯花少量的錢購買小型藝術品。但對Tina這樣真正熱愛藝術的藝術家們來說，這不該屬於藝術，而是純粹的生意。

拋開觀眾不顧，Tina告訴我她一年大約完成30幅繪畫作品。Tina的作品很有個性也受歡迎，價格也不小，但前兩次藝術展上都有不小收穫。為了適應如今低迷的藝術市場，降低觀眾購買繪畫原作的成本，Tina不得不嘗試利用電腦技術，把自己畫作直接拷貝到畫布上出售。面對利用電腦製作的畫作，Tina十分無奈，可以明顯地看出與原作的不同。

藝術，特別是繪畫藝術，本不應該是商業技術。繪畫藝術應該融入藝術家們的創作源泉、精神、精髓和思想，利用電腦創造出與傳統繪畫不同的技藝，與我認可的從磨鉛筆頭開始需要素描紮實功底的繪畫藝術是有區別的。繪畫藝術應該是鮮活的藝術，畫家們眼中的色彩是最富有表現力的、表達的手段也是極個性化的。藝術變成了電腦技術，也就失去了藝術的精髓和靈魂；而藝術一旦變成了生意，也就失去了藝術的真諦。

藝術，還是生意？綜觀近代繪畫史上幾乎所有的著名畫家都是生前貧困潦倒。畫家梵谷生前患有嚴重精神疾病、在鄉村小酒吧和咖啡館舉辦畫展，日常生活全靠親戚接濟，一生也只賣出一幅畫作。藝術是否還應該耐得住寂寞？藝術是否還能經得起生意的考驗？藝術如何在生意的夾縫中求生存？這是每一個藝術家必須回答和麵對的問題。

在Warkworth藝術展上，作者見到了一位名叫A.J.VanDrie的印第安裔年輕畫家。A.J.VanDrie自小被白人家庭收養，表現出了

超人的藝術才華，在白人家庭的支持下，A.J.VanDrie不但長大成人，而且還找到了一份合適的掙錢工作，業餘時間不放棄繪畫，畫畫的同時，他也嘗試利用繪畫技藝開展藝術生意。他把畫作印上陶瓷杯、圓珠筆，製成筆記本的封面和繪畫掛曆。他那富有表現力的印第安民族特色繪畫作品同色相配、對比色柔和、輪廓分明、冷暖色調相間，濃鬱的民族色調和色彩使他的作品受到歡迎。

藝術的確需要金錢支撐，藝術和金錢往往是一對矛盾。有時太順應觀眾的作品不一定是傑作，不賺錢的畫作也有可能是將來的大作。記得作者的一位遠房姻親，當代國畫家吳青霞當初的作品也是被我父親扔進了垃圾箱，如今，我在中華藝術宮的展廳中見到了她著名的鯉魚圖。

為了讓自己的畫藝能夠賺錢，我和Tina談到是否願意教繪畫，面對二、三個月的繪畫教程，是否足以訓練一個合格繪畫者，Tina的回答是否定的。為了賺錢也不忍心收徒弟，到時學生畫不好畫怎麼辦？除了藝術天賦外，堅持不懈的努力和追求是藝術成功的必經之路，藝術家們都無法投機取巧。路漫漫其修遠兮，吾將上下求索，為了真正的藝術應當忍受清貧和寂寞。

蠟像博物館、刺青與街頭平民藝術

加拿大安大略省小鎮Stirling的蠟像博物館，是我見到的一個較大規模和比較成功的歷史蠟像館。這個蠟像館用實物、蠟像和圖片等資料真實再現了Stirling小鎮的歷史和民族風情。看過這

個蠟像博物館後，就大致知道了Stirling小鎮的歷史變遷、興盛軌跡、商業發展、農耕作業和平民生活。

在加拿大的小鎮上，能見到這樣規模的蠟像博物館使人驚歎。記得最早參觀過上海東方明珠下的《老上海風情街》，一直給我留下了很深的印象，想不到多年後在加拿大的一個小鎮上又重新找回了那種新奇的感覺，小鎮上的蠟像館建成早於《老上海風情街》，不由使人讚歎而且十分感慨。

小鎮的蠟像館與實物展示共布展四、五間平房，每年夏季在老爺車展出的同時定時開放，而且參觀免費，既滿足了蠟像愛好者的喜好，也滿足了孩子們的好奇。

因為不是追星族，所以對上海南京路上的名人蠟像館《杜莎蠟像館》並不欣賞，雖然知道這是始於法國蠟像名人之手，藝術過硬、蠟像可以變成如真人再現。

Stirling的蠟像博物館正如《老上海風情街》一樣，把市鎮的歷史事件與蠟像塑造藝術結合，運用更直觀、更有趣的藝術模型和實物，向人們逼真地展示了那個時代的平民日常生活，塑造了一段普通人的生活和歷史片段。

在這個蠟像博物館中，利用蠟像塑造了有關農牧、商賈、醫院、旅社、理髮店、藥房、餐館、工廠、商店、教堂、住家等生活場景以及農耕、播種、擠奶、製造食品、商品運輸、交通工具等工作場景。與《老上海風情街》不同的是，Stirling蠟像博物館配合蠟像所展示的農具、火車、家具等實物，全部是當時被保留下來的真實歷史物件，而不僅僅是蠟像拷貝，這些真實物件非常

具有歷史價值和意義。所以從這個角度看，Stirling蠟像館不僅是蠟像館，還可以稱得上是一家真正的歷史博物館。

把藝術蠟像與真實古董混合展示與保留，把歷史與藝術互相襯托相輔相成是小鎮蠟像博物館的創新思路，同時提升了蠟像館的品位，使普通的蠟像博物館既成為了陽春白雪般藝術之館，也成為了直觀、易懂、有趣的下里巴人式的平民藝術。任何人都能在這樣的蠟像博物館中找到共鳴，這也是藝術最好的表現形式，Stirling蠟像博物館能受到普通觀眾認可就是它的成功之處。

談到藝術，加拿大既有國家級美術館和交響樂隊，也有流浪者的街頭藝術。在加拿大藝術不光屬於精英，而且與體育一樣是屬於平民的。Stirling蠟像博物館的蠟像造型雖然算不上是精細的藝術傑作，也不出自於名家之手，但加拿大的傑出藝術家卻是從平民藝術活動中產生，就像是體育健兒不是專門培養和吹捧出來一樣，必須贏得民眾的真正認同、參與和享受。

說到大眾認同的藝術，有一種讓我難以接受的平民藝術——刺青，在加拿大大街上常常見到。刺青就是紋身，是一種在活生生的人體上，利用針和顏料刺上各種圖案的藝術。刺青在中國是不受歡迎的，刺青者不能入伍、不能從政，也不能找到上層工作，除了人們固有的成見外，沒有理由認為刺青者的覺悟和能力都有問題。在加拿大見到軍人刺青、警察刺青、學生刺青、老人刺青、孩子刺青，所以也就見怪不怪，至於美與醜的標準，每人心中自有一杆不同的秤。當然，我自己並不喜歡刺青。

刺青藝術可以把人變成活人「蠟像」，看到大面積刺青的路

人，往往使我感到像是看到了一具僵硬的人體活蠟像，失去了肌肉和人體的自然活力。個人不認為刺青很美，也很少看到教授、醫生等高知人士大面積刺青，看來刺青在西方高層人士中還是不受歡迎。可見在加拿大藝術既可以高雅，也可以廉價到如此，都可以用自己的價值觀認同藝術。

蠟像與雕塑一樣屬於立體藝術，蠟像藝術除了雕刻造型、模具製作外，還融合多種工藝製作手段，成功的蠟像作品應該是雕塑作品的延續。刺青，這種反傳統的藝術，不僅需要熟練的技術，還需要一定的審美觀，雖然沒有多少藝術含量，但它卻利用人體成就了立體活廣告，使各行各業都能勝出狀元，這就是加拿大的平民藝術。

但是，把刺青形式和圖案繪畫在老爺車身上，使老爺車也變成「紋身車」，這種受刺青啟發的紋身車創意卻使愛車變得更加漂亮、醒目。創意不受限制，誰最具獨創性誰就最能贏得平民觀眾！

平民藝術分兩種：一種是「藝術家」是平民，就像我這個業餘級「畫匠」也能在圖書館、咖啡廳舉辦個人免費畫展；另一種就是為平民的藝術，平民有足夠的錢財耗費藝術。加拿大的平民藝術大多體現在街頭，加拿大各種街頭藝術花式多樣，任何人都可以當街表演和繪畫。加拿大平民「藝術家」也魚龍混雜，表現自由，甚至可以賺到小費。但是，像Stirling蠟像博物館那樣有歷史和文化意義的蠟像、古董，用讓人讀得懂的平民藝術形式大型布展，卻在大街上是絕對找不到的，值得踏足前往參觀與欣賞。

加拿大市鎮的老建築

　　加拿大是個只有200多年歷史的國家，但在一些小市鎮上，老建築卻保護得十分完好，這些老建築不能稱之為「古」，是因為加拿大的歷史實在太短。加拿大的許多老建築具有歐式風味，是因為早期的移民大多來自歐洲大陸的緣故。

　　首都渥太華和法語區魁北克，這兩大城市的老建築形成了鮮明的英法風格。小市鎮上的老建築，混雜在眾多的民居中各有各的特色，但現在的小市鎮現代建築人多已多過了老建築，所以已形成不了風格，只能從一幢幢的小洋樓中看出歷史的遺存。老建築人多磚瓦結構，與北美現在的大多民居木板房有很大差別，所以你能一下子區分出哪些是老建築，哪些是現代民居。那些有特別歷史意義的老建築，外牆上往往還表明了年代。

　　在小市鎮的博物館中，你往往能看到一些有特別意義的老建築原貌及歷史故事，對一個剛到加拿大不久的中國人來說，要瞭解這些老建築及歷史遺存的故事，不是一件容易的事。我的朋友Danna作為志願者，發起了繪畫老建築的行動，意在促進地方政府和人們進一步保護老建築的意識。在與Danna的長聊中，當她得知我在中國是一名文字編輯，並協助編過上海老房子老故事後，這位蘇格蘭裔可愛的老太太突然興奮起來，她居然邀請我也幫她編寫這樣的一本關於當地老房子故事。當然這只是一個夢想，依我的英語及對加拿大歷史的瞭解程度，這是一項難度很大

的工程，但老人熱衷於社會公益的熱情卻讓人感動。

　　但幸好的是，我是一名繪畫愛好者，我有幸參加了這次繪畫老建築的活動，並以此受到啟發，開始注重尋找一些我周圍小市鎮的老建築，關注當地博物館。在我先生的帶領下，背著相機從附近的小鎮開始，發現一些獨特的老建築攝影下來，這些建築還有的混雜在現代高樓中別具一番風格。

　　回到家後，我根據照片創作了不少老建築繪畫，受到了當地人的喜愛。同時，也準備贈送一些老建築畫作給當地圖書館或博物館，以支持老人不辭辛勞發起的這一行動。

為了一段不能忘記的記憶
——我創作油畫《我要去中國》

　　關於白求恩醫生的故事，大多像我這樣年齡的中國人大概已漸漸淡忘，年輕人也許再也不會從父母那裡聽到關於白求恩醫生的故事。

　　在我小時候，白求恩醫生是每個中國人的榜樣，這位加拿大醫生在二次大戰中不遠萬裡來到中國，幫助中國的抗日戰爭，在一次外科手術中，感染病毒犧牲在窮鄉僻壤的中國，成了一位永遠回不了故鄉的英雄。

　　隨著時間的流逝，我像許多人一樣，漸漸地淡忘了白求恩醫生的故事。當我來到加拿大後，我有機會參觀了白求恩醫生的故居，白求恩醫生的故事一下子在我腦海中變得清晰起來。白求恩

醫生出生在安大略省的格雷文赫斯特小鎮上，他不僅是個醫生，而且是個藝術家和手術器械發明者，他倡導了加拿大的免費醫療制度。

但是經過瞭解，我發現許多加拿大人並不知道白求恩醫生的故事，雖然加拿大政府已在1973年興建了白求恩故居博物館，並把白求恩故居作為加拿大歷史文化遺產，但來這兒參觀的往往是來自中國大陸的參觀者。

白求恩醫生的故居經過整修保持了他出身時的原貌，作為中加兩國人民友誼的象徵，2009年，加拿大政府再次建造了新的紀念館，2012年新紀念館正式開放。紀念館中展示了許多中國參觀者贈送的禮物。

2013年6月，當我再次參觀紀念館時，我贈送的白求恩素描像和白求恩故居畫作已懸掛在新紀念館的牆上。

為了尋回一段年幼時的記憶，也為了倡導讓更多加拿大人瞭解這位本土英雄，我自2012年起準備每年去格雷文斯特瞻仰這位加拿大英雄，也就在那一年我開始向紀念館贈送畫作。紀念館的負責人非常熱情地邀請我和我的朋友們再次參觀紀念館。

當我得知白求恩紀念館非常喜歡我的畫作後，我當即答應2014年當我再次造訪紀念館時一定會帶上我的繪畫新作。

回到家後，我著手開始新作創作。首先我在網上查找資料，發現白求恩醫生的照片和畫像大多年代久遠，穿著抗日戰爭時中國軍人的服裝。我找到了一張比較合適的照片下載下來作為創作母版與資料。但在我的心目中，白求恩醫生已經不僅僅是屬於那

個年代的故事了，他仍然是當今社會的楷模，是一個實現了希波克拉底誓言，治病救人、具有崇高職業感的醫生。作為一種精神的象徵，白求恩醫生的形象已不僅僅代表了他個人。於是我決定在我畫作中讓白求恩醫生穿上現代一般的服裝，保留他手臂上挽著的職業軍人軍綠色服裝，象徵永遠不要忘記那場戰爭。同時，我替換白求恩身著軍裝的另一個原因，是希望永遠不要看到戰爭，祈禱世界永遠和平與安寧。

如果白求恩醫生不是犧牲在那場戰爭中，我想他現在一定會回到他的故鄉去看看他出生時的小屋，這位回不了家鄉的醫生讓我感慨，我為什麼不幫他在畫中實現夢想呢？於是我想到我應該把白求恩醫生的故居作為我畫作中的背景。在網上不難找到白求恩故居的圖片，我把白求恩醫生的肖像和白求恩故居的圖片進行了合成與改變，創作了油畫《我要去中國》。白求恩醫生當年放棄優越的物質生活，不遠萬裡到中國去治病救人時他是如何想的呢？現在還有多少人能放棄優越的生活而去幫助需要幫助的人呢？真心希望英雄能有機會回到故里，如果不是戰爭，白求恩醫生可能是一個在享受寧靜小鎮生活的老人，可能還會到中國去旅遊，可能還會成為一個藝術家，一個工程師，總之，他會享受到現代生活的豐富多彩。

參觀了白求恩紀念館後，我感慨萬分，發表了《憶白求恩醫生》一文，希望明年能把此文及我的新畫作《我要去中國》一併贈送給白求恩紀念館留存。

最後，我想說的是本來我準備在畫中加上一面加拿大國旗，

以紀念這位國際友人。但後來一想，白求恩醫生的故事已不僅僅屬於加拿大的文化遺產，他同時代表了中加兩國人民的友誼，正如加拿大的一位作家說過：「加拿大為中國送去了一位醫生，中國為加拿大塑造了一位英雄。」白求恩醫生的國際主義精神是世界人民共同的遺產。

Stirling公共圖書館畫廊畫展正式開幕

經過前期Stirling公共圖書館畫廊的努力和贊助，作者為期一個月的個人畫展於2014年6月3日在安省Stirling公共圖書館畫廊正式開幕，Quinte West英文報刊對此進行了採訪和報導。

此次個人畫展共展示了22幅油畫及丙烯畫畫作，有人物、動物、花卉、建築物等寫生及臨摹作品，作品積累了作者近兩年來的創作成果，也是作者在加拿大舉辦的第一次個人畫展。

作者自4歲起開始愛上畫畫，塗鴉於臥室牆上。父母發現後常購買各種不同的繪畫工具讓我嘗試，也常常在公園裡看別人畫寫生學藝，上大學及工作後放棄自己愛好。移居加拿大後，繪畫、製作了不少小工藝品贈送給友人，得到不少加拿大朋友的讚賞、鼓勵和幫助。在加拿大朋友的指點下，繪畫作品打進安大略省的Wellington有名畫家村，並開始簽約銷售個人繪畫作品。

近兩年來，作者共創作繪畫作品90餘幅，同時在加拿大各大中文報刊發表文章近70篇。作者不但愛好繪畫，還愛好寫作及音樂。連續三年去白求恩紀念館贈送畫作，並參加安大略省

Belleille市圖書館畫廊舉辦的繪畫老建築活動，努力嘗試融入加拿大當地社會，並瞭解和感受加拿大主流生活，得到了當地加拿大人的認同和鼓勵。

6月8日，作者第三次去格雷文赫斯特白求恩出生地，探訪了白求恩紀念館並贈送了油畫《我要去中國》，及作者在《薩省報》上發表的文章《憶白求恩醫生》和在《北美時報》上發表的《為了一段不能忘記的記憶》。在《北美時報》上發表的《為了一段不能忘記的記憶》一文中，作者詳細地介紹了創作油畫《我要去中國》的創作過程、構思及想法，白求恩紀念館負責人認真地收下了該文，並決定複印保留、同時與畫作懸掛在展覽廳中，供觀眾閱讀加深對白求恩故事的瞭解。在此期間，作者再次接受當地英語報社記者的採訪與合影，同時簽下油畫《我要去中國》的創作版權。在白求恩紀念館負責人的建議下，明年作者將再次拜訪紀念館及贈送新的創作作品。

濃濃咖啡香，深深藝術情
——記Cobourg's coffee house藝術畫展

Cobourg's coffee house藝術畫展，是作者在加拿大舉辦的第二次個人畫展，這次畫展自2015年5月1日起，為期一個月。這次畫展之所以能夠舉辦，是得到了一位來自英國倫敦畫家的親自指點。去年9月一個燦爛的夏天，作者偶爾來到Cobourg市中心的這家咖啡店，撞見了這位來自英國倫敦的畫家在這兒舉辦個人畫

展。這位畫家不但和藹可親、而且畫藝高超。知道我是一名藝術愛好者後，他很認真地指點我如何辦好個人畫展。在他指點下，我知道原來這家咖啡店不但生意興隆，而且還是藝術家們常常聚集的地方。咖啡店每個月第一個星期四晚上7點後，是藝術家們匯聚的沙龍，藝術家們在這兒切磋技藝，並按月聯繫咖啡店老闆舉辦個人畫展。

　　咖啡店老闆是個精明的生意人，在他主持下，咖啡店在2012和2013連續兩年獲得最受歡迎咖啡店稱號。這家位於80 King St, West，Cobourg的咖啡店磚石牆上，常常懸掛著藝術家們的傑作，老闆雖然是個生意人，但對待畫家們卻是十分友好。作品經過挑選決定是否可以展覽，作品也可以在咖啡店自由出售，出售成功後店主扣去少量回扣。作品在這兒也可以只供展覽，不出售老闆絕對不收錢。這家咖啡店供應的咖啡品種也多種多樣，而且全部是現磨有機咖啡豆。不喜歡咖啡因的顧客，可以在這兒品嘗到無咖啡因咖啡和點心，無咖啡因咖啡同樣香氣撲鼻，令人難以忘懷。

　　記得去年6月3日，作者在安省Stirling公共圖書館畫廊也舉辦過為期一個月的個人畫展，同樣得到了Stirling公共圖書館畫廊的大力支持和幫助。去年畫展後，作者受到眾多鼓勵，感謝Stirling公共圖書館畫廊把觀眾熱情洋溢的寄語、希望、包括賀卡一併轉送給了我，也感謝英語報社對這次畫展進行了採訪和報導。受到的鼓勵和支持，同樣促使作者決定出版個人畫冊，在這次藝術畫展上，作者在今年3月份出版的新畫冊可供觀眾閱讀。

　　此次Cobourg's coffee house藝術畫展上作者共展示了25幅作

品。今年開始，作者設想改變以往作品風格，從比較寫實的畫風轉化為以表現色彩為主。在近兩年的繪畫實踐中，作者漸漸意識到部分加拿大觀眾喜愛色彩鮮豔、濃重的繪畫藝術表現手法。在Cobourg's coffee house藝術畫展上，作者也展示了多幅以色彩表現為主體的藝術習作。

Cobourg是安大略省的一個中等城市，位於2號高速公路邊，這兒是安省東部小鎮居民通往多倫多的另一條必經要道，這兒交通發達，節假日更是市民休假的好場所。Cobourg的商業過去比較發達，但是近來卻逐漸有些冷清，這兒的餐飲業也不是十分發達，但是Cobourg's coffee house卻常常人丁興旺、顧客盈門。為了不影響生意和顧客安靜地享受咖啡，老闆特地關照5月1日下午3點後佈置畫展，但是3點過後，顧客依然滿座。老闆依然桌前桌後忙忙碌碌，於是自己動手懸掛畫作，滿座的顧客成了畫展的第一批觀眾。

在咖啡店斜對面，55King Street, West 也有一個大型的藝術畫廊，去年作者同樣聯繫了這個藝術畫廊，負責畫廊的經營者告訴我安排畫展需要等待兩年時間。今年再次拜訪已是人去樓空，於是只好再留下個人資訊等待畫廊的重新開業。

在Cobourg's coffee house咖啡店內品嚐著濃濃咖啡，欣賞著藝術家們的傑作，咖啡飄香、藝術情深，更為這家咖啡店增添了一層濃濃的藝術氛圍和藝術底蘊，同時也為咖啡館帶來了濃濃的文化氣息。藝術本來就是奢侈品，也不在乎能通過展覽銷售多少，只要是觀眾喜愛也就不是白忙一場。

Bellevlle市舉辦個人畫展親歷

2016年5月14日至6月24日，我在安省Belleville市John M. Parrott Art Gallery舉辦畫展，這是我在加拿大舉辦的第三次個人畫展。在加拿大要舉辦免費的個人畫展，也不是一件十分容易的事情。讓你有機會參與舉辦個人畫展的場所，往往是公共圖書館畫廊，或者是藝術家沙龍之類的地方。藝術家沙龍需要畫家出面介紹，才能有機會進入舉辦個人畫展；而畫廊專門為畫家協會成員，輪流舉辦各種畫展。

初到加拿大由於愛好繪畫，結識了一批繪畫界人士。加拿大畫家常常熱心指導我如何舉辦畫展，告知我各種畫展和畫家協會資訊，並建議我加入畫家協會，便於發展自己的繪畫事業。加入畫家協會需要交納一定的會費，畫家協會的會費每年10至75加元不等。

對交納會費不十分感興趣，我就成了一名編外的繪畫愛好者。由於畫家朋友的推薦，我的畫作得到了藝術家沙龍成員的喜愛，於是我開始有了免費畫展的機會。要舉辦真正免費的個人畫展，還是要作出很大的努力。但是，加拿大社會是相對公平的，在公平競爭下，總會找到適合自己的機會。

前兩年，我的畫展分別在Sirling公共圖書館畫廊、The Human Bean（藝術家沙龍）咖啡館舉辦，畫展期間接受了當地英文報的採訪，並得到加拿大人的認可和喜愛，也為我的藝術創

作與銷售打下了一定基礎。

通過前兩次畫展的成功，今年，我把畫展目標定為中等城市大畫廊。Belleville市公共圖書館畫廊John M. Parrott Art Gallery具有近五十年歷史，它是培養出具有傑出創作成就的著名藝術家Manly Eduavd MacDonald（1889-1971）的畫廊，畫廊中至今還保留專門展廳展出、收藏和維護Manly Eduavd MacDonald生前捐贈的多幅油畫作品。

當我懷著忐忑不安的心情，帶著我的畫作明信片，走進這家著名的畫廊時，我根本沒有想到會有機會在這兒展示自己新近的畫作。這家畫廊有幾大間展示廳，除了常年保持Manly Eduavd MacDonald生前畫作展廳外，其他展廳則輪流展出會員們的新作品，還有玻璃櫥窗專門展示手工藝品供出售。

畫廊主管蘇姍是位非常認真的女士，畫廊會員作品水準整體較高，成為畫廊協會會員每年要交納75加元，並要求繪畫作品符合一定標準。因為先前參加過畫廊舉辦的免費繪畫活動，蘇姍女士雖然認識我，但從沒有認真看過我的繪畫作品。

當我詢問是否可把繪畫明信片放入櫥窗銷售時，蘇姍女士認真看過了明信片後，給了我一份表格告訴我：先要提出申請，然後再要商討是否可以進入展出櫥窗銷售。同時，她又告訴我，在畫廊舉辦小型畫作展銷更受歡迎。

經過蘇姍女士的提議，我準備30-40釐米的畫作十九幅，認真填好了申請表交給畫廊。蘇姍女士約我再次見面商談展出事宜，就這樣我的畫作終於層層過關，可以有機會在畫廊中免費展

出並試銷。

　　約定時間我把全部畫作帶到了畫廊，兩天之後，我的畫作已被整整齊齊地展示在牆上。畫作旁邊標示了畫者姓名、畫作名稱及標價，蘇珊女士告訴我：她十分驚訝我能畫出不同風格類型的作品，對我的才華表示讚賞，並一再鼓勵我有機會再次參與畫展。

　　在我的邀請下，蘇珊女士很高興與我在畫作前合影，蘇珊女士的友善給我留下了深刻影響。感謝John M. Parrott Art Gallery為一個藝術愛好者，提供了一次展示畫作的機會。同時，這也是一種鼓勵和鞭策，使我深感加拿大民眾對藝術活動的重視程度。

QUINN'S OF TWEED畫廊
——巧遇加拿大畫家Robert McAffee先生

　　近來，為了準備個人畫展，一路探訪安大略省幾個有名畫廊。加拿大的夏天各種畫展和畫廊逐漸多了起來，按照英文報報導的幾個畫家和畫廊，找到了位於7號公路旁號稱加拿大第一畫廊的Studio 737畫廊。畫廊老闆是個和善的美國人，妻子是加拿大畫家，由於畫廊地理位置適當、展廳多生意不錯。

　　進去一看，畫作果然水準很高，而且畫作幾乎配框，整整齊齊掛在牆上，共有作品上千幅。畫廊注意培養和抓住一大批加拿大重量級畫家。順便笑問一下：「是否也肯收留我的畫作？」老闆開玩笑地說：「你是哪國人？」愣了一下回答：「中國上海人」。老闆笑著說，「我要加拿大國籍畫家的作品，你看我是美

國人，也不能把自己作品放在畫廊中。」立即明白，原來各個畫廊對畫家的身分認定很重要，怪不得許多畫廊一定強調要Local（當地）畫家作品。

注意到畫廊中有德國畫家作品，畫廊門前也有多國國旗，其中有一面是日本旗。儘管開玩笑，737畫廊老闆還是把名片交到了我手上，告訴我：原來他們夫婦倆想退休，目前最主要想出售畫廊，許多畫家排隊等著把作品放進畫廊，希望有人接替畫廊才對得起許多畫家。

告別737畫廊後，在路上遇到兩位拉競選票的工作人員，倒是把廣告發到了我這個中國人手裡。只知道加拿大居民沒有選舉權，但其他好像不限吧？離開737畫廊後，我再一路尋訪，在離737畫廊不遠的Tweed小鎮上，我找到了QUINN'S OF TWEED畫廊，畫廊老闆是個非常熱心的加拿大人。撞進畫廊時，正好碰見來自多倫多的畫家Robert McAffee在這兒舉辦為期一個多月的個人畫展，5月24日正好是畫展開幕。

進門前以為畫展要有畫家邀請，記得去年因為支持Belleville圖書館John M.Parrott畫廊成立40周年，發起的繪畫老建築活動而贈送的一幅畫作展覽，開幕式票價是100加元，我雖被免費邀請，但也因人在上海探親無法參加，別人不可代替。加拿大畫家圈朋友也邀請過我參加個人畫展，但也有正式邀請信。有些畫家在畫展開幕式上，準備了各色甜點、零食、咖啡和酒類只邀請親戚、朋友、工作人員和記者等。去年參加朋友畫展開幕式，畫展上有個葡萄酒莊老闆，硬塞給我兩張葡萄酒展門票，每張票

價40加元，可嘗各種葡萄酒，不好意思也不喝酒，最終作廢了兩張票。

畫廊老闆Paul Dederer和畫家 Robert McAffee見開幕式突然闖進一個陌生中國人，有朋自遠方來不亦樂乎？當即熱情相迎，問起關於畫廊是否接受中國人畫作？老闆當即解釋沒有國籍要求Local就行、只要畫作過關。注意到一般好的畫廊，總要抓住一些好畫家，畫廊中也有我見過的另一位自小被白人收養的印第安裔畫家作品。

畫家 Robert McAffee忙著和一位記者模樣的女士聊天，畫展上畫家衣著整潔、風度翩翩。趁著空閒，問起畫家畫作情況，Robert McAffee說如要見他畫作真跡，在多倫多CN Tower電視塔餐廳中三年前已有他的畫作，網上有他作品介紹。畫廊中按照規定不能亂拍照，這大概又是一個版權問題，知道加拿大人非常注意保護知識產權，拍個合照畫家和老闆倒是爽快答應。老闆向我介紹：這個擁有上、下兩層，非常寬敞展廳的畫廊，是他個人出資三年前建成，展廳中燈光無投影，不會影響觀畫效果，並給了我一些英文畫刊等資料。

記得也是三年前，先生聽了我提起的白求恩醫生故事後，有意去參觀白求恩故居。網上查地址知道許多中國人向博物館贈送禮物，先生建議我也送一幅小畫作。於是隨意拿一張畫紙，隨手臨摹白求恩素描像，寫上「白求恩醫生，中國人將永遠記得您！」配上Dollar商店買的1加元鏡框，想也沒想就送給了加拿大國家級白求恩故居博物館，真是初生牛犢不怕虎不知天高地厚！

誰能想到，這幅Dollar素描像竟然被人拍照放到了網上，告知北美有生活經歷的弟弟，弟弟哭笑不得誰叫你不懂，這兒贈送給博物館的任何東西是要被永久保存的。

看來在北美做任何事都與國內有些不同，到了北美生活就要學會多聽、多學、多用心討教才對。但是討教過程中也不要追問技術性話題，一次畫展中問起加拿大畫家作畫技巧，女畫家笑著幽默地說：「原來你也是畫畫的想免費指導，我可不帶學生。」但是，過後還是熱情地給我做了部分示範。在這裡要感謝所有給過我幫助的加拿大畫家和朋友，及一些加拿大華文報刊，《加中時報》是北美第一份發表我拙作的報紙，同樣我的中國和加拿大畫家朋友給過我的熱情指點，在這兒一併感謝。

Belleville市的一群畫家們

來到加拿大後，最使我感興趣的是：在這兒你能輕而易舉地見到一些當地著名人士，我在這兒見到過著名影星、作家和畫家。我不是追星族，也不是刻意要去見這些人，但是，正因為這兒和國內體制不同，一個作家和畫家要得到大家的認可，就要不斷推銷自己。我在Novascotia見到影星，是因為她要推銷影片，所以，在那兒毫無怨言地回答觀眾問題。但是許多加拿大人，沒有國內追星族那麼狂熱，看樣子推銷自己的影片也不容易。我在Prince Island（愛德華王子島）見到的一個加拿大著名畫家，有自己的畫廊，當我進去看畫時，她就像一個普通推銷員一樣，向

我們介紹她自己的畫作。過後，我的先生對我說：「你知道嗎，她是加拿人著名的畫家，加拿大電視臺對她進行過多次報導」。我聽後十分驚訝，原來著名畫家也要推銷自己！

以後，我慢慢習慣了，各種大型的展覽中，你總是能見到一些這樣的人士推銷畫、推銷書，不用說，他們自己就是畫家或作家。有時，在大型的畫展中，我還可以見到來自中國的畫家。因為對畫畫的愛好，我參觀了許多畫展，也和一些畫家熟悉起來。最近，安大略省Belleville市的一群畫家們，發起了這樣一個行動：為了提倡保護當地歷史悠久的建築，發動繪畫愛好者，繪畫歷史悠久的老房子。同時，免費開放公共圖書館，派出畫家指導畫畫，並從中發現畫畫人才，提倡相互交流，互相觀摩現場作畫，選取好的畫作，在公共圖書館舉辦老房子畫展。經過挑選，畫作可以贈送給圖書館，同時也給你一些報酬。

我有幸參與了這項活動，同時也認識了一些繪畫愛好者。加拿大人不光愛閱讀，他們對藝術的愛好同樣熱情、積極參與。許多畫畫者並沒有經過專業培訓，但他們也是一樣熱情畫畫，並從中提高繪畫鑑賞水準。怪不得千元以上的畫，在這兒照樣有人買。在與當地繪畫愛好者的接觸過程中，他們告訴我：「蘊懿，在加拿大有許多人想成為畫家，可是你已經是畫家了，你為什麼不去嘗試一下賣畫呢？」向我索要畫作的人不少，每當這時我很猶豫，儘管人們對我說你可以收錢，但我總礙於面子及中國人的觀念不好意思真的收錢。在我過去的人生經歷中，我從沒想到過我居然還能賣畫。我生活在中國的大城市上海時，有一份優越的

工作，但也正因為工作，我放棄了許多業餘愛好。

　　來到加拿大後，我重新開始放棄30年的畫畫，為了準備明年春天的畫展，我一直在創作作品非常繁忙，一位繪畫愛好者又開口向我要畫作，她問我：「幫我畫一幅我住的老房子畫，我需要付你多少錢？」我笑著，隨口開玩笑說：「50加幣吧」。誰知這位加拿大老太太竟認真起來，她說：「我沒聽錯這麼便宜嗎？你能確定嗎？」話已出口，我只能點頭稱是。當天晚上，老太太一連發給了我5封e-mail，敦促我幫她畫畫，生怕我臨時改變主意。畫作完成後，她十分高興和興奮，特意買了一隻很漂亮的藍色皮夾，把錢裝在裡面，同時，還另外送了我一個蘇格蘭玩具熊。

　　從此以後，她成了我畫作的愛好者和朋友，她邀請我去她家看她的畫，借給我畫冊閱覽，邀請我與她家人見面，告訴我她喜愛像我這樣的中國人，她的孫女在大學還有一些中國朋友。

觀多倫多畫展

　　7月初夏，加拿大全國露天畫展在多倫多NathenPhilips廣場舉行。我得到這一消息，特地從我居住的小鎮Trenton趕到多倫多觀展。告訴我這一展訊的是我的一位畫家朋友，經過挑選，全加拿大四百多名藝術家，在這次畫展上展示自己的作品。這是加拿大比較大的畫展了，我的畫家朋友Tina Ding也在這次畫展上展示自己的作品。

　　我與Tina Ding的認識實屬偶然，在Warkworth小鎮上的一次

畫展上，她是唯一的一位中國裔畫家。初次見她時，我以為她是南韓人。所以，我開口就和她說起了英語，不料她卻用中文說「你好！」。我吃了一驚，奇怪地問：「你會說中文嗎？」她笑道：「我不是在和你說中文嗎？」知道她來自中國的北方城市青島後，我們就不知不覺交談起來。在海外遇同胞格外親切，何況我自己也是個繪畫愛好者，於是我們自然成了朋友。

以後，我們通過電子郵件和電話交流。她指出我畫作中的一些不足，同時給了我一些建議，讓我更多瞭解在加拿大如何舉辦自己的畫展，如何參與一些藝術活動。

全加畫展上人才不少，加拿大是個移民國家，來自世界各地的移民藝術家帶來了自己本土的精湛藝術。所以，觀看了全加畫展後，我好像領略了世界各地的藝術。不光是繪畫，而且還有瓷器、玻璃、木製品、布藝、陶瓷、剪紙、手工藝製品、金屬製品等藝術展出。

我朋友的畫作要價不小，但也有人光顧，人們對藝術品的愛好，到了令人吃驚的程度。我親眼見到有許多輛旅遊大客車，從加拿大各個城市到多倫多觀畫展，也親眼見到許多旅客滿載而歸。甚至，還有專門從美國趕來的觀眾。

在這次大規模的畫展中，我見到了四、五個中國裔畫家，其中有一個還竟是我在中國大學中的校友，真是驚訝。

都說世界無論哪個角落，都能見到中國人的蹤跡，這一點不假，無論哪個領域都有許多優秀的中國人，把自己國家的文化帶到了世界各地。多倫多的華裔特別多，唐人街上到處是中國人，

到處說國語，但在畫展上，見到的中國人卻不多。也許在多倫多這樣的大城市中，這樣的畫展已不足為奇，也許國人對藝術的狂熱不如西方人？

在國內，高級藝術品是富人的玩意，而在這兒卻是大眾化的消費了。在多倫多這樣的大城市，來自中國的富人不少，為此，多倫多的房價漲了很多，但卻很少見中國人買畫。

安省Wellington畫家村見聞

加拿大的夏季剛剛開始，安大略省畫家村Wellington就開始忙碌起來。我對安省Wellington畫家村的瞭解已有數個年頭，隨著Wellington畫家村逐漸成熟，它的影響力也越來越受到關注。其實，Wellington畫家村不光聚集了來自各方的畫家，還有相當一批手工藝人，也加入Wellington畫家村隊伍。

Wellington是一個非常安靜的小村落，因為這裡是安省著名的葡萄酒出產地，所以，每當夏天就有不少旅行大巴，載著加拿大各地的品酒者，前往參觀並品酒。在此期間，所有家庭藝術畫廊也適時開放，吸引不少旅行者參觀畫廊和手工製品作坊。

Wellington畫家村的形成，得益於一批最早入駐畫家的最初推廣。在採訪了一批畫家的基礎上，作者瞭解到：十幾年前，最初入駐的畫家敏銳地感到品酒旅遊路線的商機，於是決定開始利用Studio Tour（畫室遊覽）的形式，在夏季聯合創辦家庭畫展，並通過媒體、廣告和宣傳物的發放等形式進行宣傳、擴大影響，

從而逐漸使Wellington成為安省比較有名的畫家村。

隨著Wellington畫家村的逐步成熟，一批相當有實力的畫家同時加入，Wellington也從最初的葡萄酒釀造地，成為安省品酒、品畫、賞景的重要觀光之地，也凝聚了一批比較穩定的畫家隊伍。

從採訪畫家的過程中得知：有些居住在Wellington的畫家，退休後才開始正式畫畫，並從事藝術生意。有些畫家來自多倫多等大城市，因為Wellington畫家村的影響力和藝術生意，吸引這些畫家們聚集在一起，共同結識朋友並探討技藝。同時，也為自己退休後的休閒生活，找到一種快樂。

參觀Wellington的Studio Tour是一種樂趣，你可以隨性進入畫家們的住宅，並與他們面對面交流學習技藝，畫家有時還當場表演作畫。畫家們都十分好客，有的在家裡準備了小餅乾迎客，有的當你參觀完畢，送給你一枝自家庭院採下的小花朵。畫家們開放家庭畫展，不但為自己提供了樂趣，也為參觀者提供了溫馨和諧的家庭氛圍，他們其實並不十分在乎生意如何。

近年來，也有許多年輕畫家，加入到Wellington畫家村隊伍中。為了進Wellington畫家村，年輕畫家們從大城市中搬出，在Wellington購置物業。來自多倫多的畫家Stewart Jones和Sam Sakr就是今年入駐的兩位畫家，更為Wellington濃鬱的藝術氣氛增添色彩。

值得一提的是Wellington的Sidestreet Gallery，這是一家經營了十幾年的畫廊。由於周圍畫家的高品質繪畫，使這家畫廊生意良好，女老闆要求Local（本地）畫家的作品，才能進入這兒進

行藝術交易。因為我不住在Wellington，去年，被女老闆要求畫Wellington當地風光，才好不容易把畫作打入這家畫廊。

　　與朋友一起，在多倫多一家新開的西餐廳吃飯，餐廳中竟然見到Wellington畫家村的大型宣傳廣告，才知原來小小畫家村的名聲，已經在大城市裡傳開，可見當地畫家們的努力和實力。我的一位畫家朋友，也已經聞聽到Wellington畫家村的名聲，特地從多倫多趕到我的家裡，在我和家人的陪同下考察、參觀了安省著名的畫家村Wellington。這次參觀活動竟然使這位畫家朋友，萌發了遷居到Wellington的打算。看來，隨著Wellington畫家村的進一步發展，當地的房產租賃業也會隨之發展起來，以滿足各地畫家和旅遊者夏季黃金季節的入駐和觀光。

　　Wellington畫家村的手工藝品製作坊也層出不窮，除了金屬雕刻、陶製品藝術和其他多種手工藝製作坊外，我參觀過的一家名叫Mark Armstrong的玻璃製作坊，吸引了我的目光。這家玻璃製作坊，展臺上成立著各色各樣漂亮的手工玻璃製品，作坊主人還當場傳授玻璃製作經驗，當場表演玻璃製作技藝。

　　在高溫度的爐膛中，玻璃手工藝品製作者，手握鐵棒從中取了一塊玻璃溶液，並不停轉動鐵棒，在鐵鉗的配合下，當場成功完成了一件小型手工玻璃製品。這是我第一次近距離觀看簡單的玻璃製作工藝，同時也學到了一些關於玻璃工藝品的製作方法。

　　Wellington畫家村中的手工藝品，也增加了畫家村的藝術濃度，順應了不同觀眾的藝術愛好，也為這個著名的畫家村，帶來另一種藝術氛圍和潮流。

小鎮贈畫

Stirling是加拿大安大略省的一個人口大約只有兩千人的小鎮，它離我所在的Trenton開車大約需半小時。第一次去那裡，沒有留下什麼印象，甚至連小鎮的名字也不記得。

開始記住小鎮的名字，是因為要尋找一位印度裔家庭醫生。在加拿大的小鎮，要找一位家庭醫生不是很容易，大多家庭醫生病人已客滿，只有這位印度裔醫生來者不拒，據說還待人熱情容易接近。

再次來到小鎮後，竟發現小鎮的建築如此不同。我先生是加拿大當地人，在他的指點下，我們沿著小鎮的主幹道步行，發現原來小鎮有不少老建築，這些磚瓦建造的老房子各不相同，別具一格，形成了小鎮的獨特風格。

我出生在中國的大城市上海，我喜歡大上海時髦的生活，一直認為城市的生活更美好。但我沒想到在遙遠的加拿大，一個不起眼的小鎮竟吸引了我的眼球。

我來到加拿大後，重新開始我放棄了30年的畫畫生涯。加拿大的畫家很多，在與他們交往的過程中，我得知Belleville市的一群畫家，作為志願者正在為當地博物館繪畫老房子收藏。在我先生的鼓勵下，我也有幸參加了這一活動，並從中得到啟發，開始決定畫一些Stirling的老建築。

當我完成一幅著名的老房子畫作後，又在我先生的鼓勵下，

決定把這幅畫贈送給當地公共圖書館。

　　贈畫的當天，我再一次領受了小鎮的不同，小鎮竟有如此規模的圖書館，加拿大人長期養成愛閱讀的習慣可見一斑。正因為有高雅的閱讀習慣，加拿大人的文明與實在也讓人感動。贈畫沒有什麼儀式，但圖書館負責人真誠反復的道謝與讚歎，令我感到了我的勞動得到了珍重。

　　加拿大是個講奉獻的社會，正因為如此，加拿大有很多志願者無償為社會服務，我在這裡向加拿大人學到了很多東西，並為自己也能在這裡做一些力所能及的小事而高興。

　　過後，想不到的是，小鎮圖書館負責人竟邀請我明年春天在圖書館畫廊中展示我的畫作，並e-mail對我再次表示感謝，相約明年再見。

第五章　旅行記憶

蒼白的輝煌，殘酷的美麗
——古巴印象與見聞

　　2015年6月9日至16日，當我從多倫多機場經過3小時的飛行，來到加勒比海北部的群島國古巴共和國時，是那兒的雨季。古巴一詞來源於原住民泰諾語「Coabana」，意為「肥沃之地」。古巴位於中美洲，屬於熱帶草原性氣候，終年氣候溫差變化不大。古巴錢幣「比索」分為兩種，兩種不同的錢幣購買了兩種貧富不同的生活。古巴錢幣CUC和CUP之比是1比24，CUC能通用於高級餐廳、旅館、歌舞廳、酒吧和計程車，而CUP只能購買街頭廉價地攤食品和商品。6月份，短短一周的旅遊，天氣雖然炎熱，但陽光、雨水、海風依然怡人。古巴旅遊使我見證了古巴曾經擁有過的最殘酷的輝煌、美麗和浪漫。

一、混血、混血，首都哈瓦那

　　早在1511年，古巴就已經成為西班牙殖民地，因為殖民和引進非洲勞工，古巴的官方語言至今仍然使用西班牙語。殖民文化的混血發展，使古巴節奏歡快、強烈、浪漫的音樂成為古巴民族

的象徵。古巴的音樂和球賽是古巴人樂觀向上的靈魂和精神的依託。混血、混血，成為古巴人最值得驕傲和美麗的文化象徵，「混血兒」在古巴是讚美某人性感迷人的詞語。這個城市的混血文化根深蒂固，用它特殊的美麗和史詩般的浪漫描寫了人、音樂和城市的活力和迷人魅力。

首都哈瓦那是古巴最大的城市，哈瓦那的建築群落別樣的精緻與美貌，建築的結構、內部的裝飾、雕刻和層高，都顯示了典型的西班牙巴羅克建築風格，同時混有俄羅斯、北美建築特點。城堡、馬車、露天餐廳是這裡的街景，可以看出殖民時代文化的精彩與輝煌。可惜的是，戰爭和年代都使哈瓦那精緻、輝煌的建築群，演變成了大片的斷牆、殘壁和塵土。這種破壞力極大的精緻與美麗，顯示出咄咄逼人的殘酷魅力，使我的感官遭受到了最強烈的刺激。哈瓦那擁有最好的古巴音樂與藝術，街頭藝人們把電腦技術和色彩運用混合，用最絢麗、豐富而強烈的對比色彩，毫不掩飾地表現哈瓦那城市輝煌破敗的經歷，使這種殘酷破敗的美麗和魅力，同時深深地印入了我的腦海。

當我入住具有歷史文化的老建築PLAZA賓館時，就好像回到了舊上海的國際飯店（Park Hotel），我不敢想像古巴的貧窮和這兒的豪華，形成了鮮明的對比，猛然打消了我對古巴原有的關於貧窮和落後的想像。PLAZA賓館位於哈瓦那市中心，也是古巴著名球星曾經入住的賓館。賓館內寬敞的大理石樓梯、水晶燈飾、拼花小瓷磚地板，樓廳、過道、房間層高而明亮。從賓館的頂層高處瞭望，可以見到哈瓦那許多破敗的貧民住宅，還有哈

瓦那城市居民忙忙碌碌的貧窮生活。

從入住的賓館到菜市場路程不遠，哈瓦那菜市場與上海的農產品市場十分相像。各種品種豐富、新鮮的農產品可供顧客挑選，豬、羊、牛肉齊全。因為可以使用CUP購買食物，所以，菜市場的商品便宜到極點。哈瓦那藝術品市場上，除了電腦合成畫之外，非洲木雕、真皮繪畫、旅遊T恤、鞋帽、瓷器等各種古巴當地藝術品同樣豐富。旅遊品上，到處觸目地印著古巴共產黨、革命領導人切‧格瓦拉的頭像，這已成為反主流文化的普遍象徵，也代表了古巴的個人崇拜。藝術品市場因為使用CUC專門為旅遊者服務，所以價格要略高一些，但是對旅遊者來說，古巴的消費總體不算高。我在藝術品市場買下了許多小禮物，同時，也為自己買下了一份愉悅，看來「有錢人」在古巴的生活品質不會差。哈瓦那市中心步行街規模不大，磚石路面整潔，街道兩邊都是商場和攤位食品，這裡是古巴中產階級購買食物和消費品的地方，也是旅遊者值得一看的地方。

哈瓦那敞頂雙層觀光環城旅遊車，付5 CUC車票就能玩上一天，沿著環城旅遊車哈瓦那市景盡收眼底。選擇自己感興趣的車站下車，走馬觀花地把哈瓦那主要旅遊景點都看了一遍。這個城市太壯麗漂亮、這個城市也太陳舊破敗，既有富人的小洋樓、也有窮人的舊窩棚，心中有說不出的感慨。這個城市是花和音樂的海洋，不管窮人還是富人，都有愛花和音樂的浪漫。街頭樂隊民族音樂、恰恰舞節奏歡快，地攤各色花朵迷人而又香氣撲鼻，穿著鮮豔花飾服飾的黑人姑娘手捧花籃，吸引路人的目光。整個城

市同時也充滿了死亡的威力，建築的死亡、貧窮的死亡、觀念的死亡。在哈瓦那乘坐環城車觀光，可以看到保存良好、宏偉的白色大理石古墓群，這個充滿宗教色彩的墓穴建築群，同樣向人們訴說著這個城市不平凡的歷史和輝煌。

我想到義大利著名導演安東尼奧尼，他曾經也因為專門拍攝中國的破敗建築和貧窮生活，在中國那個特殊的年代裡受到批判。但我還是忍不住拍攝哈瓦那曾經的輝煌和斷壁，用相機記錄著這個城市的變遷、破敗、貧窮和富有，兩種不同的人間生活。

哈瓦那居民則毫無保留地向我展示了他們的貧窮，貧窮是這個城市的一部分，貧窮是這兒大多數人真實的生活狀態，貧窮而樂觀的精神才是這個城市的活力所在。走進哈瓦那的唐人街，這兒已沒有中國人居住，也沒有留下任何關於中國的文字和文化，唐人街已成為哈瓦那的貧民窟，穿著邋遢的城市居民生活在骯髒、黑暗的房子裡。因為 1959 年的那場古巴革命，使哈瓦那的中國人都逃離了古巴，僅留下哈瓦那「華人街」殘碑，傳承了這種永久的紀念。如今，古巴的許多物資都來源於中國，中國製造的宇通旅遊巴士，更是古巴離不開的主要交通工具。1898年，美國為了奪取西班牙的美洲殖民地古巴，進而控制加勒比海，而發動了美西戰爭。1902年，由西班牙換手於美國的殖民地古巴宣佈獨立。哈瓦那大街上，有美國製造的老火車展示，鮮豔、奪目的老爺車文化也彷彿體現了古巴文明的一個篇章。

二、哈瓦那大學、城市與驕傲

　　古巴哈瓦那大學是這座城市的驕傲，哈瓦那大學磚石結構建築宏偉。由美國製造座落在大學門前寬大大理石階上的智慧女神高聳而雄偉，代表了大學的學術精英和靈魂之母。古巴的醫療、學校全部免費。古巴的文盲不多，得益於教育的免費和良好的啟蒙教育。除了哈瓦那大學是磚石古建築外，古巴的醫院、學校和政府機構都是嶄新的水泥建築。這個城市除了許多未完成的輝煌古建築外，還有許多美觀的現代摩登建築，也有高樓和平房。這些大大小小的建築物，使古巴的貧窮和富有變得分明，也使古巴出現了階級的差異。破舊而又輝煌的建築物保留還是重建，正如階層的貧富差距需要填補一樣，古巴人的道路還很漫長。古巴大學教師、醫生、工程師等收入並不高，但卻是代表了古巴最有智慧和知識的一代人，他們才是這個城市未來發展的靈魂和力量。

　　哈瓦那的中小學校有各種統一的校服，一個讀書少年郎身穿紫漿紅色西裝短褲、白村衫上佩戴著鮮紅的領巾，捲曲的棕髮、白色的膚色和那充滿陽光燦爛的微笑是如此純潔，少年不識愁滋味是那麼動人。一個哈瓦那黑人青年的臉上充滿期盼，等待著他的情人，淺紫色T恤、薑黃緊身牛仔褲和他的膚色構成了獨特強烈的民族色彩。最浪漫的是一位街頭貧窮的混血老婦，一身白色長袍，銀白色盤曲的長髮上插上了一朵碩大的紅色鮮花，向我這個看著她的中國人獻上一個飛吻。這二個城市居民的街頭速寫，盤踞在我的腦海令人難忘。古巴人是值得驕傲的，古巴人也是最

懂得美麗的，貧窮雖然影響了古巴人的生活，但並不能影響他們的樂觀、追求、嚮往、美麗和浪漫。貧窮也不能抹殺對知識的追求。這個城市只是彷彿街頭這位年邁蒼白的婦人，充滿創傷和需要、充滿歷史和故事、充滿知識與閉塞、充滿殘酷與夢想、充滿死亡與魅力，這個城市時刻需要注入一股股鮮紅的年輕血液和思想。

在首都哈瓦那，我接觸到了古巴的各色各樣的窮人、富人、老人和孩子，古巴的富人和窮人擁有水火不同的兩種生活。古巴的窮人因為食物和營養的不足瘦骨嶙丁，街頭乞討者、餓得精瘦的可伶的流浪狗和貓、麻雀和無助的動物流浪在城市和公路邊，等待著富有的各國旅遊者拋下食物，貧困和富裕混合著街頭不同的人群和族裔。現代別墅建築、高級賓館、洋房、莊園，富麗堂皇的藝術博物館、哈瓦那市中心成立著飛機和坦克的古巴革命博物館，同樣深深地刺激著我的神經。我不崇拜革命，回顧歷史彷彿看到了鏡中的自己。深度的變革、適度的改良，也許是將來古巴最好的出路。

三、見證古巴，海明威完成《老人與海》

在二十世紀世界文學史上，作為「迷失的一代」作家，海明威的《太陽照樣升起》、《永別了、武器》、《喪鐘為誰而鳴》和1952年完成的硬漢文學名篇《老人與海》等深深地影響著整整一代人。海明威於1899年7月21日，出生在美國伊利諾州奧克派克，是一位世界著名的美國作家，也曾經擔任過《多倫多之星》

報記者，並分別在1953年和1954年獲得普利策小說獎和諾貝爾文學獎。他一生中旅行過很多地方，當過軍人、經歷過戰爭，有過四次婚姻、三個兒子。1939年至1960年間，海明威在古巴定居，他曾說「我熱愛這個國家，就像是在自己的家裡，除了出生的故鄉，此處是我命運歸宿最好的地方。」在離古巴首都哈瓦那不遠的聖佛朗西斯科·德帕拉有海明威在古巴居住時的莊園，這個占地面積很大的莊園，也是海明威完成名篇《老人與海》和大部分傑作的地方。

　　海明威故居作為歷史文物和遺產，不允許遊人入室參觀，但可以進入莊園和敞開的住宿外拍照。海明威莊園中名花奇草、老樹盤根，到處鳥語花香、處處曲徑通幽。居室中隨處可見的9000多冊書籍和雜誌、家具、繪畫、打字機、地球儀、天文望遠鏡、生活用具和獵物標本，見證海明威在古巴時期的生活富有。海明威莊園中保留了大量古樹、花卉，同時保留了游泳池，在曾經的私人網球場上，保留著一艘海明威的捕魚船。這艘捕魚船豪華，全長40英尺，廚房、臥室、廁所全具備，捕魚船通常由海明威的朋友駕駛在大海中航行，出海歸來海明威在莊園附近的LA TERASSER小酒館吃飯飲酒。酷愛大海的海明威，在古巴捕魚、騎馬、打獵、酗酒，抽著古巴濃烈的雪茄煙，逛酒吧、聽音樂，過著一種富有的花花公子般的生活。也許正因為生活強烈的不同和對比，使海明威完成了一個美麗而又淒慘的殘酷故事《老人與海》。

　　《老人與海》講述的是一位年邁的老人，與大風、海浪、

鯊魚幾天幾夜搏鬥，終於捕到一條夢想中的大魚，完成了老人的誓言和夢想。但當這條大魚被精疲力盡的老人拖上岸時，已被強大的鯊魚咬成了一具空骨架。與大海搏鬥的硬漢精神、理想與信念、被撕碎的夢想、孤獨的心靈、壯觀美麗的大海和殘酷的經歷同時存在，是當時海明威靈魂、心靈和生活的真實寫照。

海明威是古巴革命領導人菲德爾·卡斯楚的好友，古巴又是美洲唯一的社會主義國家，也許由於體制的不同，海明威在美國的晚年生活受到了嚴重的干擾和懷疑，甚至被懷疑為古巴間諜。精神的壓力和不如意的生活，使海明威的健康受到嚴重威脅，甚至出現精神異常。海明威最終在1961年7月2日生日前夕，在美國愛達荷州凱徹姆寓所，選擇用獵槍結束自己年僅61歲的生命。感歎海明威寫下了巨作《老人與海》，創建了文學史上最偉大的硬漢文學，可惜他本人卻絕對不是一個硬漢男子。

2002年11月11日，古巴在聖佛朗西斯科·德帕拉海明威莊園建立了海明威故居博物館，古巴領導人卡斯楚親自出席海明威故居博物館的落成儀式。海明威故居博物館收藏了30多種不同語言的文字書籍，使海明威的故事永遠留在了古巴，成為古巴人民回憶和紀念的地方，也為古巴的歷史文化留下了豐富的物質遺產。經過一位白人婦女參觀者的建議與熱心翻譯解釋，我也把自己新近的出版物，送進了古巴海明威故居博物館，這也是我在古巴所做的最有意義的事情。

四、藍天碧海、白浪沙灘，潛水衝浪追海人

　　當我來到古巴重要的濱海城市巴爾德羅的TURQUESA度假村賓館時，頓時與古巴貧困落後的生活完全隔絕，這裡沒有壓抑的政治氣氛。藍色的海洋、白色的沙灘、雞尾酒、浪漫的歌舞、豐富的食物、迷人的景色是旅遊者的桃花源。不同族裔和膚色的享受者躺在海灘邊飲酒，體驗者海風、沙灘、海浪，品味著加勒比海的熱情、浪漫和情調，彷彿進入了旅遊者的天堂　一藍色的「夏威夷」。古巴是美國在加勒比海的後花園，在美國的強勢逼迫下，古巴被迫重新引進西方文明。古巴的年輕人傳承著自己的歷史和文化，同時也嚮往西方物質文明。在古巴見到的各國旗幟中少見中國國旗，古巴人對中國的瞭解並不多，只有在一個長途車站休息點，看到萬國旗幟中飄揚著一面五星紅旗，這裡基本上是歐洲和加拿大人的樂園。高級酒店、賓館的服務者衣著乾淨整潔，說著流利的英語，禮貌待人，體現了古巴人民的禮儀、熱情和文化素養。

　　古巴仍然貧窮但不卑微，古巴人用自己的雙手創造著生活。古巴天然資源豐富，耕種得井井有條的農田、別墅式的旅遊度假房、富裕的熱帶植物和水果、椰子樹林的新鮮果實、不知名的植物、生物和花卉，是古巴保護得很好的天然資源。度假村賓館房間寬敞、空氣新鮮，網球場、泳池、乒乓球桌等設施完善；房內保險櫃、冰箱、電視、電話齊全。供客人使用的浴巾，每天被服務者擺放成浪漫的圖案，放在客人的床上，一簇新摘下的新鮮花

卉作為圖案點綴，向旅遊者傳遞了一份浪漫，也使古巴旅遊變得富有情趣和情調。

度假村中椰樹成林，提供新鮮的椰子供客人購買。三餐主要提供自助餐，另外每天還可以提前預定古巴、墨西哥、義大利餐。度假村中麻雀成群、小貓和飼養的雞、還有不知名的野生小動物也會與客人湊熱鬧，偶爾也能撿到破碎的鳥蛋和落下的新鮮椰子。度假村中有古巴人的小店鋪，供應古巴藝術品。每天度假村中，還有一定的活動可供客人參與，包括免費教授簡單的西班牙語、舞蹈及體育活動，每天晚上，還有專門音樂表演等，還有專供付錢客人選擇的按摩和旅遊點參觀活動。

古巴海灘的景色給我留下了最美麗的印象。橙色的陽光、藍天和白雲、遼闊的海水碧波蕩漾，細軟的白沙輕輕地按摩著足底。在陽光的折射下，海水的深度和顏色從淺藍、淺綠、深綠、暗灰等慢慢過渡。身穿泳衣把自己泡進海水，讓白浪輕輕地拍打後背，幸運的是，見到兩條寸把長色彩鮮豔美麗的小魚繞來繞去與我嬉戲。

度假村中有免費的帆布船衝浪航行，也有腳踏遊船，如果要入深海潛水觀魚，這兒有教練和潛水設備出租。沙灘上有供遊人使用的白色躺椅、植物葉子編織的遮陽傘及飲料吧。各種膚色的旅遊者，都一律穿上泳衣，躺在沙灘上閱讀、休息、喝飲料、與朋友聊天。海面上，各色泳衣的旅遊者享受著陽光和海水，遠處各色帆船、腳踏遊船、單人小艇等星星點點，為蔚藍的大海增添豐富色彩。金色的陽光、和煦的海風；藍天、白雲、碧浪、白

沙。腳踩白沙，撿著細小的貝殼和醜石，經過了海水的洗禮，貝殼和醜石同樣美麗。放眼望去，五光十色，忍不住加入追海人的隊伍。

這兒的大海實在太美，不敢想像大海的另一面：狂風、大雨、雷霆、巨浪，我完全被大海征服，也震懾於大海的威力之下。這裡既是享受者的天堂，也成全了追海人的夢想。

五、雞尾酒、浪漫歌舞和飲食文化

古巴，著名的四大特產是：古巴雪茄、高山原生態咖啡、甘蔗和古巴朗姆酒。到了古巴千萬不要忘記享受當地的雞尾酒、酒精飲料和歌舞。Cubita是古巴最好的咖啡，Tropicana是當地最好的歌舞，烤龍蝦、烤乳豬和科佩利亞的冰淇淋是古巴的特色餐飲食品，Mojito是一種混合了古巴酒、青檸、蘇打水、鮮薄荷葉及糖的酒精飲料，也是我的最愛。

古巴，自有它獨特的飲食文化，古巴的菜肴講究色彩。沙拉是用胡蘿蔔絲、綠菜絲、白捲心菜絲、黃玉米粒等各色蔬菜拌成，配上主菜添上各色酒精飲料風格獨特。在哈瓦那的一家餐廳中，我享受到了最好的烤龍蝦大拼盤餐，包括烤龍蝦、蝦仁、烤豬扒、烤魚，同時配上兩碟沙拉和四碗紅豆飯，添上一杯淺乳白色Mojito酒精飲料，包括小費共花費30加元。古巴烹調食材新鮮、原汁原味、色彩鮮豔，就是米飯也做成咖喱色、紅豆米飯、米飯拌碎蔬菜等。

古巴人愛抽雪茄，旅遊景點到處有買雪茄煙。聞起來味道很

香的雪茄煙不便宜，大街上賣的雪茄是用香蕉葉做成，或用煙絲混合香蕉葉。要品嘗真正的古巴雪茄，就要到正規商店或到當地雪茄煙廠，才能購買到正宗貨。但買便宜雪茄作為紀念品，也是一種不錯的選擇。

古巴的咖啡味道較濃，最好的咖啡出產於高山，古巴人喜歡義大利式的濃咖啡，並喜歡把咖啡和烈酒混合，做出各種不同名稱和不同味道的小杯咖啡。在古巴不飲酒就不是古巴人，幾天旅遊下來，本來不碰酒精的我，也糊裡糊塗嘗試了各式各樣的酒精飲料。古巴的各類甜酒，混入各種飲料口味不錯，但後勁很大，不久就已是滿面通紅。

這兒的飲料都加糖或蜂蜜，檸檬飲料、芒果加蜂蜜飲料、芭樂飲料、混合椰汁和鳳梨的飲料和草莓加優酪乳飲料等，都是古巴的特色飲料。飲料不加酒精都很甜，當然也可以買到新鮮椰子。飲料色彩非常漂亮，杯口添加小塊當地特產鳳梨或檸檬，使人忍不住多嘗幾杯，幾天下來已習慣古巴的甜飲料。

古巴人講究食物與酒類和諧搭配，度假村自助餐也有免費酒類提供。當你選擇好自己的菜肴，酒店招待就會上來，問你需要什麼酒？並告知你：魚類應該配白葡萄酒，像我這樣不喝酒的客人，酒店招待就會對我聳聳肩表示遺憾。

古巴餐廳中往往有小樂隊為食客奏樂，如果喜歡他們的樂曲，可以當場買下他們提供的CD片。古巴音樂，混合了西班牙音樂的浪漫和非洲音樂的狂野。在哈瓦那，我預定了一場Guajirito的歌舞表演，歌舞表演同時，免費提供小份點心和每人

兩杯飲料。歌舞表演期間，臺上臺下互動、表演者不時邀請觀眾同臺演出。主持者在臺上挑選觀眾詢問來自哪個國家，並當場演奏該國音樂。當問到我時，我大聲回答：「我來自中國」。臺下觀眾鼓起掌來，臺上演奏者卻傻了眼，因為沒有中國樂曲，於是，演奏者靈機一動，不知奏了一段什麼國家的音樂，答謝我的回答。樂隊中，一位打鼓手嫻熟的技巧、明快的演奏節奏，吸引了大部分觀眾。

非常感謝一位古巴當地導遊，這位黑人小夥酷愛音樂，當他得知我喜愛古巴音樂後，當場表示送我一張古巴音樂CD片。第二天，當我拿到這張正版印有古巴國旗的CD片後，還不知自己是否喜歡CD片中的音樂，商店裡的CD片實在太多不知如何選購。直到回到加拿大家中，欣賞了這盤音樂，才知黑人小夥用心良苦，為我這個中國人送上了民族色彩最濃鬱、節奏最歡快迷人的頂級古巴音樂和古巴歌星的演唱作品，這份情誼使我難忘，再一次領略了古巴人民的真誠和善良。

花的海洋，色彩的世界
——墨西哥坎昆遊印象

2016年6月初，充滿鳥語花香和浪漫色彩的濱海城市坎昆（Cancun），迎來了墨西哥新一屆總統大選日。6月8日大選日結束，坎昆街頭居民載歌載舞，用熱情洋溢的舞姿和歌唱來歡慶這個不平凡的夜晚。墨西哥普選將產生一位新的國家領導人，帶領

墨西哥人民在這個充滿陽光和溫暖的國度裡，繼續享受自己親手創造的美麗家園。

坎昆，這個神祕而又充滿浪漫和文化的城市，位於加勒比海北部，人口超過50萬，年平均氣溫27.5℃。坎昆陽光明媚、海水清澈、白沙細軟；陣雨過後，天邊常出現一道美麗的彩虹。坎昆，瑪雅語為「掛在彩虹一端的瓦罐」，它是城市居民歡樂和幸福的象徵。

一、瑪雅歷史與文化的感悟

墨西哥是美洲文明的發源地，孕育著瑪雅、托爾特克和阿茲特克文明。距坎昆130公里的圖倫（Tulum）是迄今墨西哥保存最完好的瑪雅和托爾特克人古城遺址。以坎昆為中心到尤卡坦半島，各瑪雅古跡文明使城市充滿了歷史和文化，也使坎昆躍居成為著名的國際旅遊城市。

瑪雅文化充滿神祕色彩，瑪雅人（Maya）是古印第安人的一支，生活在墨西哥南部和中美洲北部，有著特殊的傳統文化和歷史，是美洲唯一留下文字的民族。關於這個神祕人種的來源，據說是來自於蒙古人種，在建築風格、風俗習慣和飲食等方面與中國古文化有一種非常奇特的聯繫。

瑪雅民族有獨特的宗教信仰，用石頭建立起神廟和古建築，充滿智慧和數學幾何原理。瑪雅人以瑪雅語為主要語言，古代瑪雅人把文字刻在石頭上，成為「書寫的岩石」，瑪雅古文字帶有詛咒難以被破譯，瑪雅人的曆法更是充滿傳奇。

在坎昆我乘車到Coba瑪雅遺址參觀，Coba瑪雅遺址是經過部分修復的古遺址。Coba瑪雅遺址規模總體不大，是古瑪雅人祭祀的地方。遺址座落於原始叢林中，它曾經是通向奇琴伊察（Chichen Itza）的交通要道，古瑪雅人曾在Coba採集石料，人工搬運到奇琴伊察建造神廟和宮殿。西元987年，托爾特克國王帶領軍隊與瑪雅盟友將奇琴伊察作為首都，這一時期的藝術和建築，呈現瑪雅和托爾特克混和風格，奇琴伊察也成為瑪雅重要城市。

Coba瑪雅遺址周圍野生生物和物種繁多，水潭中佈滿著高大的樹木和綠色浮萍，生長著小鱷魚。通過地洞可以進入天然的石灰岩溶洞，溶洞中地下水水質清晰見底，古代瑪雅人利用樹枝藤條，從地面下洞汲取水源。如今遊客可以從旋梯下洞，觀賞洞中五光十色，水在暗弱的光線下變得碧綠，遊客可以在清澈的水中與小魚一起游泳，天然石灰岩鐘乳柱千奇百怪，鳥兒在溶洞中安家鳴叫發出陣陣迴響。

古代瑪雅人就在這片肥沃的土地上生活，用自己勤勞的雙手創造出燦爛的古文明。坎昆瑪雅博物館附近還未完全開發的El Rey瑪雅文化遺址，更是原汁原味地還原了古代瑪雅人的生活。El Rey瑪雅文化遺址經過歲月的流逝被深埋在地下，其中一部分文物和遺址已被挖掘出來，El Rey瑪雅文化遺址有一種殘缺的壯美，被深埋在地下的古瑪雅文明，成了歷史探究者的一個謎，給人留下無限的深深遐想。

El Rey瑪雅文化遺址周圍椰樹成林，可以輕易見到掉落的椰果，暗色花紋的蜥蜴在岩石上群居。遺址中有一處岩石建築，是

古代瑪雅人的住處，至於被深埋在地下的城市規模，目前還不能肯定。在這個遺址中，不但可以見到祭祀台，更有趣的可以看到瑪雅人居住古跡 。瑪雅文字最早出現於西元前後，在El Rey瑪雅遺址中挖掘出來的文物，大多被探險家帶到德國和美國，文物上圖案鮮豔漂亮，有類似甲骨文和金文的文字；瑪雅人在時間、空間計算上的精細，宇宙意識賦予他們特殊的智慧在部落建築上得到體現。

古瑪雅人以農耕為生活之本，主要食物為豆類、玉米及甘薯等，用芭蕉樹葉包裹食物進行烹調。傳統的瑪雅人至今依然遠離物質文明，過著自給自足的農耕生活。他們用木柱搭建簡陋的草棚，手工編織成漂亮耐用的吊床，懸掛在草棚木柱上休息。瑪雅人依然過著群居生活，一家幾代人居住在一起，並且還保留著瑪雅人首領制度。

在瑪雅導遊的帶領下，我進入一位普通瑪雅人家庭參觀。瑪雅人村落已有了小學校，村中小路也已接上了街燈，瑪雅導遊已走出瑪雅人村落，在坎昆市中找到了一份體面的工作。在瑪雅導遊的要求下，一戶瑪雅人同意我們進屋參觀，這是一個有趣的瑪雅家庭，瑪雅妻子剛剛有了嬰兒，竟毫不避嫌在4位男女遊客的目光下，裸露乳房給出生不久的嬰兒餵奶。

昏暗的草棚中，新織的吊床既是睡床也是座椅，這是一個新婚瑪雅小家庭，但仍有5位家庭成員一起生活在一個小屋。草棚另一側，瑪雅小姑和母親在木材火堆上架上鐵板，用手抓起和好的玉米麵做成玉米薄餅，放在鐵板上烤熟。草棚外後院是一個開

闊的天地，有芒果樹、香蕉樹、其他果樹及花卉，這戶家庭還養殖豬、火雞、公雞、母雞等眾多家禽和家畜。

草棚中嘰嘰鳴叫的一堆小雞被放在紙板箱中，低矮的草屋頂梁上，色彩漂亮的鸚鵡與主人同居在一個屋簷下，還不斷在屋中飛來飛去。還有小松鼠也生活在草棚中，見到陌生人也不逃不躲，倒是瑪雅女人們見到陌生人很害羞訥訥地低頭不語，這是一個動物與人和諧相處的家庭。瑪雅主人的家禽家畜吃著有機食物，色彩漂亮的公雞個頭高過我的膝蓋，足以勝過一頭大大的火雞。

這個瑪雅村落至今保留著首領制度，在瑪雅導遊的帶領下，我們來到村落瑪雅首領之家。瑪雅首領擁有多個妻子，並留下40多個孫子女。瑪雅首領家有一個祭祀堂，我們在幾排簡陋的長條木椅上坐下，導遊用瑪雅語與首領交談並接受首領祝福。

瑪雅首領身穿白色整潔的衣褲，頭和腰上圍著彩色裝飾帶，在一個黑色的鐵製容器中，燒燃一小堆像琥珀樣的粉紅透明小石塊，頓時鼻中彌漫著一股股清香味，這股迷迷香味沁入心肺久久不散。瑪雅首領用一個黑色石龜，在每位客人的雙手中劃十字口中念念有詞，並在祭祀堂四周，手捧燃燒粉紅石的容器面容莊嚴地禱告。

瑪雅人最崇拜太陽神，他們有自己的祈禱方式，在接受了瑪雅首領的祝福後，瑪雅首領向我們展示了瑪雅人的寶物——藥材。瑪雅人用天然植物和果實作為藥材類似於中草藥，瑪雅導遊當場嘗試小樹枝藥材，瑪雅婦女至今仍用一種果實，來清除生育後子宮中的淤血。親眼所見當代瑪雅生活，更對這種神奇無比的

文化陷入深深的迷思。

在La Habichnela大飯店中，我嘗到了傳統瑪雅羊肉湯，還有用特殊黑豆醬汁進行烹調的雞肉。侍者在餐廳中調配雞尾酒，並在小圓臺燒烤爐上為食客烹製食物，前菜中附加麵包和黃油，黃油新鮮濃郁的奶香使我留下極深印象。

坎昆瑪雅藝術團的表演回顧了瑪雅歷史和文化，在La Habichnela大飯店中，我一邊品嘗著瑪雅食物，一邊欣賞著這場充滿傳奇的舞蹈。表演者們滿身彩色圖案，身穿古瑪雅服、頭戴長羽毛臺上台下表演，真實再現了古瑪雅人生活、決鬥、婚娶等場景，及瑪雅人被西班牙人殖民的歷史。表演以瑪雅女孩和西班牙男孩的婚禮為高潮，向人們展示了通婚和民族文化的融合。

瑪雅文明最充滿傳奇色彩的是瑪雅預言，神奇的瑪雅曆法突然在西元2012年12月21日（冬至）斷裂，表示一個輪回的結束，人類開始在精神意識上覺醒，並開創宇宙學上的重建時代。瑪雅人在文明鼎盛之際不留痕跡地遁去，更使歷史學家和考古學家陷入迷茫。瑪雅的預言幾次告訴人們：「新的神將會到來！」地球將開創一個新紀元。

二、加勒比海的色彩與力量

坎昆，原是一座只有300多人的僻靜漁村，1972年國家投資建設包括度假村、公用海灘、遊輪等旅遊設施，使坎昆逐步發展成國際著名旅遊城市。坎昆充滿了熱情與文明，也充滿了色彩和文化，加勒比海溫暖的陽光和細軟的海沙，為觀光者帶來愉悅；

坎昆的市民更是善良，並且樂於助人。

坎昆市中心交通十分便利發達，沿著交通線可一路觀賞濱海城市風景。坎昆居民使用西班牙及英語兩種語言，道路上整潔乾淨綠樹成蔭。坎昆居民好客而文明，一位坎昆小夥在公車上，見我迷路並用完所有零錢，竟幫我和先生買了兩張公交票，並安慰我們不要著急，在司機的幫助下，把我們直接送到了市中心Oasis Smart居住賓館。

坎昆是一座長21公里，寬400米風景秀麗的小島，坎昆市有國際機場、市區和旅館區三部分組成，沿著海岸線各色賓館建築風格和色彩各異，形成了巨大的賓館度假村。海岸賓館設施優良服務周到，海灘上還有以棕櫚葉為頂的涼亭和小屋，更有高爾夫球場及高檔餐廳和食物，泳池和高檔家具也是賓館特色。

度假村中到處可見鮮花、果實與樹木，給賓館建築群帶來了生氣和活力；有著美麗羽毛高傲的野孔雀，不知不覺乘著高爾夫球車，也到度假村中湊熱鬧，為客人們帶來一陣陣笑聲和驚喜。公共海灘上碧海藍天、白浪細沙，在浪尖波峰中遊客感受著大海的力量。

人們戴著墨鏡、穿著彩色泳衣，享受著加勒比海灼熱的陽光；魚鷹和海鷗陣雨過後在海面上低空飛翔，帶著魚腥味的空氣透著一股股清涼；白色的沙灘上留下一串串遊子的腳印，心胸在大海的面前變得寬廣起來，這就是我們要走過的路。

這個城市到處鳥語花香，各種色彩充滿著感官，椰樹與芭蕉樹成林，城市綠化在精心保護下，被修剪得十分整齊。熱帶植物

碩大的仙人板被養殖在盆景中，仙人板不僅可以欣賞，還可以作為食品食用。餐廳中用綠色像楓葉樣的植物葉子榨汁，並加上檸檬和糖做成可口飲料，食物搭配色彩鮮豔漂亮。

從坎昆Puerto Juarez輪船碼頭出發，乘渡船到IsIa Mujeres小島，Punta Norte漂亮迷人的小鎮呈現在面前。海島小鎮居民生活是豐富的，小鎮中心佈滿各色餐廳，遊人和食客在餐廳中飲酒作樂，享受著現代生活的樂趣，同時也為小鎮帶來財富。

在小鎮上借一輛高爾夫球車，用一小時駕車遊覽海島。島上碩大的鮮花和樹葉，帶著豐富鮮豔的色彩奪人眼球；道路兩邊建築雖然破舊，但也層次豐富、色彩絢麗；並有一座彩色磚石斷牆，體現小島人用色彩力量來詮釋美麗的涵義。

此時正值小島雨季，天上的烏雲開始聚集起來；天色變得暗淡而無光，驚雷和閃電在黑暗的天空中劃過，留下一陣陣讓人膽戰心驚的巨響。小鎮居民躲進自家的房屋，留下遊人在街頭積滿雨水的小道上行走，陣風和雨帶著閃電，快速襲來也快速散去，漸漸天空又變得晴朗起來。

小路上高出膝蓋的雨水，在我的腳下快速退去，挽起的褲管黏在腿上，渾身已被狂風暴雨打濕。經過二十多分鐘的暴雨洗禮，彷彿經歷了整整一個世紀；雨過天晴之後，寧靜終於又回到這個美麗的小鎮。街上的人流又逐漸多了起來，小鎮又變得熱熱鬧鬧。

小鎮經過雨水的洗刷，空氣彌漫著清新的水蒸氣，我的相機中也留下了閃電和暗淡的天空。海面上藍、黃相間的渡船把客人

送到彼岸，海水在暴雨的襲擊下變得洶湧起來，離開小島渡船就是唯一的綠地，渡船在洶湧的海水中顛簸起來，海面上海水從淺藍到深綠，小島來回兩次渡輪，使我同時看到大海的溫柔與暴躁。

當渡輪把我們安全地送回坎昆市，已經是傍晚時分。海面上一輪紅日正在緩緩地下落，天際的色彩頓時變得遼闊豐富起來，與海水相互交融成一片，粉紅、淡黃、深黃、淺藍、深藍、紫色，各種色彩盡收入眼簾。坎昆市區廣場上，孩子們支起一個個畫架在畫畫。

此時，我的心中只有默默祈禱：希望雨季不再重來！

三、太陽下城市魅力與生活

二十世紀七十年代，坎昆還是一座被人遺忘的孤島。目前，坎昆已發展成為包括飯店度假村、高爾夫球場、餐廳、商業購物區等發展齊全的城市，城市道路、公共建築、醫院、學校等設施完備。美國、加那大和歐洲的觀光度假客紛至遝來，二十世紀八十年代建成的坎昆會議中心，已成為現代化坎昆的標誌，坎昆，成為了墨西哥城市的驕傲。

坎昆，面對著一望無際的加勒比海，地理位置優越、風景秀美。坎昆機場同時也是旅遊品銷售中心，機場規模較大、共分上下兩層，機場內銷售著各種高檔酒類、高級化妝品；琳瑯滿目的旅遊紀念品讓人眼花繚亂；色彩迷人的手工藝製品及服飾讓人愛不釋手，顧客們更是在機場旅遊品銷售中心流連忘返。

墨西哥是一個主要從事農業生產的國家，主要農產品有玉米、蠶豆、南瓜、可哥、甘薯、辣椒、煙草和棉花。作為墨西哥的一個著名旅遊城市，坎昆除了物質非常豐富滿足旅遊者需要外，這個城市的商業也異常發達。除了度假村、酒店、高爾夫球場外；銀行、超市、影院等金融文化設施也一應齊全。

　　坎昆最主要的旅遊品銷售市場，當屬市中心Market 28市場。坎昆市區有相鄰兩個Market 28市場，其中粉紅色磚牆的Market 28市場只是一個拷貝，商品物價要大大高於真正的Market 28市場。正宗的market 28市場規模較大，進入市場除了能購買到各種旅遊紀念品外，各色餐廳遍佈也是Market 28市場的主要特色。

　　Market 28市場內，比較著名的有Cejas海鮮餐廳，各色餐廳在市場內熱鬧非凡、競爭激烈。坎昆旅館、餐飲業佔據國民經濟收入的大部分，同時也使坎昆成為一個富裕的城市。Market 28市場內的商品價格帶有很大水分，所以適當討價還價，還是能得到自己想要的物品。

　　除了Market 28市場外，坎昆的大型超市也是城市發達的因素。在離坎昆市中心稍遠有一個大型超市，這個超市除了能購買到各種名牌服飾外，有趣的是超市內更有小橋流水、風景秀美。其中：長長小河水把大超市分隔成兩部分，商場兩邊漂亮的建築倒影在河水中，給人留下無限的浪漫遐想；跨過橋樑又進入商場另一端，七轉八彎彷彿曲徑通幽，柳暗花明又是一個新天地！

　　為了順應旅遊者的需要，坎昆的商場除了滿足當地人消費外，還引進像沃爾瑪、星巴克等這樣的消費市場，方便美加及歐

洲客人在坎昆旅遊和生活。旅遊過程中接觸到一些美加移民，他們都已非常習慣了在坎昆生活，這些移民也正在為坎昆經濟的發展，帶來一股股新的動力和新的理念。

坎昆的文化就像是一個大拼盤，不光使用西班牙、英語兩種通用語言，而且歌舞、音樂、電視和電影文化也異常發達。我年輕時曾非常喜愛墨西哥影片，像《葉賽尼婭》、《冷酷的心》等影片，在我心中留下過非常難忘的印象。與北美電影比較起來，墨西哥影片更顯得有文化，這種文化的根源是多種文化的融合。

十六世紀初，墨西哥開始成為西班牙殖民地，1846年美國發動侵墨戰爭，1910年墨西哥資產階級民主革命，為資本主義進一步發展奠定了基礎。其中，墨西哥爭取獨立的鬥爭，是拉丁美洲獨立運動最漫長、最艱苦的鬥爭。歷史與文化往往有密不可分的淵源，坎昆街頭瑪雅雕塑透出古文化氣息，除了古瑪雅文明外，殖民文化的強勁交融也成為墨西哥文化的一部分。

像《葉賽尼婭》這樣的影片雖然是愛情片，但也從某種程度反映殖民文化的淵源。坎昆現在電視螢幕上出現的電影電視，不光有西班牙語、英語還包括法語，土著瑪雅人的語言已不再是主流，混血兒的出現也是殖民歷史的見證。

坎昆，從飲食和食物文化上來看，主要餐廳還是以歐美大陸的食物為主，墨西哥食物其實與西班牙食物大同小異。坎昆食物除了香料運用上更加豐富外，在烹煮和燒烤方面，基本與歐美食物相差不大。當地居民喜愛用豆類做成醬汁烹調食物，在食物香料方面用的最多的是各色辣椒。

墨西哥的各色辣椒醬舉世聞名，最常見的食物就是非常便宜的Taco、Tortas等，常常見到坎昆工人午飯時，坐在小店門前買幾個Taco當午飯。Taco是一種用玉米粉或麵粉做成的薄餅，裡面包上一些碎肉、蔬菜和香料，直接用手抓起Taco就著調料下肚，幸好的是：辛辣的辣椒醬往往與食物分開擺放，使不喜愛辣椒醬的顧客也能享受Taco。

坎昆超市中，只見各種蔬菜色彩碧綠非常新鮮，食物品種超過北美，各種調料更是數不勝數。在各大飯店中墨西哥與瑪雅飲食，也已進行了適當的融合，根本分辨不出兩種食物的不同之處。坎昆的物價不便宜，看來這個城市的居民收入也不菲，在這個旅遊城市中很少見到真正窮人。

坎昆僅僅一周的遊覽使我感慨，改變了我過去對墨西哥貧窮、落後和不安全的看法。墨西哥是美洲古老文明的發源地，也是一個美麗而文明的國度，這個國家的偉大和美好，在於民眾的善良和友愛。我愛坎昆，我也更愛墨西哥！

遠方的客人請你留下來
——雲南西雙版納風情散記

難得遠遊似乎有一種搬家的感覺，特別是聽說西雙版納年平均氣溫大約在21°C以上，帶了一大堆換洗衣物，總還覺得缺少點什麼，家人笑我：你總不見得去留下來吧。趕到機場的時候，我穿的是柔色的毛衣和一條牛仔褲。上海的天氣仍然是陰雨連

綿，平均氣溫大約在13°C左右，我的同伴大多仍然穿著時髦漂亮的長風衣，似乎一點沒有遠遊的倉促和刻意的準備。

兩小時四十分鐘後，我們乘坐的西南航空公司的班機在昆明機場降落。一下飛機立即就有了一種嶄新的感覺。昆明旅行社的導遊小姐，向我們熱情地迎了上來，向我們每一位客人都獻上了一支鮮花。這一夜，我們不知道是在怎樣的興奮中度過的，真的嗎？真的是我們已經來到了「萬紫千紅花不謝，冬暖夏涼四時春」的春城昆明嗎？

一、潑水、抓飯及其他

第二天，我們從昆明出發乘班機到達思茅，從思茅驅車過普文，才算真正進入西雙版納。車過之處，我們經過了好幾個民族的聚居地，一路上公路蜿蜒、九曲回腸、熱帶風光迭宕起伏。美麗的傣族導遊小姐向我們介紹：「西雙」即傣語「十二」的意思，「版納」是一種舊的行政區劃。西雙版納沒有四季之分，居民大多是傣族，也有一部分漢族、愛尼族、布朗族、佤族等其他民族。

來到美麗的西雙版納，不能不說一下這裡的潑水禮。儘管導遊小姐早已有所介紹，但一開始我們對西雙版納潑水禮還沒有真正的概念。晚上，我和同伴們一起走進了裝飾簡陋、但民族風味很濃的竹樓飯店中，據說這兒的傣家有一個風俗，就是青年男女在結婚時，幾乎全寨人都要前來「赴宴」。在我們一再要求下，導遊小姐也讓我們做了一回「傣家人」，我們一邊欣賞著民族歌

舞，一邊開始了我們的「婚宴」晚餐。

　　傣家人流行「搶新娘」，要是哪一位小夥看上了一位姑娘，他就要跑到姑娘家裡，把姑娘搶起背在背上，一路急走不能停頓。這時，竹樓飯店臺上正在表演「搶新娘」遊戲，美麗的傣家姑娘落落大方，漢族男子則羞得滿臉通紅……席間，幾個身材嬌好的傣族姑娘跳起了歡快的「潑水舞」。傣族真是一個十分好客、也是十分獨特的民族，傣家人愛鼓也愛舞，可以說「村村寨寨都有鼓，男女老少舞婆娑」，只見傣家少女手持橄欖枝，向每一位客人灑上了吉祥之水。這是我們來到西雙版納後，第一次享受到的潑水禮節。小夥們高聲歡叫，姑娘邁著盈盈的步履來到客人身邊，在客人的手腕上，系上了代表幸福美滿的紅繩！此時此刻，席間氣氛達到了高潮。

　　餐桌上擺滿了翠綠欲滴、清香撲鼻、色彩誘人的各種叫不出名字來的珍稀蔬菜，這是傣家民族用來招待珍貴客人的上好菜肴。考慮到我們是漢家的緣故，導遊特地讓餐桌上多了幾個適合我們漢家口味的飯菜：酸竹筍是一道可口的涼菜，還有鳳梨手抓飯及卷在竹筷上食用的「好糯索」（糯米年糕）。那些拌上了辣椒、食鹽、香茅草、薄荷及各種香料的蔬菜風味獨特，傣族姑娘的優美舞姿，及濃濃潑水禮節的歡快氣氛，令我們至今難忘。

　　當然，直到我們參加了模擬民族潑水節的那一天，我們才真正嘗到了「潑水」的厲害。那天，同伴們個個喜氣洋洋，換上了鮮豔漂亮的民族服裝，拎著桶、端著盆來到水池邊。此時，西雙版納每日中午的氣溫已上升到了30°C左右，離傳統潑水節還有

一段時間。潑水節的正確概念應該是傣歷年，即：每年的4月13日左右。潑水節第一天的活動是：在瀾滄江邊舉行龍舟比賽。第二天，才是最隆重的日子——潑水日，陽光下泛著銀光的水，潑向了每一個參加盛會的人。不管是認識的、還是不認識的，年輕的小夥和姑娘們互相追逐著、嬉笑著，還沒回過神來，已被別人潑得渾身盡濕。有時三、五個潑水人對付一個，直潑得人們把盆扣在頭上四處逃散……誰被潑得越猛、潑得越烈，誰才是最幸運的人！此刻，尖叫聲、歡樂聲、潑水聲融成一片。這時，我才真正體會到了西雙版納潑水禮節的真正含義和滋味。

二、傣家樓上的糯米茶

翌日清晨，我們來到街上，恰好是趕「擺」（即集市）的時候，從寨中走來的三三兩兩身材婀娜的姑娘，豔麗的衣裙隨著肩挑的竹籃而飄蕩，那嵌著金絲的、紅的、綠的、粉紅的絲質筒裙，那鑲著花邊合體的尼龍紗緊身上衣，加上插滿鮮花美麗的高髮髻，真像仙子下凡一樣。集市上擺滿了各種蔬菜、水果、工藝品和各種各樣的茶葉。少數民族對茶有一種特別的偏愛，納西族同胞「處咪歲」（「處咪歲」是納西語娶嫁的意思）時，新郎派一個精明能幹的小夥子坐進新娘屋裡，輕聲呼喚：「新娘子，新郎請你去喝茶！」新娘就順勢騎上迎親馬，由兄妹陪著前往男家……

西雙版納是個盛產茶葉的地方，茶的品種很多，首屈一指的當推猛海縣南糯山的普洱茶。普洱茶外形肥碩、色呈烏褐，每年二月開始採茶，沖泡時湯色紅亮濃豔，性和味甘、醇厚宜人，

人稱「養身妙品，不可一日無之」。當然，在傣家樓上喝「糯米茶」更別有一番風味……

這幾天，我們路過西雙版納一個又一個村寨，棕櫚叢中竹樓悠然可見，滿目皆是木瓜樹和芭蕉樹，翠綠的竹木、雅致的竹樓和窈窕的少女，使我們對傣家人竹樓早就有了一種神祕感。這次聽說旅行社為我們特地安排了上竹樓的項目，多少使人帶上了幾分興奮和不安。

帶著好奇心，我們到傣家人的竹樓上去做客，西雙版納的少數民族以熱情、真摯和好客著稱，在清潔、幽靜、寬敞的客室，女主人早已把鼓凳擺好。我們在竹樓門外脫下了鞋子，按照當地的風俗，在一根叫做「吉祥柱」的柱子前摸了一下，據說這能給主人帶來好運。書本上說：傣家的竹樓是「干欄式」的建築，大體是方形的，分上下兩層。上層住人，離地大約七、八尺，用十幾根木樁為柱騰空架起，隔斷了西雙版納濃鬱、綿延的地下潮氣；下層無牆，是用來堆放木材等雜物的，整個竹樓顯得結實、平穩、乾爽而又透氣。

女主人一邊為我們介紹竹樓上的走廊、涼臺、客廳和起居室，一邊邀請我們在鼓凳上坐下，正當我陶醉在這神美的欣賞之中，傣家女主人一聲細細的「稍得令」（對女客的尊稱）把我喚醒，投目望去，美麗的傣家女子正抿嘴朝我微笑。只見她把長髮裹在頭頂，用一把黃色的梳子卡緊，雙耳墜著耳墜，配上明黃色尼龍紗大襟圓領寬袖衫和帶有金絲絨花邊的同色筒裙，動作和緩地向我遞上了一杯糯米香茶。傣族是一個彬彬有禮的民族，很少

看見他們吵嘴、打架、罵人，甚至大聲喊叫、說話聲音也很少聽到。糯米香茶我還是頭一回聽說，舉杯抿上一小口，頓覺有一股香氣貫喉而入，頗似吞咽了一口醇厚的糯米飯團，味道與外型勻齊的下關陀茶、香氣濃鬱的猛海緊茶、湯色濃豔的鳳慶紅茶媲美。

傣族的生活習慣很有趣，他們總是同年齡同性別的人在一起，到了傍晚，趕「擺」的、幹活的人們都回到寨子，慢慢地家家戶戶的竹樓上泛起了炊煙，遠遠望去，彷彿整個寨子在斜暉中蒙上了一抹金紗。

我們就這樣到處走著、看著，口中哼著當地的民歌：「遠方的客人請你留下來……」。漸漸地，我們深深地愛上了西雙版納這個美麗而又神祕的地方。

三、綠色的橄欖壩

我們到達橄欖壩的那天，天氣晴好，頭頂上懸著幾朵輪廓清晰的白雲，西雙版納溫潤、潮濕的空氣使橄欖壩就像用水洗過一樣，越發綠得耀眼。橄欖壩傣家原來稱為「猛罕」，人們叫它橄欖壩，不僅因為它外形像橄欖，還因為它有著橄欖般的綠色。

這個有著一百多個寨子的橄欖壩，到處覆蓋著茂密的熱帶森林。路上、山上、茂密的樹林中百鳥爭鳴，空氣清新。扶桑花正紅，鳳凰樹似火，在這平均海拔1000多米的山間盆地中，種類繁多的熱帶作物隨處可見。勤勞、善良的傣族人民最喜歡種植果木花卉，每一幢竹樓都掩映在綠樹叢中，街頭高大的油棕樹挺拔蒼翠，牆上葉子花開出了朵朵紫花，高高的椰子樹和檳榔樹，還有

那彎彎的鳳尾竹，對了，橄欖壩除了濃鬱蒼翠的綠葉樹外，更多的是翠竹。那一叢叢、一片片的竹葉不僅形狀各異、深深淺淺、密密匝匝，而且那綠色也各具特色。有的綠中帶藍，有的黃中泛綠，把橄欖壩裝扮得更加鮮亮了。橄欖壩就像是一隻棲息在瀾滄江邊的綠色孔雀，寬闊的瀾滄江碧水銀花，倒映著兩岸蒼翠的樹影，把橄欖壩襯托得更加深幽、格外剔透、格外誘人。

但是，要說在橄欖壩找不到別的顏色，那也是大錯特錯了。金色的柚子、香木瓜都成熟了，棕色的椰樹也已是果實累累。橄欖壩不愧是「水果王國」，在橄欖壩的農貿集市上，我見到了熱帶雨林中，名目繁多的各種新奇水果：榴槤、雞蛋果、心臟果、酸角、檳榔等等。水果攤前，我小心翼翼地詢問攤主水果的名稱、價格和怎麼吃法。攤主用一種十分詫異的眼神望著我，並滿足了我的要求。有幸的是，在這裡我還嘗到了水果之王——菠蘿蜜。菠蘿蜜又稱木菠蘿，果形橢圓、皮質粗糙、顏色黃綠，大者可至三、四十斤，它的果肉醇香，汁多味甘，明代詩人稱道說：「鳳梨老去甘如蜜」，故名「菠蘿蜜」。

傣家的集市沒有什麼吆喝聲，是很安靜的。我們在這裡買了許多水果和工藝品，這裡的民族十分善良，納於討價還價，正因為有了善良的主人，孔雀才會飛來落腳。西雙版納以它繽紛旖旎的景色、美好的情誼，來迎接遠道慕名而來的觀光者，使人不禁讚歎：西雙版納是如此秀麗多姿！

遠方的客人，你想留下來麼？

跨越障礙，迎接輝煌
——在國內感受西式宗教文化

　　歸國探親，為了尋找和繪畫老建築，準備今年6月在加拿大的個人畫展，我走訪了上海的一些西式宗教聖地，從而幫助我對國內的西式宗教文化和建築，有了大致的瞭解。在走訪一些宗教聖地的同時，我開始關心一些與宗教活動有關的文化和人文感受。步入天主教曹家渡聖彌額爾堂，是因為我先生在去年的時候，就已經注意到這個教堂的特殊地域和建築風格。而且，它是一個離我家最近的教堂。

　　天主教曹家渡聖彌額爾堂，地處上海長寧、普陀、靜安三區。像其他教堂一樣，飽經了歷史的創傷，見證了宗教文化在中國特殊發展時期的興盛起落。曹家渡聖彌額爾堂始建於1890年左右，土地為教友所捐，聖堂建在南曹家宅，北曹家宅長寧路108號內設有修女住所。後曾在內設競德小學。1934年在北曹家宅建彌格小學。1939年將聖堂移址於小學內，一樓為聖堂，二樓為神父住所。已故的李思德輔理助教擔任總本堂的時間較長。1958年，因教育收歸國有，撤除修女住所，將聖堂移址長寧路108號。後因文革等原因，1984年12月25日，曹家渡聖彌額爾堂才重新恢復開放。2004年曹家渡地區舊區改造教堂拆除後異地重建，新堂位於萬航渡路1066號。新堂為傳統哥特式建築，占地面積423平方米，可容納400人，鐘樓高37米。2009年4月25日新堂奠

基，2011年6月竣工。9月29日複堂。

　　走進聖彌額爾堂，頓時有一種神聖的感覺，雖然教堂面積不大，但進去的人都很虔誠。這個教堂在一星期內，有幾天還專門為法國人開展宗教活動，有法國神父法語講經。還有專門的幼兒班，教導幼兒學經活動。蔣女士是這兒的一位志願者，也是一位天主教教友，負責幼兒班講經活動。

　　在蔣女士的引導下，我和我先生會見了教堂的田願想神父。田神父是一位專職神父，年紀很輕，卻把自己一生都獻給了神職。田神父進修於法國，所以，會一些簡單的法語。這是我第一次面對面地與神父交談，得知神父是不能隨俗結婚心裡更是由衷敬佩。鑒於對宗教文化的認識和崇敬，我於2013年12月底，繪畫了天主教曹家渡聖彌額爾堂，並把它捐贈給了教堂。

　　在瞭解了一些宗教知識後，知道了天主教與基督教的區別是：天主教以羅馬教廷為自己的組織中心，承認教皇為最高領導，非常恭敬聖徒、天神、聖像、聖物等，神職人員按照教會傳統過獨身生活。基督教則不接受教皇的領導權威，教派之間聯繫鬆散，基督教牧師則可以結婚。我先生因為是加拿大人的緣故，出生後就進行了基督教洗禮。

　　從一些宗教資料上來看，宗教大致可分為：佛教、道教、伊斯蘭教、天主教和基督教。據不完全統計，中國現有各種宗教信徒一億多人，宗教活動場所8.5萬餘處，宗教教職人員約30萬人，宗教團體3000多個。宗教團體還辦有培養宗教教職人員的宗教院校74所。道教發源地中國，已有1700多年歷史。中國現有道

教宮觀1500餘座，乾道、坤道2.5萬餘人。除了道教是真正的中國國教外，佛教主要是唐朝時期，由印度傳入中國，而發展起來的宗教。佛教在中國已有2000年歷史，現在中國有佛教寺院1.3萬餘座，出家僧尼約20萬人，其中藏語系佛教的喇嘛、尼姑約12萬人，活佛1700余人，寺院3000餘座；巴厘語系佛教的比丘、長老近萬人，寺院1600餘座。伊斯蘭教則是一種非常特殊的宗教，西元七世紀伊斯蘭教傳入中國，為中國回、維吾爾等10個少數民族中的群眾信仰。而中國西式的宗教文化，主要是指天主教和基督教文化的傳播。

關於天主教和基督教的歷史非常悠久，天主教自西元七世紀起傳入中國。中國現有天主教徒約500萬人，教職人員約4000人，教堂、會所4600餘座。基督教（新教）於西元十九世紀初傳入中國，中國現有基督徒約1000萬人，教牧傳道人員1.8萬餘人，教堂1.2萬餘。

西式宗教文化的傳播，是從《聖經》開始的。《聖經》分為舊約和新約兩部分，舊約寫於基督降生之前，新約寫於基督降生之後（西元）。《聖經》是人類歷史上第一本關於宗教的書，它比穆斯林可蘭經還要早400多年。《聖經》由舊約39卷和新約27卷組成，是由40多位作者經過1600年的時間寫成的。從西元一世紀《聖經》誕生開始，西方宗教的發展也不是一帆風順的。但是，西方宗教的信徒是眾多的，從印刷量來看，《聖經》一直是世界上最暢銷的一本書。《聖經》在西方被稱為《Bible》，是一部被翻譯成最多國語言和文字的集政治、歷史、文化、宗教、

哲學、人文、地域等為一體的大書。西方宗教和《聖經》文化影響了一代又一代西方文化人。許多著名作家和藝術家往往在其文學作品或繪畫、雕塑藝術中，大段引用《聖經》文字，或運用《聖經》故事體裁作畫、雕塑。比較著名的有：俄國作家列夫·托爾斯坦的《戰爭與和平》中每卷卷首語都大段引用《聖經》。另外，達文西的《最後的晚餐》也是《聖經》故事運用得最好的畫作。作為一名文學和繪畫愛好者來說，不讀《聖經》是非常遺憾的，至少不能很好地理解原作者的思想和創作意圖。

從資料上看，西方宗教文化向中國的傳播，從一開始就由傳教士為主要媒介。教堂，是西方宗教文化的一種物化，隨著西方宗教文化傳入，西方雄偉輝煌、精美絕倫的教堂建築藝術也相應傳入中國。例如：上海徐家匯天主堂是中國著名的天主教堂，它是一座仿法國中世紀哥特式建築，始建於1896年，紅色的磚牆，白色的石柱，青灰色的石板瓦頂，兩座鐘樓，南北對峙，高聳入雲。徐家匯天主教堂以其規模巨大、造型美觀、工藝精湛，在當時被譽為上海的第一建築。大堂內聖母抱小耶穌像立祭台之巔，俯視全堂，為整座教堂之中心。這座聖母耶穌像是1919年由巴黎製成後運抵上海的。

位於上海衡山路的國際禮拜堂，接待過許多前來中國進行友好訪問的國家元首、政府首腦及宗教領袖，他們中有美國前總統吉米·卡特、澳大利亞總理霍華德、美國眾議院議長金裡奇夫婦、挪威國王哈拉爾五世和王後、英國聖公會坎特伯雷爾大主教喬治·凱瑞、香港基督教聖公會主教白約翰夫婦等。1996年9月

起，上海國際禮拜堂每星期日下午，開設專供在滬外籍人士參加的英語專場禮拜。教堂不僅是神職人員和信徒進行宗教活動的場所，而且，也是中西文化交流的所在，起著重要的民間外交作用。

最後，讓我們用約翰福音3章16節中的一段話來結束這篇文章：「墳墓不應該是人類的最後歸宿，死亡也不是我們最後的結局；天國應該是人類居住之處，永生才是我們美好而真實的盼望！」不管哪種宗教，都有其存在的現實意義，讓我們共同跨越障礙，互相信任、加深理解、同舟共濟，邁向輝煌。

藝術的迷宮，人文的搖籃
—— 探訪中華藝術宮

今年二月，回國探親之際，我和我先生探訪了位於上海市浦東新區上南路205號的中華藝術宮。中華藝術宮是2010年上海世博會期間，被保留下來的部分原建築物之一，它是世博會期間中國館的位置所在。中華藝術宮外觀紅色，像巨大的方鼎矗立在其他同時被保留下來的為數不多的場館之間，它的外觀及鮮豔的色彩獨具風格、別出心裁。去中國館參觀免費，但如你要觀看中國館內的《清明上河圖》，仍要買20元一張的參觀券。

2010年中國世博會後，被保留下來的場館一共有6座，分別為：中國館、沙特館、西班牙館、義大利館、俄羅斯館和法國館。中國館現改建為中華藝術宮，其公共展區面積70,000平方米，共分6個展示層面，計35個展廳，其中獨立專業展廳26個。

有3個層面長期陳列、展示國內外各種類型的藝術珍品。另外，還有作為吸納國內外高端藝術精品的交流陳列場地、特設的名家陳列專館、專業展廳等。現在有許多世界級的藝術、繪畫展輪流在中華藝術宮中展示。中華藝術宮中，還永久保留了許多著名的中外畫家的畫作，以油畫和中國畫為主。許多畫作體現了歷史的沿革、時代的變遷及作者的創作經歷。參觀了其中的畫作後，彷彿經歷了一場有關中國歷史和繪畫史的教育。許多名人畫作都是珍品，中華藝術宮中名人畫作旁，都有作畫人介紹和畫作介紹，介紹了作畫人的生平及畫作創作的時代背景。除此之外，一些近現代非名人及學生畫作也被成立在其中。

在中國國畫部分展示及保留作品中，我找到了一幅吳青霞的鯉魚圖。吳青霞以畫鯉魚著名，同時也以畫花卉見長。她的畫風細膩，引人入勝。吳青霞是我的一位遠親，常州人，後移居上海，居住在上海近外灘蘇州河邊的一座公寓中。他的丈夫吳蘊瑞祖籍江陰，是我爺爺的堂兄弟。吳蘊瑞是中國歷史上的一位著名體育家，早年留學德國，我爺爺過世前和吳蘊瑞交往很深。吳青霞在上海未成名前的一次畫展中，我父親有幸目睹了她未經裱畫的作品，及掛在鉛絲上展出的畫作。文革後，我父親和他們一家沒有什麼接觸，然而，每每走過他們舊居時，父親往往會回憶和告訴我一些關於他們家的往事。關於我們家的許多歷史老故事，作為加拿大籍的我的外籍丈夫往往非常感興趣，作為一個外國人，我丈夫雖然不太懂中國畫，但他早就提出要我帶他看看吳青霞的真跡畫作。如今，能在這個體現中國一流藝術水準的中華藝

術宮中，找到吳青霞的畫作，他十分驚喜，要求我一定要在這幅親戚的真跡畫作旁留下照片。由於作者擅長西式繪畫，沒能自小師從吳青霞學習國畫，不得不說是一種遺憾。

作為一種視覺和感官藝術，音樂、舞蹈和繪畫是最沒有國界的，也是最為容易直接被世界各國所接受的一種文化藝術。中華藝術宮除了繪畫交流和展出外，主要功能還包括學術策劃、教育推廣和公共服務，同時培養一批文化志願者。

中華藝術宮展示的內容大致可分為：東方之路：中國美學的現代視覺建構；海上升明月——中國近代美術的起源；清明上河圖（多媒體版）；上海與巴黎之間——中國現當代藝術展；名家藝術陳列專館；上海歷史文脈美術創作工程成果展（包括：多功能廳、藝術劇場、藝術圖書館）及藝術教育長廊、數字美術館、上海美術電影展廊。中華藝術宮計畫每年新推十項國內外藝術精品展示專案，讓觀眾在歷史中觀摩藝術，在藝術中追溯歷史，讓中西方文化得以在此交流匯聚。世博會中國館中的「鎮館之寶」——多媒體《清明上河圖》為觀眾帶來傳世名畫與現代科技的超時空融入。

值得一提的是，中華藝術宮還培養了一批文化志願者。文化志願者是藝術場館教育工作的重要環節，是為熱愛美術事業、熱心社會公益的人士搭建一個參與平臺。同時，美術館事業的發展也為志願者提供了一個更廣闊的天地，提高了志願者的素質，使志願者隊伍朝更專業化方向發展，對推進公共文化服務和提升市民文化素質，起到了積極的作用。

記得在加拿大時，作者參觀過一個具有世界水準的立體藝術展。在藝術展覽館中，你可以看到藝術家們的別出心裁，顛倒的自由女神像、水火相容的火與水鬥、帶有排氣管的自行車配上電影螢幕，在墓地行走表示還有一口氣？藝術家們的想像力是豐富的，在中華藝術宮中，你同樣能看到這一類為數不多的想像豐富的作品。但中華藝術宮中的作品還是以國人比較容易接受的傳統寫實作品為主，同時，隨著繪畫技藝的革新，新時代畫家們所創作的以西式畫手法，融入國畫表現形式的繪畫作品還應得到加強。

　　與我在加拿大時參觀的許多以銷售畫家作品為主的美術展覽相比，中華藝術宮中的展出由政府支撐、經費保障，主要是展出而不銷售。所展出的作品不光體現了中國水準，還體現了世界級水準，收藏作品大多出自名家手筆，作品氣勢磅礡。同時，中華藝術宮也是繪畫博物館，中外名畫家手筆在這裡得到永久保存與展出，不得不說是一種視覺感官的很好享受。

　　為了更好地服務中外遊客，中華藝術宮中的服務設施也很健全，有語音講解和翻譯，輪椅出租等。為適應中外遊客的不同口味，這兒設有中餐廳和西餐廳，星巴克咖啡也入住其中。

被熱情、周到的服務是一種快樂
——看海內外不同的消費服務理念

　　最近，歸國探親回加拿大後，新買了一台分量較輕、便於攜帶，並帶有觸碰螢幕、最新的8 GB高容量的手提電腦。高興

之餘也帶來了極大的煩惱。買這台電腦時，商店正在開展打折活動，一看價錢不錯，想也沒想就把電腦買了下來。原本以為買好電腦後就可以拿回家直接使用，但是，新打開電腦卻發現裡面根本就是少了許多該用的程式。一般像中文打字軟體等可以網上下載自己免費安裝，可是必要的軟體就得另外出錢購買。這樣算下來，這台電腦也不見得便宜，只看了貨架上的標價，輕易買下電腦不知其中還有這麼多的講究。

　　自己調試整理軟體是一件最頭痛的事，就像這兒上餐廳吃飯需要外加服務費和小費一樣，要人幫忙安裝又要付錢。想到國內買好電腦後，一切軟體安裝都包括在其中，而且裝的是中文版軟體，電腦拿回家馬上就能使用。買電腦的話，店家還免費送貨上門安裝和調試。

　　手提電腦買回家後，儘管樣式非常美觀，但是即使有軟體不會安裝，漂亮的電腦立即成了一台廢機。許多加拿大人也不是最懂現代化的新式電腦，花費了兩個星期摸索，誰知裡面的程式越來越亂，不得不重回商店詢問。商店工作人員看見程式亂成這樣也傻了眼，說只能拿回廠家重新安裝軟體，又要付150加幣。

　　無可奈何之下，突然想到在美國大學工作的弟弟，弟弟是一個具有五個學位，受過中、加、美三國教育的科學人才，要是弟弟沒辦法修復這架電腦，新電腦就只能進垃圾箱了。在美國的弟弟神奇地通過機對機地在電話中指揮修復。兩天後，新電腦終於可以使用了。目瞪口呆之下，終於明白，修復電腦既要花時間、又要有高超的電腦技術，可不是一件容易的事，怪不得要收錢。

事後十分懷念國內購物的服務周到，去年回國，在上海國美新購了一組家用電器，所有的電器都有店家負責上門免費安裝和調試。安裝人員不但安裝速度快、耐心教會你如何使用新電器，同時，家裡的舊電器可以折價賣給商家，由安裝人員免費帶回。事後還接受了國美上海店經理的上門訪談。而在國外，所有的大型電器產品都要自己負責運輸、安裝，淘汰的舊電器也無處可扔，只能用車送到專門的舊貨店（Restore）。記得前幾年，加拿大家中新買了一架跑步機，機器運回家後，先生對照圖紙，摸索了半天才安裝好機器，當時就心中十分遺憾，不明白為什麼在這樣發達的國家裡，服務顧客的理念不如發展中的中國。

　　發展中的中國正在加速學習發達國家的服務理念，有些店家也開展了用購物卡、銀行卡等購物，大型產品雖然很少能夠分期付款，但是，網上購物已經發展得非常成熟了。網上購物不但省錢，而且採取送貨上門服務，運輸速度快、運費便宜。

　　針對目前實體制門店在美國、加拿大、日本等國逐步削弱的情況，國內許多門店學習國外先進管理經驗，更新網上購物系統。不但方便高層管理人員運用，也適合門店操作。從產品型號、庫存、品牌及進出貨、送貨、產品投訴率等方面一路跟蹤，全程預覽，並通過平臺與顧客手機對接，準確告訴顧客產品送達時間。產品出售後，有專門人員打電話詢問對送貨、安裝等環節情況是否滿意。系統同時也可以查閱到供應商、廠家、投訴量和產品排名，以便進一步加強產品管理。同時，培訓安裝服務人員，保證安裝環節提高顧客滿意度。談到產品和售後服務

品質，國內店家往往用「被信任是一種快樂」來體現企業服務精神。

據瞭解，國外一般家庭電器的使用年限是6到7年，超過年限，不但耗電量增加，而且有的電器容易輻射洩漏，所以，在國外家用電器的更換頻律比較快。在美國、加拿大和日本等國，購買產品分期付款、網上運作已發展得非常成熟，售後服務、退貨管道也非常方便。但是，與國內不同的是，這兒的產品售後服務有時需要付費，這大概也是加拿大人為何大多自己動手的原因了。

像Bestbuy（百思買）這樣的企業在中國存在不下去的主要原因，一方面是商品價格比國內產品要高，另一方面，大概也是對顧客售後服務的高要求估計不足。雖然百思買門店及售後服務的管理經驗，值得國內商家學習，但是可惜的是，中外兩種不同的消費、服務觀念，使百思買最終沒能在中國市場站穩腳跟匆匆離場。

在和先生閒聊過程中得知：其實，在加拿大產品銷售過程中，也十分注重產品售後情況和品質，在加拿大往往是商家邀請顧客，參加一種零食聚餐，來瞭解並感謝顧客對商家的貢獻，瞭解顧客心理及對商品的感受，並從中發現商機，加強和顧客的感情溝通。總之，對顧客來說，不管商家採取何種形式，商品的品質和完善的服務，才是真正保證產品得到很好銷售的途徑。無任海內外，如果商家能真正看到這一點，才能在商品市場激烈的競爭中處於不敗的地位。

金蛇狂舞辭舊歲，駿馬奔騰迎新年
——訪上海市延安中學民族樂團鼓手吳夢超

　　上海市延安中學民族樂團，是申城享有很高聲譽的一支民族樂團。這支民族樂團大致有60餘名中學生組成，平均年齡在12至18周歲左右。上海市延安中學是申城一所著名的重點中學，分高中部和初中部兩大部分，學生都是經過嚴格考試，才能進入該校學習，教師隊伍更是名列前茅。與另一所上海市重點中學上海市第三女子中學一樣，延安中學的民族樂團和市三女中的管弦樂隊，以「愛的傳遞」為宗旨，開展中外學生藝術交流，展示學子藝術風采，成為學校對外藝術交流的名片。

　　由於我過去畢業於上海市第三女子中學，所以，對該校的管弦樂隊比較關注。市三女中解放前是一個教會學校，一直注重於藝術教育，在藝術培養方面人才輩出。市三女中的管弦樂隊多次在國際比賽中獲獎，在國際上享有聲譽。而對延安中學民族樂隊的瞭解，是因為侄兒吳夢超是這個樂隊的一名鼓手。要進入這個樂隊，可不是一件容易的事，首先，學習成績要符合重點中學的要求，然後，還得加試音樂考試。考試成績合格後，學校還要和家長簽訂合約，保證樂隊需要外出表演時，家長和樂隊成員必須配合，保證能有外出演出時間，即使有時會影響學習，也得保證重要演出活動時，樂隊成員樂意參加演出。

　　侄兒吳夢超師從上海市民族樂團著名鼓手，侄兒學打鼓也

不是一帆風順的。開始時，家裡大人要他學鋼琴，學鋼琴對三、四歲的小孩來說的確很困難，不光家長要陪在旁邊，而且，由於孩子對樂理知識一點也不能理解，所以，最後侄兒非常惱火，他說：「我恨不得把鋼琴給砸了！」自此以後，他停止了學任何樂器。直到認識了民族樂隊的老師後，這位年輕的老師，不知用什麼方法，使侄兒對打鼓產生了強烈興趣。從此以後，侄兒就開始跟著老師學打鼓，而且越打越好、越打越有興趣。

自從進入延安中學民族樂團後，侄兒一直非常忙碌，平時住在學校裡，節假日還要排練和演出。延安中學民族樂隊是國內中學，為數不多的一支以民族樂器演奏為主的樂隊，演奏的樂曲大多也以民族樂曲為主。樂隊的指揮和主要老師，也有專業的上海民族樂團老師擔任。樂隊非常注重演出效果，因此，排練的時間往往要多出演出好幾倍，以保證樂隊在演出過程中達到完美效果。同時，樂隊的訓練也非常嚴格，隨時可以淘汰隊員。在出國演出時，更是經過精心挑選，通常只有三分之一隊員能有機會出國表演。

侄兒吳夢超今年剛滿16歲，已是樂隊中一名熟練的打鼓手了，經過7年的訓練，侄兒熟練地掌握了打鼓的基本技巧。雖然是個16歲的男孩子，手臂力量卻要大於女孩打鼓，在這一方面侄兒有得天獨厚的優勢。再加上他是個長得虎頭虎腦、人見人愛的孩子，所以，他的演出一直得到許多人的讚賞。其實，他不光是樂隊的打鼓手，更確切地說，他是打擊樂器的成員，除了打鼓外，他還在樂隊中負責打手鼓和鑼等。

侄兒告訴我，民族樂隊基本和其他交響樂團一樣，樂隊也分為四個聲部：一般將弱音的拉絃樂器和撥絃樂器，排在舞臺的前面靠近觀眾；將強聲的吹管樂器，排在中間和偏後一些的席位，打擊樂器排列在最後席位。這樣的席位安排，容易獲得整個樂隊的音量平衡和音色統一，也便於指揮家的指揮和各演奏員的配合。在樂隊的演奏中，有些打擊樂器可以獨奏，但大多數的打擊樂器，在樂隊中起渲染氣氛，製造高潮以及色彩調配的作用。

　　鼓手通常是站在舞臺上表演的，所以一場演出之後，通常渾身汗淋淋很累人，沒有很好的身體和手臂力量，是很難完成連續幾小時演出的。想起在加拿大時，一些戶外活動中常常會有人教打手鼓，成人和孩子如果有興趣也可自由加入。不管你打得好不好，跟著節奏享受自由自在的樂趣，別人也會很熱情地幫助你。雖然坐著打鼓，但打了一會，你就會覺得手臂很累，而且手上力量不夠，所以，作為一名比較專業的打鼓手，其實是很不容易的。

　　侄兒在演出時非常專注，由於站著演出，而且樂隊中鼓手不多，所以，他在舞臺上的位子非常引人注目，同時，也要求他在演出中不能出錯。侄兒演出時，好像一點不怕出錯，表情歡快、身體跟著音樂舞動，十分有趣可愛。當然一分表演十分訓練，侄兒在訓練時也很刻苦，而且也願意幫老師和隊員們擺好樂器，主動做好一些準備工作，所以深得老師和隊員們喜愛。延安中學民族樂隊演出時，票子是很難買到的，一方面許多家長、親朋好友要看自己孩子演出，一方面為了演出效果一般不專門對外售票。

節假日更是演出高峰期，所以，平時我要見到自己的侄兒也是比較困難的。

回國探親春節前夕，我有機會和侄兒進行了面對面的交談。我們自然談起了音樂、繪畫和寫作，侄兒對這些方面都有自己獨到的見解，他對我的繪畫作品和寫作進行了十分有趣的評價。大人們聽得目瞪口呆，平時不注重與孩子交談，根本不知道年僅16歲的孩子會有那樣獨立的思想，想來也許是音樂等對他的薰陶和重點中學的學風有關。

由於擊鼓樂器同時有幾面鼓，面積太大，所以樂器一般不能帶回家訓練，侄兒總是能認真地在老師家訓練，和老師關係很好，老師也樂意教這樣的學生。老師雖然是專業鼓手，但還是不主張侄兒以打鼓作為職業生涯。在國內，學生樂隊往往受到關注，是因為學校要有自己的特色，家長「望子成龍」，同時重點中學的樂隊還擔負著對外演出的任務，必須要有一支過硬、成熟的隊伍。而真正的上海民族樂隊演奏員工資並不高，而且如果外出演出，票價很高，很少有人感興趣自己掏錢買票。反而學生的演出更加有趣，家長樂意掏錢觀看孩子演出，同時演出的品質、水準都比較好。

通過7年的學習和演出，侄兒不但已達到打擊樂十級水準，而且在2012年11月遠赴澳大利亞參加出訪演出。2011年獲中華文藝英才推選活動上海選區一等獎。2013年獲上海市青少年藝術單項比賽銅獎。同時，參加中福會少年宮與美國費城交響樂團聯合演出。整個延安中學民族樂隊也獲得全國中小學藝術展演一等獎。

大陸上海保姆市場的亂象
——保姆翻身做「主人」，老人有苦說不出

最近，大陸保姆市場發生了一件令人髮指的事件。一個黑心保姆因為能獲取一些小錢，竟然連續殺掉9位老人而不被發現。如今，大陸的保姆市場監管不力、魚龍混雜。隨著老齡化社會的到來，老人的養老問題真的成了一大難題。

不孝子女當然要遣責，但孝順子女其實也各有各的無奈，力不從心，也不能天天24小時守在父母身邊，不工作、不買房、不結婚、也不生子女。如果不工作，別人還以為你是「啃老族」，更不能教子養家，現代生活壓力也夠大。

雖然，大陸有《老年人權益保護法》，但是，常回家看看也需要時間，法律實施沒有任何實質性的配套措施，即使立法也成了一紙空文。獨生子女政策又使子女照顧雙方老人的負擔加重，不光要出錢，而且要有精力，子女們同時也失去了自己的生活。即使這樣，子女們還是希望老人幸福長壽，情願吃苦耐勞既忙工作又忙老人和孩子，沒有比安排不好父母的生活更揪心揪人的事情了。

為了工作，強壯和健康就是財富，也不能生病，自己一倒下，父母還得出錢養你。把行動不便的父母接到自己家中養老，這也要看看你的房子有多大，除了父母，仍然要外加一個保姆，不然仍然沒法繼續正常工作，同時也沒有了自己的私生活。也無

奈把父母託付給了保姆。保姆們大多來自農村，有的大字不識，但要求卻很高。面對一年比一年高的保姆市場工資問題，不是高工資絕對找不到農村保姆。保姆的工資與大學生相當，誰叫你上海國際化大都市消費貴呢？保姆沒有任何培訓，沒有資質證明，更沒有健康檢查。保姆市場上找到的保姆患各種傳染病的占了80%以上，其中包括肝炎、婦科病、性病。

　　與照顧小孩的保姆比起來，照顧老人的保姆更強調工資不高，怕髒怕累、挑肥揀瘦，一個老人的退休金已遠遠不夠支付保姆的開銷，東家不僅要包吃包住，還要提供全套優質洗理和防護用品，比如手套、面油、手霜、圍單、拖鞋等，便宜的物品保姆用著不滿意。老人吃點心，千萬不能忘記保姆也有一份，孩子們孝敬父母好菜、好酒和營養品，趁著老人不注意，保姆先吃個大半，連招呼也不會打一聲。家裡有好東西一轉身保姆說是被當垃圾賣掉了，當然賣「廢品」的收入歸保姆所有。老人不能對子女說不滿意保姆，也不能提要求。保姆翻身當家做了「主人」，老人只有活受氣，不然的話保姆轉身走人，臨走還不忘順手牽羊，沒有任何情面可講。本來嘛，一切向錢看，保姆又不是你的家人。想起貼身丫鬟精心侍候主人的故事，大概是電視劇的胡編而已，不敢讓人相信！

　　家中有頭腦不清楚的老人自然管不住保姆，但對於頭腦清楚的老人，保姆就說老人搞不清楚、瞎胡鬧，這樣的工資到哪裡去找保姆。

　　保姆的工資分明暗兩部分，除了擺明的工資，另一部分就是

暗工資，保姆說了算。每天買菜揩油從幾元到十幾元不等，長年累月老人付出了不少買菜錢，但就是營養不良沒有好菜吃，保姆反過來對子女說老人「太摳」。就連幫老人到醫院開藥，保姆也要順帶一份藥倒賣給街邊藥販，老人不敢言語，不然下次保姆絕不會幫你去醫院排長隊開藥，反正公費醫療保姆也要享受。

一到過年，是保姆要脅主人狂加工資的好時機，這個時機因為保姆市場清淡，過年除了要給住家保姆3倍工資外，子女還要給保姆送禮，這是不成文的規矩。如果不願意，保姆就走人，扔下老人不管，儘管過去有過口頭協議也不認帳。

這個時期也是保姆仲介賺錢的最好時機，趁機挑動保姆離開東家，承諾幫助找到好工作，於是又可以收取一筆仲介費。過年前夕，也是保姆「罷工」的好時機，因為市場稀缺所以毫無畏懼，不洗菜、不燒飯，等著老人答應增加工資。一旦工資定下後，就不能改變，以後順順利利拿到5000元一個月的高工資，就連普通上班族也付不起保姆工資。

保姆拿暗工資的手法多樣，除了克扣飯菜錢外，另外，比如買雞蛋買了25個，硬說是買了30個，把上次沒吃完的5個雞蛋充了數，儘管明顯地能看出是兩種不同的雞蛋，但你又能說什麼呢？子女拿給父母的兩大包新鮮幹肉皮，沒過幾天，保姆對老人說：「肉皮壞掉了，只能扔掉。」難道子女也搞不清楚，存心給父母吃壞掉的東西？根本不可信。

小拿小鬧不必斤斤計較也就算了，出了工資還得求保姆好好照顧老人，保姆表面答應，腳頭卻勤快的很，要做事的時候，卻

往往不見了保姆的身影。對於行動不便的老人，需要幫助大小便的時候趁機能溜則溜，把一切髒事情留給還能做得動事的配偶老人。

現在的保姆都按同鄉結幫成派，今天，我把東家的東西販賣給你的東家，明天，你把你東家的東西拿給我，向我的東家收取菜錢，不然就免費提供給附近的親戚，親戚們也可以省去一筆菜錢。這樣的手段，老人和老人子女心知肚明，又該如何？

工作不到兩個月，保姆就要漲工資，漲工資的速度大大超過工薪族。加上工資後本以為保姆會變得「廉潔」。但是，恰恰相反，老人輕易答應加工資，說明老人手頭還有錢，要脅老人的手段變得更加變本加厲，誰叫你年齡大離不開保姆呢？子女的工資也是保姆關心的要素，老人退休金不夠子女貼吧，不然就是不孝，要麼子女你自己辭職來照顧父母。子女退休年齡逐年要延遲，更加沒有時間，今後自己的養老生活怎麼辦，沒錢能養老嗎？政府能管得了嗎？這麼一個人口大國。

知道東南亞保姆相對口碑較好，工作勤奮，循規蹈矩，工資合理。為什麼不能進行勞務輸入，以解決大陸保姆市場的亂象呢？雖然，引進東南亞保姆，會有些語言溝通上的障礙，但這對亂象的大陸保姆市場也是引入了一種競爭、規範的機制。但如果真的引進也不知道東南亞保姆在大陸保姆市場亂象的染缸中是否能保持本色。

賣掉房屋把老人送到養老院，父母如果同意，這倒也是一個養老途徑。但以房養老也要規範，不然，人還沒走，錢已用

盡，養老院叫你走人又該如何？養老院不僅難入，而且價格更昂貴，行動不便需要真正照顧的老人還需加收一筆不少的護理費，還不知道子女不在身邊服務是否到位。養老院大多遠離市區工作場所，常回家看看更成了奢侈。父母一旦生病，養老院一個電話打給子女立即趕過去，日常配藥還是要子女操心，下班後扔下一切，必須趕到交通不便的郊區送藥。養老院虐待老人的事件也是常事，前不久新聞還報導了養老院因為拖欠工資，導致雇工報復殺害老人事件。

對於亂象的大陸保姆市場，加拿大的養老模式也許值得借鑒。在加拿大養老大致分三種：一是居家養老，二是老人公寓，三是養老院。居家養老需要自雇24小時工作保姆，保姆有最低工資水準線，屬於低工資收入階層，但服務認真周到，是一份社會認可的不錯職業，但對雇主來說，自雇保姆也是一筆可觀的付出。對於真正需要照顧的老人，政府也會出錢購買服務，服務人員每天上門一小時服務，包括打掃衛生、幫老人剪指甲、按摩等。老人也可以自雇鐘點保姆，每小時大約14加元左右。因為加拿大住房條件寬敞、環境整潔、飲食方便，所以許多老人也喜愛居家養老。二是老人公寓養老，老人可以出售房屋，搬入老人公寓。進入老人公寓就像進入了賓館，公共設施健全，三餐及打掃除了休息日外全部提供，對行動方便的老人是個不錯的選擇。三是對需要24小時全天候照顧的老人採取養老院養老，一切託付給養老院，包括人性化護理、沐浴、體能訓練、外出活動、醫療、臨終關懷等服務，理髮、洗衣服務則另外要收取一些小費用。加拿大

養老院有醫生專門上門檢查、配藥。老人生病，醫療免費，養老院包辦一切。癡呆老人不用擔心飯吃不飽，有人耐心餵飯。養老院最低只收每月2000加幣，一人一房或兩人一房，一般老人都能夠承擔，如實在不行政府補貼，專業護士護理老人熱情周到。

加拿大老人養老問題管理周密，不需要子女操心，平時去養老院多看望老人本身就是一種「孝」的表現，如果工作在別的城市，也完全沒有必要擔心老人養老問題。老人的養老情況養老院會及時與子女溝通，包括老人跌倒、醫生更換老人藥物等也會電話通知到子女。流感期間進入養老院要注意戴口罩、消毒雙手，帶老人出門需要家屬簽字確認等。

在加拿大，老人自己或政府承擔養老問題，子女大可放心工作，同時享受屬於自己的一份生活，也不用擔上「不孝」的罪名。這樣的社會制度簡直是天堂，人人羨慕，移民也只是為了將來能夠擁有一份這樣的生活，不然，誰肯背井離鄉？但是，話又說回來，比上不足，比下有餘，能夠生活在沒有戰爭的國度裡已經是很幸福了，能夠請得起保姆也應該知足了。加拿大政府和納稅人也夠冤的，為了人道主義必須接收難民和移民，接受了移民就要給你這樣一份有尊嚴的養老生活，不管你對加拿大有沒有貢獻。接受了難民，就要承擔這些難民是不是素質低下、心理不平，就像是最近德國發生的難民性侵婦女事件，這些難民會不會成為將來的「恐怖分子」？怪不得加拿大要趕緊修改移民政策，養老問題其實也成了全世界的困惑和難題，還是少接受點難民吧，不然的話，加拿大也真的要給養老問題拖垮了。

第六章　生活實錄

加拿大醫療手術見聞

　　許多人移民加拿大，是因為加拿大具有最完備的社會保險福利，其中也包括加拿大完備先進的醫療保障、人性化的醫療服務體系和先進的醫療設備。加拿大醫療服務體系是社會福利的一部分，對65歲以上老人，幾乎採取全免費的方式。加拿大免費醫療保健體系是一個非常複雜和龐大的工程。

　　初觀加拿大的免費醫療服務，有許多與國內不相同的地方。加拿大的醫生大多私人開業，按接待病人的時間長短收費，有專門的醫生協會組織和管理。加拿大的醫生大致可分為家庭醫生和專業開刀醫生兩類。牙醫是另外一個體系，除此之外，教學醫院中還有實習醫生服務。要成為北美的醫生，不是一件容易的事。一般開業醫生必須在大學中平均學習8年時間，其中4年是基礎，在4年學習過程中，只有平均成績90分以上的學生才能進入醫科學習。畢業後，要考取行醫執照並在教學醫院至少實習兩年，才能自行開業成為家庭醫生。如要取得專業開刀醫生資格，必須再學習兩、三年，要成為北美教授級醫生必須是博士畢業。在加拿大醫科大學中，即使成績再優秀，基本沒有跳級機會。所以，要

在北美成為教授級醫生大致要學習13年時間。

　　加拿大家庭醫生的平均年收入，大約在10萬加元左右，專業開刀醫生年收入可高一些，但高於30萬加元，政府收取全部稅收。正因為這個原因，加拿大醫生一般不收多餘的病人，並每年按時休假。同時，許多加拿大醫生離開本土，到鄰國美國去謀生，在美國一個專業醫生收入要高於加國。不要以為醫生收入可觀，私人開業醫生租診所和購買保險是一筆很大的開銷，一旦手術遇不可測原因，病人打起官司來，醫生不但會失去名譽、甚至可以傾家蕩產。所以，加拿大醫生對自己沒有把握的手術，會介紹給其他醫生，難度很大的手術，一般有教學醫院許多醫生商討後進行。

　　加拿大醫生的診所不設在醫院，病人手術做完後，全部交給醫院護士護理。在加拿大，護士的工作非常重要，工作性質基本上像是國內的住院醫生，年收入大約在六、七萬加元之間。護士是政府醫院的雇員，屬於護士協會管理，所以，護士有罷工的權利，但即使罷工，也不影響醫院的正常護理工作。

　　在加拿大做手術前，所有例行身體的檢查，一般在院外一周前完成。有醫院的醫技人員負責檢查身體，完成B超、心電圖和抽血等常規檢查。手術醫生開完刀後離開醫院，如遇特殊情況由護士通知醫生。病人住院一般兩、三天，醫院免費供應三餐及所需品，一般手術醫院不允許家屬陪夜。如產科孕婦生孩子，不但家屬可陪夜，同時，配偶可進入手術室親眼見醫生剖腹產手術。加拿大醫院病房一般是雙人房，手術後吊針一至兩袋鹽水。醫院

出入口有消毒酒精和免費一次性口罩供家屬使用，進出病房時提倡最好消毒雙手，家屬感冒時見病人要帶上口罩。病房注意病人隱私，護士清潔病人身體時拉上布簾，必要時要請家屬離開病房，不得隨意打聽別人疾病。

如需做門診手術，病人檢查完身體後，由專業醫生施行手術。手術結束要等病人麻醉醒後，家屬才能入內見病人。麻醉病人蘇醒後不能駕車，醫院負責聯繫病人家屬送病人回家。回家前，醫院護士為病人準備好導尿管、清潔傷口用品等讓病人帶回家，並負責用輪椅推送病人上車。回家後，醫院護士不再負責家庭護理工作，由家庭護理人員免費上門清潔傷口、拔去導尿管等，並每天打電話詢問病情直到病人康復。病人也可隨時聯繫家庭護理護士，用不完的醫療用品、器械等醫院不再收回，造成了一定程度的浪費，沒開過封的醫療用品，病人如果願意，可以試著送回醫院。

如遇急診可立即到醫院，醫院每天24小時為急診病人服務，並配有值班醫生。急診可聯繫救護車，加拿大救護車上有急救設備，擔架可機械化操作。如遇車禍骨折病人，上擔架後，先要固定好身體骨骼才搬動病人，不知情的人會以為救護人員動作很慢。急診有當班護士預檢後分三類：嚴重的病人醫生才優先處理。一般像劃破手指之類，護士處理後急診最長也要等三、四個小時才能見醫生，醫生檢查後開出處方，病人才能去藥房購藥後回家。門診手術及一般常規手術，要等待3至6個月時間，在加拿大就診必須先見家庭醫生，如需要才能見專科醫生。沒有醫生的

預約，常規疾病沒處看，在加拿大就醫不像國內任何時候，都能選擇合適自己的醫生。加拿大免費醫療的背後，是看病難、安排手術檢查等速度慢、醫生資源不豐富。

方寸之間的民生實事
——體驗加拿大的廁所與文明

　　在現代人們的生活中，很少會有人去想到廁所與現代文明及文化的關係。隨著物質文明的高度發展，人們普遍關注的是食物的合理、營養與健康，為此，產生了許多具有各國民族特色的餐飲文化，我們也把它叫做食文化。但是，人們除了吃、喝之外，如廁也是人類的一大生理需要，方寸之間以小見大顯文明。隨著現代精神文明的高速發展，各國的如廁習慣、廁所文明、廁所設施等，也成了衡量一個國家是否真正強人與文明的標準。

　　在中國物質文明還沒有高度發展的七、八十年代，中國家庭如廁是一個大問題，家庭中沒有像樣的衛生間，也沒有現在的抽水馬桶。農村更是困難，蹲坑就是形象地描繪了當時農村人如廁的情況。記得小時候出去旅遊，最受不了的是如廁問題，內地農村大多蹲坑，對年紀大的人來說，根本蹲不下去。小孩子一不小心，也會掉入坑中。有時，廁坑周圍還有叫人噁心蠕動的蛆蟲，嚇得你毛髮直豎。即使城市中有公共廁所，也非常髒、亂、差，並且臭氣沖天。

　　八十年代初，第一批中國留學生到海外打工，許多人非常羨

慕日本的廁所文明，據說，那時候的日本公共廁所非常乾淨。許多清潔廁所的日本婦女，雙腿跪在地上認真、一絲不苟地打掃廁所，廁所中根本沒有異味。許多留學生根本想像不到，異國的廁所文明，已發展到比自家的住房還要乾淨。

改革開放後，隨著中國的快速發展與對外交往，廁所問題漸漸得到了重視。最初，國內提供如廁手紙和洗手液的是肯德基、麥當勞及星巴克這樣的外資餐廳及高級賓館，相信這也是一種外來文化。美國華文報紙曾經披露中國的公共廁所嚇走了外商，丟了400萬美元的生意。如今，發達的城市高級賓館及餐廳中，廁所設施已得到了改善，包括已有了手紙、自動烘手機、洗手液和感應龍頭等，並且，廁所設備也乾淨整潔。

但是，就像中國發展普遍不平衡一樣，廁所問題也是發展不平衡。在國內，就是像上海這樣的大城市，出門也千萬不要忘了帶手紙。因為，上海許多公共廁所中，沒有手紙供應、沒有洗手液，也免不了有異味，甚至看到馬桶坐板上有贓物，也會有不抽馬桶之類的事情發生。這些都體現了一個民族的發展，還遠遠沒有達到真正高度精神文明階段。在中國不平衡地發展物質文明的同時，如廁問題是小事、也是大事，從中可以看到一個國家和一個民族，是否真正具有文化底蘊，真正符合具有上下五千年文明歷史的國度。

在加拿大這樣的西方國家中，如廁文明已高度體現在公民的公共道德標準中。加拿大的公共廁所中，都有免費手紙提供，從來沒有見人浪費廁所中的手紙，更沒見人把公共廁所中手紙拿回

家使用。如遇廁所中擁擠，如廁者也會排隊耐心等候，並保持廁所清潔，方便下一個人使用。也沒見等不及上廁所的孩子，在公共場所到處亂大、小便。

與中國廁所經常見人打掃相比，加拿大的廁所白天並不見有人經常打掃，但至少罕見異味。加拿大商場、餐廳中的公共男女廁所，分別用穿裙子女子圖案和穿制服男子圖案標明，並有輪椅車標誌，標明殘疾人可進入使用，使人一目了然。為了節約成本和環保，廁所中的手紙雖然很薄，但也能基本保證客人的如廁需要。加上加拿大的廁紙，因為沒有任何添加劑，可完全融於水，所以，不擔心馬桶堵塞問題。最重要的是廁紙純天然，對皮膚無害，不用擔心廁紙帶有許多螢光粉。洗手液、洗手盆前的鏡子及廁所中的掛鉤，也是公共廁所中必須具備的。同時，為了方便殘疾人與老人的如廁，專門設立供殘疾人和老人使用的廁所空間。這樣的廁所空間中，不但有供老人如廁時需要的金屬拉手，而且如廁空間也比一般廁所空間要大，便於兩個人同時可進入，幫助老人如廁，或便於殘疾車進入。更想得周到的是，這兒的廁所還專門為嬰兒換尿布，設計了換尿布的空間。嬰兒可以平躺在一個類似小床的桌子上，讓家長方便換尿布。有時，也見廁所中有投幣出售嬰兒尿布、婦女用品等。

加拿大的公共廁所中已淘汰蹲廁設備，這種蹲廁方式不利於老人如廁，而且，加拿大人一般比較肥胖，蹲廁比較困難。這裡的廁所中抽水馬桶的型號有時比國內大，而且如廁空間也大，這種符合人性化的廁所設施，正體現了加拿大的文明程度。一般加

拿大人在公共場所、或與人交談時，如需上廁，起身站立時也不會忘了說一聲：「Excuse Me」（請原諒）。如遇公共廁所暫時不能使用，告示大都是這樣寫著：「對不起，該廁所不能使用，將於某時某刻恢復使用，在這段不方便的期間，請您到某某地方使用，我們知道這會給您帶來不便，在此表示歉意。」

在加拿大，不管城市還是小鎮，一般商場和餐廳大多有廁所，基本不會出現如廁困難。大型活動場所，或建築工地、鄉村高速公路，為解決如廁困難，有一種專門移動簡易廁所。在這種廁所裡，馬桶中用專門化學成分化解穢物，由於有的移動簡易廁所沒有供水設備，一般不敢保證十分乾淨，但至少解決了如廁問題，不至於使人到處亂大、小便。更先進的是：加拿大的長途汽車中，也設有公共廁所。加拿大人假期出遊時，有的家庭還有房車，房車中也設置了簡易衛生設備，不光有馬桶，還有洗手水門等衛生設施一應俱全。

加拿大中產階層家庭衛生間中，還普遍有衝浪浴缸，這在北美這樣高度發達的國家中也不是一件新鮮事。近來，北美一場廁所文化的變化正悄然掀起，家庭中的廁所越來越豪華。常備的有超大衝浪浴缸，另還備有桑拿浴房。馬桶帶有沖洗的設備，馬桶蓋可加熱，廁所內還可裝有環聲音響和電視。雙座馬桶正在迅速普及，馬桶間與整個廁所間分開，廁所裡的馬桶室還有小洗手池和儲藏櫃。

形形色色的廁所，折射出各個國家不同的觀念和文化，形成了不同的「廁所文化」。世界上有一個專門的「World Toilet

Organization」（世界廁所協會），這個協會在各國從事廁所及廁所文化的研究。其實，改善世界各國的廁所環境，也是一個關係民生的重要問題。正因為這樣，「世界廁所協會」在世界各國設立分會，組織各會員國互相參觀，以改善和提高各國的廁所設備與環境。

加拿大寧靜、愉快的大學生活

加拿大的大學生活，不同於國內的大學生活。在國內，為了準備高考入大學，每一位考生及家長都十分焦慮，為了保證孩子能考上一所好大學，學生們起早摸黑複習功課，重點中學的學生們更被關在學校裡不能回家。孩子們失去玩樂時間，爭分奪秒地爭取拿出出色成績完成高考。有的重點中學學生早上4點起床，為了不影響其他學生而把自己關在廁所裡攻讀，爭取好成績。一旦考上重點大學，就意味著有好的職業和前途，家長們也會放心，不用負擔孩子以後的生活。

在國內，家長們一切為了孩子轉，為了孩子的功課，家長們甘願做牛做馬，幫助孩子料理家務。孩子進入大學後，家長還要為自己的孩子鋪床、洗衣，真是可憐天下父母心。與國內不同的是：北美的學生比較獨立、善於思考和創新，並能儘量不依靠父母，而獨立完成大學生活。

當然，北美大學的設施和設備，遠比國內要先進。北美的教育理念，是非常獨立和先進的，從小要培養孩子獨立與創造能

力，同時，培養他們的團隊精神。北美小學和中學是基礎教育，並不主張人人過關上大學。北美的學校有多重選擇，孩子們可以根據自己的意願選擇學校。畢業後，也可以從事藍領工作，這也是一種不錯的選擇。家長們也不是人人望子成龍，而是注重孩子個性、獨立思考能力的培養；比較寬容自己的孩子、不給孩子更多的壓力，因此，在北美不會出現人人考大學過獨木橋的場景。

北美大學有私立和公立之分，私立大學的學費非常昂貴。北美的大學實力很強，教師必須是博士以上學歷。北美大學沒有圍牆，實行全開放式，學生宿舍不光乾淨整潔、還配備簡單家具，而且，有設備齊全的衛生間，學生生活設施一點不差。由於學生宿舍是單人間，所以，學生可以安心學習，也不會影響他人。學校有電視室和功課討論室供學生使用，還配備簡單廚房用具：如電烤箱和微波爐。另外，設有投幣洗衣機和烘乾機，供學生自己洗衣。除此之外，學校有食堂提供三餐，許多不同的食物，可供學生選擇。學校環境優雅，有開闊的綠地和整潔的車道，也有運動場所和大小不同的教室，教室內燈光明亮、沒有嘈雜聲干擾學生學習。

加拿大大學學習生活是很緊張的，北美許多大學實行淘汰制，學生成績不過關是不能畢業的。北美大學注重培養學生動手能力，課堂上，學生不光是聽眾，而且是教學的參與者，常常與教師們討論、爭辯某個問題。北美教育從來不主張權威觀點，從不禁錮學生的思維方式，也從不抹殺學生的創作思路。學生們在課堂上發揮主觀能動性，提出自己的獨特觀點，正因此在北美接

受的是人人平等、大膽創新和發散性的思維方式，因此，北美大學培養出來的學生，更敢於挑戰權威，也更具有社會責任感。

　　加拿大大學學習生活雖然緊張，但也舉行各種活動，培養學生興趣愛好，可供學生課餘參加。許多大學都有自己的足球隊、樂隊、話劇團等，代表了學校的實力和水準，學生們不光在學校接受正規教育，而且也接受不同興趣愛好的訓練。學校放假期間，學生還外出打工，為自己掙學費，同時也接受社會化教育。如果，將來畢業後，要尋找一份好的職業，社會經歷也是一項重要的依據。所以，學生們一方面在學校接受高等教育；一方面也開始真正接觸社會。北美大學通過這種方式，不光培養學生獨立生活能力，而且培養學生們的情操、助人為樂的精神和社會責任感。只有這樣，才能真正培養出優秀的人才，而不是光會啃書本的書呆子。

　　加拿大大學，還十分注重學生個性及能力的培養。特別優秀的學生，學校可以採取加課、加學分的措施，學生在大學學完一年後，可以根據自己的要求，選擇專業學科或者轉入其他系學習。總之，一切有利於學生的個性發揮、自由選擇，也沒有填鴨式的教學，沒有分數的歧視、沒有教師和家長的壓力。學生們按照自己的方式接受教育，學校為學生保證學習環境和學習設施，教師是大學學習生活的引導者，學生自己才是大學學習生活的主人。當然，進入大學學習後，也不保證將來一定有一份好工作。所以，北美大學的學習生活，仍然屬於基礎高等教育的一部分。如果成績優秀，可以進一步深造，要成為一名專業開刀醫師，必

須經過至少8年的教育，其中4年基礎教育、4年專業教育，要成為優秀教授級專業醫師，算下來，至少要接受平均13年的教育，直到醫科博士畢業。

　　儘管如此，加拿大大學生活還是充滿活力，學生們有充分的休息時間和打工時間。有的學生利用假期，進行旅遊打工、參加社會活動、加入志願者隊伍。這些社會活動經驗，培養了學生們的社會交往能力，幫助學生儘快完成角色轉變，可以更快地融入社會，使他們成長為社會有用人才。社會教育是加拿大大學的教育模式、也是整個北美教育的模式。北美大學非常重視畢業典禮，畢業典禮可以邀請家長參加。這一天，學生們穿上學士袍、戴上學士帽，在校長的主持下，參加隆重的典禮。畢業後，從此走上社會，展開人生新的一頁。

加拿大汽車修理技工學校

　　在中國國內，學生初中畢業，可以選擇進入高中學習，為上大學作準備。當然，也可以選擇直接進入技工學校，畢業後找到一份合適自己的工作。現在的中國大城市，許多父母不惜花費一切代價，萬人過獨木橋，想送自己的孩子上好的大學，沒有人願意自己的孩子做一份藍領工作。殊不知，如果藍領工人技術過硬，其工資比大學畢業生要高出許多。過去藍領技術工人，用幾級工來劃分等級，表明其技術水準。

　　在加拿大這樣的國家裡，一名工程師首先要學會藍領工人所

有的技術，並要求能經常下廠房指導技術，才能夠成為一名合格的工程師。加拿大的藍領技術工人尤其重要，許多工廠中藍領技術工人是主力，有的藍領工人有大專文憑，並且工作穩定。而工程師與藍領技術人員在工廠中的區別，也就是工程師多做一部分管理工作，有自己的辦公室。但也必須每天穿好安全服、帶上安全帽進出車間，檢查並指導工人操作。正因為加拿大藍領工人技術水準比較高，所以才能操作先進的現代化機器、儀錶設備。

　　為了培養合格的藍領技術工人，加拿大有些中學附設了技術學校。技術學校有專門的教師負責教授技術，不影響學生正規的中學階段學習。與國內不同的是，這兒技術學校是供中學生假期或課餘學習技術，相當於國內的職業技工學校，但這兒的學習完全是由學生感興趣自由選擇，還可以深造。技術教師要求有一定技術執照，並達到中學教師要求，授課地點也在學校附設的維修車間，教師在期間當場指點。我參觀過的中學附設汽車修理車間，還接受為顧客修車項目，一方面可以利用眾多顧客的汽車，方便學生學習修理；一方面還可以有一些收入支撐學校開支。對顧客來說，在學校修理廠修車也比一般修理廠便宜，對修理難度較高的車，由教師指導修理，這就是為什麼教師也需要有一定的技術證書。在學校的修車車間學習，以假期學生較多，對比較富裕的家庭來說，也不在乎省幾個錢，而把自己的車送到學校車間。所以，正式的修車工廠也不會失去生意。

　　學校的修理車間，完全像是一個小小工廠，裡面有修車必備的機械、儀器和儀錶，以及氧氣瓶等專用於修理汽車的設備。除

了修理汽車之外，修理車間還負責修理一些小的舢板船，學校也有一些舊車，供給學生學習練習修理，還有一部分配件供修車使用。修理的車也多種多樣，各種款式應有盡有，其中也不乏老爺車。據說，這種舊機械設備的老爺車修理反而比較容易，現在的車中安裝了電腦操作設備後，修不好的部件只有整體換掉才能解決問題。當然，修車還包括油漆、電焊車身等技術的學習。修理車間沒有教室那麼乾淨和整潔，教室裡用來當場對學生講解和的黑板，也被放在小小修理車間中，黑板是教師簡單講解圖示的地方。有時，也黏貼一些有關汽車的結構圖示等圖片。

在學校修理車間，有千斤頂幫助托起汽車，便於汽車底部修理。也可見學生或教師平躺在滑板車上，在汽車底部轉來轉去，檢修車底和車身。學生修車時，教師一般不大動手，只見學生滿手油膩，摸索熟悉汽車構造。其中，也不乏女學生學習修理汽車。當然，學校汽車修理車間的安全設施是很到位的，有專門的一次性手套、安全的操作工具、轉動的座椅和結實的千斤頂。加拿大的技術學校，對培養學生機械的愛好和動手能力是十分重視的，而且在加拿大，也不會有家長硬逼孩子上大學、當白領。其實，因為勞動力的匱乏，藍領技術人員在加拿大是很受歡迎的。並且，一旦掌握像修理汽車等這樣的技術，在日常生活中也是很派用場的，可以節省一筆日常修理開支。熟練的修理工可以建立自己的修理車間，為以後的就業打下基礎。

在北美國家中，動手能力的培養非常重要。有時，也見一些大學教授白天在課堂上講課，回到家後換上工作服，躺在自家車

庫中、弄得滿身油膩，自己修理車子和整修房屋，根本看不出大學教授的身分，完全像一個機修工。其實，無論是教授還是技術工人，動手能力一樣重要。中國不缺乏高級科技人才，但就是缺少高技術的藍領人才，要改變這種現象，不僅需要家長、學校和教師配合鼓勵，也需要社會的認同。同時，也應適當提高藍領人才的收入，使藍領人才的收入，與他們的技術等級相配套。

加拿大半日軍營體驗活動

加拿大的Air Show向來十分受人歡迎。Air Show向世界各地的觀眾們，展示空軍戰鬥機、教練機、救援直升機、降落傘起跳、警犬和各種各樣的軍營活動。每隔兩年的5月底或6月初，安大略省的皇家空軍基地，迎來了世界各地的觀眾，參觀軍營並與士兵們一起體驗加拿大半日軍旅生活。

軍營對外開放的那一天，觀眾們排著長隊，接受安檢後進入軍營。孩子們興高采烈隨著大人品嘗免費蛋糕、糖果和爆米花，並得到一份軍中免費禮物。場地上，軍人們穿著整齊站在臺上，為觀眾奏響軍旅音樂。軍人們在不停地忙綠，為來自各地的觀眾服務，出售包括軍帽、軍服等軍營用品，接受觀眾拍照，引導觀眾進入戰鬥機參觀，並為觀眾耐心講解軍事知識。

戰鬥機中，有為士兵專設的紅色特殊座位，為防止空中飛行時降落傘的移動，地上佈滿掛鉤。在這樣的戰機上，士兵們訓練跳傘、並救護傷患。機中有橡皮人模型，躺在擔架上，臉上套著

氧氣罩，供觀眾參觀並提問。好奇的觀眾們輪流進入機艙，坐在駕駛座上，體驗飛行員的經歷。軍人們帶著自己的孩子和家人，與觀眾一起參加軍旅活動，體現真正的軍民魚水情。

地面上，共有大小不同的四、五架戰鬥機提供參觀。有空中軍用巴士、空中加油機，還有一架黃色的救援直升機，觀眾們可以進入駕駛艙拍照。救火車及全副武裝的軍中警察，駕著摩托四處巡邏，保證著活動的安全。午飯期間，軍人們還在不斷地為觀眾燒烤著熱狗和漢堡出售。一隻警犬穿著制服，懶洋洋地躺在地上，對逗著它的觀眾不理不睬。

下午一時，飛行表演正式開始，有來自魁北克省和渥太華市的皇家戰機參加表演。最使人感興趣的是一架1940年的戰機，這架由美國製造的戰機，參加過二次大戰與德國戰機的作戰，如今，被一個愛好戰機的私人收藏家買下，並駕駛戰機參加活動。黑色的快速戰鬥機在空中呼嘯而過，帶來陣陣刺耳的聲音。戰機在頭頂不斷地盤旋、超低空飛行，傘兵們手中舉著加拿大國旗從天而降，伴隨著加拿大雄壯的國歌，人們全體立正向軍人們致敬。當地官員在臺上向軍人表達謝意，並向觀眾介紹當日飛行展示活動。

展示飛行活動中，有一架黃色空中救援直升機，也參加了表演。救援直升機上，飛行員穿著橙色的救援服，在直升機上表演空中救援。只見地面上升起橙、藍兩股煙霧，在煙霧指引下，直升機找到目標直飛過來，打開艙門在空中停留，片刻後放下纜繩，地面受傷者在救護人員幫助下，被綁上擔架，由纜繩拉入直

升機，直到完成空中救援。機上救援人員，再一次打開橙色降落傘，為觀眾表演救援人員落地救護。

兩小時的飛行表演，在不知不覺中很快結束。士兵們高超的飛行技術表演，體現了加拿大皇家空軍的空中作戰能力和救護水準。兩人座的教練機也參加了當日的展演，年輕的學生兵們身著淺藍色軍服，隊伍整齊地出現在人們面前。夏季，由政府提供經費，學生們可以入軍營，真正體驗一段軍旅生活。養兵千日用兵一時，士兵們在平時的作戰訓練中一絲不苟，軍旅生活是加拿人人的喜愛和自豪。

常常聽說：在加拿大有錢人喜歡買私人飛機，並可以在空中自由飛行和進行跳傘活動。其中，也包括一些上了年紀的老頭、老太愛好飛行和跳傘活動，真是人老志不老。為了實現自己的飛行夢想，也有年輕人專門到飛行學校去學飛行，然後駕著飛機上藍天。加拿大人的動手能力很強，飛機上的各種儀錶設備非常複雜，但許多人不光會飛行，還會修理飛機。許多加拿大女性，像男士一樣也愛上了飛行，由於這個原因，加拿大皇家空軍中也有不少女性飛行員，真是巾幗不讓鬚眉。看來，在加拿大的飛行活動，已不僅僅是軍中專利，也成了加拿大飛行愛好者的一項特殊運動。

加拿大的老爺車Car Show

加拿大的老爺車Car Show，其實是一個經典的老汽車展。在這裡展示的不是時髦的新車，而是五、六十年代和七十年代的

老車。老爺車這個名字，最早出現在英國1973年出版的《名人與老爺車》雜誌上，一般是指二戰前製造的老車。最早的車大致生產於上世紀二十年代，大致分為：1）古董車（Antique），即1930年之前的所有汽車；2）量產車（Production），即1930年之後的所有汽車；3）古典車（Classic），即1930-1948年所產的非常優質的汽車（Exceptionally Fine Car）；4）威望車（Prestige），即1946-1972年的優質汽車；5）限量車（Limited Production），即二戰後少量生產的特殊興趣（Special Interest）汽車。當然老爺車展中，還包括許多後期限量仿造的拷貝經典車。老爺車展最早的舉辦者是一群愛好老車的俱樂部成員，只要你家中有老車，都可自由參展。車展上，一些老車還可以經過眾人推薦獲獎。加拿大夏季的小鎮上，幾乎每個週末都有輪流的小型老爺車展。

不要以為這些老車非常破舊，經過整修及保養，你根本看不出這些老車的破舊，相反由於主人對老車的精心愛護，老車往往比新車還要保養得好。

與我在上海看到過的時髦新車展示不同，加拿大的老爺車Car Show不是一個推銷展，很少有人在車展上出售自己的老車。比起新車來，老車的外部結構和色彩更加豐富有趣，各種各樣形態的車擠在Car Show中，讓人別有一番感歎。

加拿大人對老車的愛好，達到了癡迷的程度。我的先生談起老車來如數家珍，他自己就有一輛1976年的El-Camino老車。

其實，保養好老車還要花費不少的功夫，為了替換老車已

經破舊的部件，我先生總是上網查找購需要的部件，有的甚至要從美國郵購來。花在老車上購買部件的開銷不小，也花費了許多時間和精力，但我先生樂此不疲，開著老車在路上，有人高喊：「El-Camino！」常常會使我先生感到驕傲。

　　許多老車已經是絕版了，但在現代生活中，使用起來倒覺得不太方便。就說我先生的El-Camino，車門非常重，保險帶也不靈活，每當他駕著老車出門我就頭痛。

　　如果沒有老爺車Car Show，我可能看不到各種各樣的老車。有趣的是：這些老車有時還包括了救護車、軍車甚至殯葬車。我對汽車的知識知道的不多，這是因為我在大上海從沒摸過方向盤。所以在車展中，也只好像劉姥姥進大觀園那樣懵裡懵懂。

　　伴隨著汽車展覽，還有一些汽車舊部件及雜物出售。對我來說，這些舊玩意簡直就是一堆垃圾，但我先生卻如獲至寶，總是不空手回家。

　　加拿大人的動手能力很強，我先生得到這些舊部件後，自己加工維修拼裝老車，他的老車保養得非常好。

　　加拿大最大的老爺汽車展，要數一年兩度6月及9月在Barrie Automotive Flea Market的汽車展了。汽車展上往往人丁興旺，有不少從很遠地方趕來的參觀者，帶動了當地旅遊旅館業的興旺。

　　在北美，很少有人駕駛豪華車。一輛年代久遠的絕版老車，價格要大大高於一般新車。加拿大的許多男女老少，都是老車的愛好者。這種對老車的懷舊心理，在老爺汽車展中可見一斑。

加拿大小鎮上的街邊市場

　　加拿大的夏季，是街邊市場最興旺的季節。街邊市場，也就是上海所說的馬路菜場。加拿大小鎮上的街邊市場上，當地居民出售自家種植的農作物、水果及一些自製的瓶裝調料、蜂蜜等。小鎮街邊市場上的農作物，比超市中有特色、新鮮得多，是比較環保的作物，很少使用農藥與催熟劑。街邊市場上的草莓，大小一致、色彩暗紅，而超市里的草莓，個大不均、而且紅色，一看就知不是環保作物。

　　小鎮上，每個週末都有小型街邊市場。同時，為了吸引路人的注意，往往有吉他手配合彈唱。從價格上來講，街邊市場的農作物價格要比超市貴。自製的家庭調料，在超市中是買不到的，配方也是不公開的。加拿大超市中，調料雖然多種多樣，但街邊市場上，家庭自製調料卻非常有特色，各有各的味道，物有所值，對當地人來說也是多了一種食物選擇。

　　加拿大小鎮上的街邊市場，不是一種亂設攤。它是有嚴密管理的，要設攤必須交一定的攤位費，並在指定地點設攤。攤位上的農作物，不一定會出售得非常好，街邊市場的競爭性也很強，只有特色產品才受到青睞。

　　街邊市場中，從沒看到過肉、禽之類出售。而上海的馬路菜場上，你大多能買到新鮮活殺的禽類及魚類。也正因為如此，上海的馬路菜場也就沒有加拿大的街邊市場那樣乾淨整潔了。

對於上海的普通工薪家庭來講，去馬路菜場買菜，價格低於超市、而且新鮮。選好魚類和活禽後，攤主免費給你活殺。活殺的禽類，在加拿大是看不見的；活殺的魚類，在大城市的中國超市中才能看到。

　　加拿大人的主食非常單調，西人超市中國農產品很少，能夠選擇到的農產品品種不多。但是，在小鎮的街邊市場中，可以買到韭菜、蒜苗這樣新鮮的中國蔬菜。

　　如果，要想讓餐桌上的農產品豐富起來，只有在自家的後院，闢出一塊地自己種植農產品了。但是，加拿大的寒冷天氣實在太長，種植農作物也不是一件容易的事情。像我這樣的懶人，只能種種韭菜之類，不需要花費多少勞動，夏季也能吃到不少新鮮的韭菜。

　　加拿大當地人都喜愛在自己後院種植，並不是要依靠種植生活。這些「農夫」往往有一份體面的工作，種植只是業餘愛好罷了。加拿大人的種植經驗，當然超過我這樣從大城市來，從不知道怎樣種植農作物的人。但我也知道，許多從中國大城市來的新移民，也開始學會在自家後院種植農作物了。

　　在上海這樣的大城市，工作競爭激烈。回到家後，幾乎懶得動，上海工薪階層住在高樓大廈中，也沒有種植農作物的條件。現在，倒是上海一些住在別墅中的富人，有機會自己種植農作物。自己種植的農作物，就是為了吃得放心。

　　初到加拿大，以為這兒的食物，安全係數一定很高。看到超市中出售的蔬菜，整理得很乾淨，放在塑膠包裝盒中，當地人

連洗都不洗，就生伴沙拉。而我在上海時，對蔬菜一定要洗很多遍，並且在水中泡15分鐘，才肯下肚。時間久了，我才知道加拿大的農作物也是要下農藥的。超市中，只有標明「Organic」物品才是比較安全的，當然，價錢也要貴的多。

在加拿大小鎮街邊市場上，買到的蔬菜及瓜果，相對來說比較安全一些。這兒的農作物不是出自於大型農場，也因為不是依靠種植來養家，當地農民自留地上的產品，也往往只有少量買光為止。也不像大型農場，只用來專門提供給超市。

加拿大的街邊市場，讓我常常想起上海父母家附近的馬路菜場，這是一個全市物價最便宜的市場，而且規模很大，是尋常百姓喜愛光顧的一個購物點。馬路菜場的蔬菜品種比超市要多，而且新鮮便宜。可惜的是，隨著城市發展的進程，這個馬路菜場不久就要改建成一片綠地。到時不知該到哪兒，才能找到這樣一個深受百姓喜愛的馬路菜場。

加拿大最大的街邊市場，要數渥太華市的拜沃德（Byward Market）市場了。這個古老的露天市場，銷售著附近農家所種的蔬菜、水果及花卉等。如今，拜沃德市場也由原先專門的農貿市場，逐步發展成大型購物中心，集時裝店、音像店、畫廊、手工藝品、珠寶商場、家具、古董、特產等為一體，到時是一定要去看看的。

Farm Show上看加拿大農業機械化

　　Farm Show是展示農業機械及農作物的地方。加拿大的農業機械化程度很高，占地廣闊的農場一般勞力不足，主要依靠現代化農業機械耕種土地。農業機械化不但補充了勞動力的不足，同時，也減少了耕作成本，使繁重的體力勞動相對變得比較輕鬆。加拿大的平原地區比較多，農場規模也較大，比較適合農業機械的運作。加拿大人操作機械能力很強，一般機械自己能夠維修及保養，省去了維修機械的勞動成本。這也是加拿人農業機械化，能夠得到很好發展的一個主要原因。

　　Farm Show上的農業機械形式多樣，有大型現代化耕作機械，也有小型設備。比較大型的設備，有把枯草打成草包的機械、打穀機等。小型的設備，也包括了割草機。除此之外，還有非機械農用品展示。各種農用卡車、運貨車、鮮奶車、油罐車等，也是展覽活動的一個部分。另外，還展示了各種農用除草劑、農藥、花卉、種子，有時還會讓你免費帶上一小包種子回家試種。Farm Show有專門組織者和機構，組織者在展覽固定帳篷中，向參觀者介紹機構歷史、各種農具用途和性能，幫助參觀者瞭解並選購農業機械及其他農用品。Farm Show上不光展示現代化農用機械，同時，也展示年代久遠的農用品及設備。其中可以看到，加拿大農業機械化演變與沿革的發展歷史。

　　Farm Show經常選擇的地方，一般是加拿大的小鎮，大城市

很難看到大型的Farm Show。城市人對農用機械瞭解和需求的程度不高，當然興趣也不大。大型的Farm Show是要收門票的，憑票進入後，你可以拿到免費的購物袋、瓶裝水、新鮮的農場蘋果、新爆的玉米花及各種各樣糖果。有的大型Farm Show還當場出售各種農產品和新鮮水果。甚至，還有專門的冷飲車，出售奶牛場新鮮牛奶製成的冰激淩。有趣的是Farm Show上，還展示各種各樣的奶牛、肉牛、山羊、綿羊、馬匹、雞、鴨、牧羊犬等，活像個小小動物園。同時，也宣傳保護野生動物，展示各種野生動物獸皮。展覽中，有專門的車帶你巡遊Farm Show。Farm Show上也有各種不同午餐供人選擇購買，價格一般公道，只是只有速食食品，便於參觀者填飽肚子而已。

在Farm Show上，你可以預定農具，也可以選擇你喜歡的農具，投票參加抽獎。可以參加像轉輪等一般的抽獎遊戲，當場獲取小小獎品。在固定的時間裡，你還可以看到農業機械動作表演，各種不同色彩、形狀的拖拉機，排成一列列隊行駛表演。展覽中，也有少部分由農產品搭建、佈置的藝術展示。

加拿大的夏季，各種活動比較集中。其中，大型的Farm Show也是比較值得參加的一項活動。只有參觀了加拿大的Farm Show後，你才能真正領略到加拿大農業機械化的程度與水準。

我的Yardsale經歷及其他

「Yardsale」就是把自己家中不用擱置起來的東西，放在

自己居住的房屋前出售。加拿大的Yardsale在夏季比較興盛，Yardsale上出售的東西不用交稅。但是，不要以為Yardsale能賺錢，Yardsale其實是一個賠本的買賣。

在Yardsale上，有時你能淘到比較滿意的東西，而且價錢不貴。Yardsale是這兒買東西唯一可以討價還價的地方。

對一個剛到加拿大的新移民來說，如果手頭開銷比較緊的話，去居民房前淘Yardsale上的物品，是一個不錯的選擇。至於怎樣選擇Yardsale上的物品，就全憑你的眼光了。有時，Yardsale上的物品連包裝都沒有打開過，是人家家中長久不用的東西，如果你需要那就很合算。

一輛嬰兒推車，在商店裡買入約需要40加元，而在Yardsale上九成新的嬰兒推車只要14加元，而且還可以還價。

有些東西我是不會在Yardsale上去買的，比如：食用的餐具碗盆之類，除非是沒打開包裝盒。為了衛生起見，用於食用的餐具碗盆就是再便宜也不買。至於一些可愛的小擺設，因為不是食用，也就不去管它了，最多買來後洗洗乾淨消消毒。

加拿大雖然是個發達的國家，但有時看來也很奇怪，這裡的人愛淘舊貨。這裡有專門的舊貨商店出售舊貨，舊貨不收稅收；到舊貨店去淘舊貨的人，也不一定都是窮人。舊貨店出售各種各樣的舊貨，甚至還出售舊的內衣、內褲。如果是在中國的話，你出售舊衣服，為了安全起見，政府是要叫你銷毀這些舊衣物的，就是捐獻這些舊內衣、內褲，也是不受歡迎的。

在加拿大，有的書店是回收舊書的。聽說連學校學生用的課

本，也可以回收重複使用，加拿大真是個懂得節省能源的地方。季節性打折的時候，在加拿大買一件衣服並不貴，真不懂加拿大人為什麼要淘舊貨衣服，大概各有所愛吧。

也許，就因為這種各有所愛，你可不能與加拿大人亂開玩笑。有一次，一個加拿大朋友帶了一頂很舊的帽子，我開玩笑調侃說：「你這頂帽子很漂亮！」他當即摘下帽子大方地說：「你喜歡就送給你當禮物。」弄得我哭笑不得。在加拿大人心目中，禮物不分新舊，只要對方喜歡，這大概也就是舊貨商店和Yardsale存在的理由了。但是，舊貨商店有時還真能淘到已經不再生產的物品，可謂絕版。

比起Yardsale和舊貨商店來，一種叫「Auctionsale」拍賣場上，有時候能買到積壓商品，全新而且價格便宜。但是，競拍報價員報價速度極快，你得聽準價錢當機立斷。我曾在Auctionsale上買到過一種水龍頭，美國製造的，在國內要賣兩千多元，在加拿大不打折也要賣200多加元，而在Auctionsale上只要72加元就拍賣到了。Auctionsale上的積壓商品有時是成批的，附近小店的店主經常光顧Auctionsale，拍賣成批積壓商品，然後零售給顧客。

看多了「Yardsale」和「Auctionsale」，自己也想試試。Auctionsale我是沒有條件的，而且雇個報價員是要花錢的。Yardsale就簡單多了，但是，就是Yardsale我也沒有許多東西出售。於是，趁朋友家Yardsale時，我帶上一批畫作、做了些無本錢的小工藝品，也一起加入朋友家的Yardsale。

第一次Yardsale根本沒有經驗，物品都沒標價。我的Yardsale攤位上，吸引了不少人，人家對我的畫作愛不釋手、非常讚歎，但卻沒有人問價，更不用說買畫了。許多好心的加拿大人告訴我：畫作放在Yardsale上出售是不適合的，Yardsale是人們想淘便宜貨的地方，畫作應該放在畫廊中出售，才能體現價值。結果，Yardsale上我沒能夠賣出一幅畫作，我製作的無本小工藝品貝殼掛件，倒是賣出了不少。一個上午，共得到了15加元，總算沒有浪費時間。

　　最近，有人想請我幫忙，在新房地下室整個牆面上作畫。為了安全起見，我想買一頂安全帽，以備作畫時免不了的爬高。在一般的工作防護商店，安全帽的價格大致要在25加元左右。於是，想到了去舊貨店淘舊貨，反正平常用處不多。

　　在Belleville市附近的一家舊貨店裡，居然有一批積壓的安全帽。我挑到了一頂嶄新的白色安全帽，一看價錢只要6加元，並沒有稅收，而且樣子挺好看。舊貨店的老闆對我說：「這是一頂Boss（老闆）帽！」我才知道，Boss安全帽顏色是白色的，而操作工的安全帽是黃色的，又學到了一些知識。終於，不捨得用後就扔掉帽子了，同時作為一種留念，帶回上海收藏也不錯。在上海生活時，我還真不知道哪兒能買到這樣漂亮的安全帽。

　　當然，Yardsale和舊貨商店裡的東西，你自己得看準，買錯了是不能退貨的。我曾經在Yardsale上，買過一個沒有拆過包裝的滑鼠，回家一看，滑鼠積壓太久，已不適合現在的電腦，好在價錢不貴，也只好扔掉算了。

加拿大老人的養老院生活

自從我先生的母親中風住進養老院後,我更多地瞭解了加拿大的養老院生活。我婆婆住在Trenton小鎮上的CrownRidge養老院,這是個環境優雅、安靜、非常乾淨和整潔的地方。老人們住在這裡,安享他們的晚年生活。這裡的護理人員則細心地照顧各種身患疾病的老人,直到他們平靜地離開這個世界。

養老院的食物,經過了精心的安排,每天有不同的菜單。而且,食物柔軟、適合老年人的口味,老人可以每天挑選自己喜愛的食物。每星期兩次有人幫助老人洗澡、洗髮,浴室為了適應老人洗澡有特殊的設備,老人可以斜躺在浴盆中,由護理員幫助洗澡。醫生經常到養老院,檢查老人的身體,並根據老人身體狀況,及時調整藥物。如果老人需要去醫院,養老院也能幫助送老人進醫院,一切不用家人操心。養老院經常保持與老人的家屬聯繫,及時告知老人在養老院裡的生活。

老人每年有21天休假,如果休假,這段時間不用付費。養老院還有各種活動豐富老人的養老生活,活動有:帶老人短程旅遊、聚餐、購物、遊戲等,還可以根據老人的特殊要求,增設更多的活動內容。偶爾,也見學生志願者來養老院,與老人一起參加活動。

養老院根據老人的身體情況,專門設計老人的個體化鍛鍊方案,幫助老人身體康復。這裡有經過專業訓練的護士,照顧老人

的生活。護士們白天黑夜輪流值班，精心照顧老人毫無怨言。養老院老人的房間，一般分雙人間和單人間，裡面有電視、電話、空調、升降床，還可以安放老人平時喜愛的物品、懸掛家人照片等。廁所套在房間裡，周圍有扶手，方便老人如廁。老人可以根據自身經濟情況，選擇雙人間或單人間。

養老院的環境優雅，後院是個很大的花園。花園裡有供老人和家人休息的桌椅，餐廳很大而且乾淨，裡面有鋼琴、電視，牆壁上掛著各種圖畫。養老院走廊兩邊的牆上，掛著人們贈送給養老院的各種攝影、繪畫作品。這兒還有專門的會議室、廚房、護士台、理髮室、活動室、洗澡間等。養老院分兩部分：養老院底層是給24小時需要照顧的老人住的；二層以上就像是一般公寓房，是給身體健康的老人住的，但也包括有人專門打掃房間和準備三餐。

養老院非常注意保護老人們的健康。流感期間有專門的告示，告訴人們帶好口罩訪問親人。門口有專門的消毒液，讓訪問者清洗雙手。養老院還可以根據老人的要求，幫助老人打流感疫苗。養老院有雙重門，安裝了按鈕、並設置密碼，一般人不能入內打擾老人。這兒禁煙，同時經常提醒老人：一旦養老院失火，老人們怎樣保護自己、等待援救。家人們帶老人外出需要簽字，並帶好老人所需藥品。

養老院根據老人和家屬的要求，不斷改進、努力工作。新近油漆了各個房間，幫助老人添置輪椅等設備，還幫助代洗衣服、理髮等。老人的床邊有移動按鈕，需要幫助時，老人隨時可以按

鈴，護士就會進入房間，及時幫助老人。

養老院的會議室除了開會外，老人的家屬可以與老人在養老院共進午餐或晚餐。同時，可以作為一個小小的宗教場所，滿足老人們的宗教信仰。

每年，養老院有單獨邀請老人及家屬參加的會議。會上，養老院負責人首先匯報老人的養老院生活。對老人所用的多種藥物，養老院進行了詳細的記錄，就連老人用過什麼外用皮膚藥品，都記載得十分清楚。告訴家人老人禁止甜食的原因、每天的血壓狀況及是否健康飲食等。接著，養老院傾聽家屬和老人的意見，仔細記錄在本子上。同時，告知老人及家屬需要注意的事項。每個老人的健康狀況記載，有厚厚一大本，可見養老院工作的仔細與周到。這樣的會議，也根據老人情況分別輪流召開。

為了感謝養老院精心照顧老人，許多家屬支持養老院的工作，贈送物品給養老院幫助老人，有義工參加與老人一起開展的娛樂活動，幫助養老院得到政府支援等。

加拿大特色的老年公寓和養老院

加拿大的老年公寓（退休公寓）和養老院，是老年人退休之後養老的理想去處。加拿大的老年公寓非常整潔、乾淨。不同的老年公寓和養老院，由於設施和看護條件的不同，價格也有所不同，一般在每個月2500加元至3500加元之間。

另外，房間面積不同，價格也有高低，老年公寓兩間套房分

門的價格較貴，並有每月5000加元的豪華房。但是，無論哪種老年公寓和養老院，都配備冷暖氣、乾淨的餐廳、公共廚房（或私用廚房）、圖書室、電腦房、健身房、休息室和會議室等設施。

有些養老院和老年公寓除了必備的床外，還配有簡單家具。如果你要有自己的電腦網路和電話，要付一定的費用。但是，用電和用水包含在房價中，所以不用再支付水電費，這又省去了一筆日常開銷。老年公寓和養老院中其他公共設施都可免費享用。

對老年人來說，如果出售自己原有住房，可以省去許多體力勞動。年老體弱已經沒有更多的精力收拾院子，同時，要化很多錢修復自己房子的設施。加拿大的勞動力不便宜，如果自己不會照料住房的話，在住房修理開銷上，會花去許多錢財和精力。再加上住房的稅收和保險，住在大房子裡是一筆不小的日常開銷。

加拿大的老年公寓，基本上都和養老院連在一起。一般老年公寓與養老院，從一個大門進出。老年公寓被安排在兩層以上，而養老院為了方便行動不便的老人，往往安排在底層。老年公寓是為退休不久、身體健康的老人專門量身設計的，一般可分雙人房和單人房兩種，價格也相應不同。老年公寓提供的服務是：一日三餐包括在房價中，每天還可提供半小時免費服務。服務項目按個人所需，包括幫助洗澡、購物、醫療按摩、清潔房間等。

老年公寓不提供醫療服務，但有免費的購物車帶你到商店購物，並可免費參加專門組織的一切活動。老年公寓廚房內，一般提供微波爐、咖啡機、烤麵包機、冰箱等。但不主張在室內烹調，如要享受燒烤的話，老年公寓室外提供免費燒烤爐可在室外

燒烤。

　　在加拿大，住養老院和老年公寓的老人平均年齡在80歲左右。許多老人都是先進入老年公寓，等到年邁體弱不能自由行動，或身體殘疾需要真正有人照顧時，才會考慮移入養老院。進入養老院後，自己不能擅自外出，有醫生專門到養老院服務並配藥，養老院還有幫助老年病人送醫院的服務項目。理髮、洗衣需要加收費用，但幫助老年病人的康復治療、鍛鍊、洗澡等免費。

　　對於不能自己飲食的老人，養老院還有護理人員耐心地餵食。養老院老人外出需要家人同意並帶出。如要度假，養老院一般提供20天空房服務，空房時間減去一定的費用。不同的是，老年公寓房不提供空房服務，但允許出租自己入住的房間。有些老年公寓還提供3個月收費的試住房，老人可以入試住房，並親身感受這裡的服務，然後作出決定是否入住。當然，這兒也可以為長假旅遊的遊客提供方便。

　　養老院的食物，每天有專人設計，保證每天食譜不同。一般加拿大的養老院提供西式菜肴，除食物外，還提供咖啡、紅茶、牛奶和果汁等飲料，但沒有中國綠茶。價格高的養老院和老年公寓，有豐富的自助餐，一切設施像國內的五星級豪華賓館。在加拿大小鎮上，這樣的老年公寓和養老院，大概價格就在每月3500加元左右，房間大一點的話，價格要在4000至5000加元之間。

　　住老年公寓的另一個好處，就是房內一切設施的修理，都有養老部門負責，並且有專門清潔人員打掃房間。除洗衣外，一切家務基本不用自己動手。房間浴室內配有浴盆和坐便器，浴盆因

為考慮到老年人的年齡，配備的是有淋浴凳的低浴盆。老人不配備24小時服務，可以自由出入養老公寓。對於行動不方便、需要24小時看護的老人，從老年公寓移入養老院是一個好的選擇。而且，老年公寓中的老人可優先移入養老院。

不要以為加拿大的養老院非常容易入住，一般價格合理的養老院，等一個床位有時需要很長時間。加拿大養老院的看護人員，一般都畢業於專門的護理學校，都有一定的護理經驗。護理員對老人服務比較周到、全面，同時，還為老年病人換尿布、清潔身體。洗澡服務一般一星期提供兩次，由男護士幫助老人，在專門的公共浴室淋浴床設備上洗澡，對於女性老人來說，無法自由選擇。老人理髮需要預約，醫生上門服務一星期一次，需要轉診和急病，養老院提供送診服務。

在養老院中，老人們的日常交往也比較頻繁，吃飯、活動天天在一起。節日的時候，有的家庭還把家庭聚會放在了養老院，養老院有專門出租房間為老人家屬提供聚餐活動。當然，家屬也可帶健康老人回家度假。

加拿大的Casino和Bingo賭博遊戲

在中國生活時，從來沒有看到過大型的賭場，也根本不知道北美有Casino賭場和Bingo賭博遊戲。中國的澳門是以開賭場而著名的，許多中國遊客到澳門喜歡玩賭博遊戲。我從小就不喜歡賭博，關於賭博的嘗試也從來沒有參加過，就是國內有些人用撲

克牌玩的簡單賭博遊戲我也不感興趣。但是，關於搓麻將的遊戲我倒是玩過，只是為了陪長輩們消遣，據說搓麻將可以鍛鍊大腦只是沒有證據。

其實，我認為做股票是最大的合法賭博遊戲。八十年代初，國內幾乎人人熱衷於做股票，而且做股票的確使一部分人挖到了第一桶金，並且有人做成了當時的百萬富翁。就是在萬民皆做股票的年代裡，我也不參與做股票，原因是輸不起。於是，既不想成為百萬富翁，也不想失去辛苦掙來的每分每厘，情願做一個老老實實掙死工資吃飯的公民，享受沒有賭博感、沒有大起大落和大喜大悲的安寧日子。

奇怪的是，在北美像Casino和Bingo這樣的賭博是合理合法並且不是遊戲，北美的許多人都去過賭場，就連退休的老人們也喜歡這樣的遊戲。當然，這種賭博遊戲是要在經濟條件寬裕的情況下才能參與。在北美加拿大這樣的國家裡，因為老人的養老有保障、孩子又不用老人提供支助，再加上加拿大人際交往較少，去Casino和Bingo也是老人們交往的一種形式。多餘的錢老人完全用於自己，北美國家的孩子們也不會把眼睛往往盯著老人口袋裡的錢，這也就是北美老人們能夠參加賭博遊戲的基礎和前提。

早聽人說在美國的拉斯維加斯有最漂亮的賭場，這個賭場其實也是一個美國的旅遊勝地。賭場中的光怪陸離只是聽人說而已，沒有親眼所見。解放前，我居住的上海長寧區中山公園附近有一個叫「好萊塢」的大賭場，據說當時賭輸的賭徒也有自殺、變貧困戶的，現在這個地方造成了一所小學校。解放後，政府取

消賭場建學校是一個十分明智的選擇，不然的話許多人會控制不住自己，為了賭博而失去理智、失去財富和家庭。因為自小聽說了不少賭博的故事，所以遠離賭博和吸毒，也不會浪費自己辛辛苦苦掙來的錢財。

但是，有機會也不會放棄去美國參觀那個神祕的拉斯維加斯大賭場。這個賭場建造在美國中部有名的沙漠裡，據說一下飛機就有賭博機等著你賭博，花幾天時間也玩不完所有的遊戲。賭城中拷貝了不同國家的城市，就連旅館房間也仿造各國風情，燈紅酒綠、光怪陸離，既像是一座不夜城、也像一個小小世博會。移民加拿大後知道這兒雖然沒有大型賭場，卻有Casino和Bingo。

為了滿足好奇心，由家人陪同去加拿大尼加拉福瀑布附近最大的Casino賭場參觀，進門倒是不要買門票，但至少要買5加元賭注，賭場中不允許拍照留念。對我來說進入賭場就像是劉姥姥進入大觀園那樣十分好奇，首先吸引我的也就是半人高的各種燈光色彩閃爍的電腦賭博機。不同電腦賭博機可以玩不同的賭博遊戲，至於輪盤賭、投標賭和撲克賭等各種各樣賭法，我懂也不懂，也就不感興趣，賭注也送給了別人只是看著別人賭好玩而已。

在加拿大去Casino和Bingo這樣的地方遊玩，賭場還提供餐飲。有的大型賭場早餐免費，有的賭場有專車接送，但歸根結底是要你在賭場花費錢財，天下總歸是沒有免費的午餐，只不過是羊毛出在羊身上而已。

比較起大型遊戲來，加拿大還有一種小型的賭博遊戲叫

Bingo，Bingo也就是一種簡單的連數字遊戲。沒有電腦賭博機、也不需要大的賭博場所和各種設備，Bingo完全由人工喊數位元，賭博者聽清數字後，用賭場準備好的記號筆，在自己買的數字卡上塗滿一個數字。有幸的話，數字卡上5個塗滿的數字連成縱、橫線或斜線就算贏，賭者喊一聲「Bingo」結束一場賭局。Bingo最少可贏100加元，最多也會贏1000加元，完全看你的運氣。Bingo不像大型賭場賭博遊戲，可贏大也可贏小沒有限制。但Bingo進門要自己買數字卡，至於買多少錢數字卡賭注，賭者自己決定。一般最少也要出資買15加元的數字卡，才能進門參加Bingo遊戲，當然買多贏的機會也就多。

在加拿大的養老院中，為了豐富老人們的活動，有時也會有Bingo這樣的遊戲。當然，遊戲歸遊戲，不是賭錢，只是贏取一些小禮物。這些小禮物有社會熱心人士贊助，有時也會有別人不用扔掉的日常用品。總之，參加賭博遊戲的人總體說來還是輸錢的多，理智的話，還是不玩賭博遊戲為好。但是，參觀一下大型賭場倒也是人生的一大見識。

加拿大農莊採摘草莓活動

夏季，是去加拿大農莊採摘草莓活動的最好時機。在國內生活時，也有一些生活在城市裡的居民喜歡到郊區農場參觀，並喜歡當場採摘一些新鮮蔬菜帶回家食用。由於國內環境污染嚴重，生活在城市裡的居民總是設法自己種植一些容易種植的蔬菜。有

院子的蔬菜可以種在自家大院裡，住公寓的居民有時會利用花盆種植，也可以開設屋頂花園，想盡一切方式種植一些綠色植物，來提供自己環保的食物。國內，住在城市裡的居民基本享受不到種植的真正樂趣，也感受不到大自然優美的環境和新鮮的空氣。加拿大是一個地廣人稀的國家，生態環境保護良好，就是生活在大城市的邊郊也可以享受自己種植的樂趣。加拿大的房屋一般都有大院子，院子中除了草坪外，還可以闢出一塊地方用來種植自己喜愛的新鮮蔬菜。但是，由於加拿大天氣總體較寒冷，適合種植的時間不長，要靠自己種植綠色蔬菜滿足需要是不可能的。當然，也不會去當真正的加拿大農場主，搭建暖棚專業種植蔬菜和水果。

在加拿大，各種各樣的蔬菜和水果種植的時間也不同。夏季是種植、同時也是收穫的好季節，加拿大的許多水果夏季也開始成熟。像草莓這樣的草本水果成熟季節大約在6月底左右，7月初是草莓長勢成熟的最好季節，這個時候的草莓甜度適口適宜採摘。為了盡快提供市場的需要，農莊一般在6月中下旬就開始採摘草莓。在這個季節裡，農場主自己忙不過來，還會雇傭季節工幫助農場採摘草莓。當然，有的農場主也趁機開闢供遊客自己來採摘農莊草莓的機會。在這個時候，有的家庭會帶上自己的孩子享受一下自己採摘的樂趣。草莓從成熟到結束採摘，也就只有兩個月左右時間。在這個時間段，如果不抓緊採摘，許多草莓就會掉果爛在泥土裡，浪費了許多草莓。農場主除了提供大型商場需要的草莓外，在自家農場邊還當場出售農場新鮮的草莓，大約一

小盒4加元左右。如果進入草莓地遊客自己採摘的話，一小盒2加元便宜了不少，還可順便享受一下農家樂。

　　進入草莓地之前，農場主會關照你去哪塊草莓地採摘。一般用來提供商場和提供顧客的草莓地有季節工負責打理和採摘，保證提供成熟的草莓，而且沒有雜草。而由你自己採摘的草莓地，農場主可能忙不過來沒有精心打理，草莓植物和雜草混在一起，沒有像打理過的草莓地那樣長勢良好。走進草莓地後，發現一些草本植物比草莓長得更高，開著小小花朵倒也十分漂亮。草莓植物的葉子是橢圓型的、一般長勢不高，草莓就結果在小小的草本植物上，綠葉配紅果十分耀眼、也十分漂亮。草莓果有大有小，有時連成一串，新鮮草莓成熟後一般暗紅色，與市場上買到的紅色草莓不同，因為沒有上農藥草莓長勢自然、甜度也高。有些草莓成熟後顆粒依然十分幼小，但是十分可愛、可口完全與市場上買到的大顆粒草莓味道不一樣。

　　草莓地農場主十分大方，允許你邊採草莓邊嘗味道，於是有的孩子就一路採摘和嘗味，弄得滿手滿嘴塗滿紅色果汁十分逗趣可愛，家長們也不用擔心草莓地會有農藥發生危險。在加拿大生活長久，發現加拿大人似乎不太注意食品衛生。商場裡包裝買來的蔬菜洗也不洗就生吃，在草莓地裡也見人們當場采下草莓就往嘴裡送，也不管草莓是不是乾淨和有泥土顆粒。見慣了加拿大人這樣的生活習慣，我也像加拿大人一樣當場採摘草莓嘗試。既然加拿大人相信這裡的食品安全，我也沒有必要過分擔心。暫時忘記國內大城市人的嬌貴生活方式，澈底把自己當成真正的加拿大

農場主，融合在鄉村田野的風景裡並拍照留念，有趣的農家生活使自己大開眼見。

草莓地裡也見許多掉果的腐爛草莓。被採摘下來的草莓最好保持在陰涼處，不然也會很快腐爛造成浪費。吃不完的草莓可以保存在冰箱裡，或凍結就像是商場中的冰凍草莓，當然也可製成草莓醬等。

在加拿大生活，除了可以到農莊採摘草莓外，還可去農場採摘蘋果、葡萄、藍莓等，10月中下旬，南瓜成熟的時候也可去農莊採摘新鮮南瓜。說到採摘南瓜十分驚奇的是加拿大人並不食用大南瓜。南瓜只是為萬聖節準備的禮物，用來裝飾和做南瓜燈準備萬聖節家人團聚的晚宴。加拿大的南瓜也十分有趣，用來裝飾的南瓜形態、色彩多樣，也有不同的條紋色彩。用來做南瓜燈的南瓜個大，色彩只有一色就是棕黃色。加拿大有的南瓜個特大叫人吃驚，在中國生活時，從沒見過這樣的大南瓜。至於好吃的藍莓，如果要去農場採摘，當然也要收取一定的費用。但是，加拿大農村路邊有時會有野生藍莓，據說採摘野生藍莓會遭遇周圍野生蜜蜂的襲擊，所以也沒敢去嘗試。路邊野生葡萄倒是摘過一回，野生葡萄顆粒很小、暗紫色，味道不酸也不甜。

過慣了城市生活，有時間去享受一下農村生活，可以長見識不至於五穀不分。有時間打理一下自家的庭院，種上一些蔬菜和水果也可節省一份日常開銷，又可嘗到自己親手打理的新鮮無農藥安全食品，為什麼有樂而不為呢？

第七章　飲食文明

加拿大琳琅滿目貨架上
—— 中國製造和中國食品的困惑

　　加拿大大城市商品經濟發達、進口商品特多。來自歐、美、亞的食物及商品都不難在這裡找到市場。就是來自遙遠非洲的食物和水果在大商場中也找得到。像Walmart、Independent、Mtro及Fresho.等這樣的大型商場，標明有專售海外及亞洲食物的區域。

　　貨架上琳琅滿目地擺滿了來自印度、中國、日本、韓國等不同國家和香港、臺灣等不同地區的食物罐頭及調料。當然歐洲和美洲的食物及商品仍然是加拿大社會的主流食物和商品。但是，就是在我居住的小鎮上，商場裡也會見到非洲水果。因為好奇，曾打聽過一種非洲水果的食用方法，一位黑人兄弟熱情地向我介紹起這種家鄉水果，這是一種當地人用來煮食吃的水果。黑人兄弟還熱情地介紹了水果的煮食方法和怎樣配食，真是周到。水果要煮熟吃，不妨說是一種蔬菜更合適，在商店中卻被放在了水果架上。

　　生活在加拿大的小城鎮，最大的痛苦就是找不到太多的中國新鮮傳統蔬菜。中國製造的調料挺多，主要來自內地和港臺。中

國特色的零食和糖果小鎮上絕對買不到。從2007年第一次來到加拿大這麼多年來，加拿大食物的物價基本平衡，最近有些食物在冬、春兩季小幅提升。小鎮附近隨著中國及亞裔居民的增多，商店貨架上也看到了包裝豆腐，來自中國內地的大蒜、生薑，福建的蘋果，加拿大當地種植的蔬菜上海青菜、茄子等食品。中國製造的乾貨也適當地多了起來，像麵條、米、乾菌菇、乾豆製品等也能在部分商店買到，有時甚至能在印度、韓國人開的小店中找到。最近，去中國探親度假回國後的先生突然愛上了用綠豆、百合及枸杞煮出的一種中國甜點。愛上這種甜點是因為先生在國內期間牙齒上火疼痛，父母家保姆阿姨為他做了這樣的甜點，使他知道了一些關於人體陰陽平衡的中醫學食物理論。為此，他不但愛上了中國食物藥材般的搭配和烹煮方法，而且要求我明年回上海時帶他看中醫吃膏方。

回到加拿大後，在Bulk barn零食店裡找到了綠豆和枸杞，綠豆其實價格很便宜，但卻偏偏找不到新鮮百合，就連百合乾也看不到。加拿大當地人不知道什麼叫百合，更不知道中醫學的食物理論。看來只能到多倫多這樣的大城市裡去找百合乾了，恐怕新鮮百合就是在大城市也不多見。中國食物的內涵實在太豐富，所以會有一種圍繞著食物而產生的專門文化。可惜的是，中國的食品價值和食物文化在國外也漸漸變異，許多中國調料和罐頭混在亞洲食物中被當作日本、韓國食物出售。至於中醫學中食物搭配、養生的道理更是深奧，外國人絕對不會理解其中的奧妙。

加拿人大城市中國食品囊括了各大方面，包括主食、零食、

乾貨和新鮮蔬菜，但缺少多種多樣的新鮮河鮮。當然，北美的海鮮產品價格合理彌補了河鮮的不足，著名的加拿大龍蝦是中國國內餐廳中價值不菲的搶手貨。除了華人超市外，加拿大主流商場中少見中國化妝品及日用化學產品，包括洗衣液、嬰兒尿片、護膚用品等。大型家電等重工業產品「中國製造」也上不了貨架。就連中國著名的瓷器用品，當地人也更願意買日本製造的產品，原因大概是日本產品做工精緻、料薄透明、小巧和樣式新穎。加拿大人不太懂中國食物考究的烹煮方法和食物文化，中國食物當然就很難進入加拿大主流社會的消費，也沒有像樣的中國英語菜譜教你學做真正的中國菜。但是，中國製造的廉價小商品，像便宜的服裝、鞋子類產品，在國外倒成了一般消費階層不可缺少的生活必需品。在Dollar（1加元）商店買到的便宜小商品大多是中國製造。在這些小商品上，中國內地十分廉價的勞動力占了絕對競爭優勢。而且，這些中國小商品的品質絕對不差。許多內地加工的服裝和鞋子品質甚至要超過國內的平民服裝。中國人把服裝加工過程中的高品質產品作為外銷產品，而積壓的外銷產品才在國內銷售。所以，即使傳出中國玩具帶有毒化學品，加拿大廉價商店裡貨架上仍然還有中國玩具出售，物有所需。如今，中國製造的產品已成了海外節約生活成本和開銷的一大消費方式，也成瞭解決中國內地勞動力市場過剩的一大法寶。

　　相比之下，日本的高技術產品在北美倒是賺錢不少，而且還有自己獨特的品牌。日本的汽車省油、輕便、價格合理，雖然安全係數不如歐、美產品，但在北美市場也佔據了一定的地位。

日本、韓國的高端精工、電器產品，包括電腦、相機、手機和手錶等也有了成熟的品牌。日本國雖然經濟發展步入了困境，但創造出的品牌成了北美市場的暢銷貨，也成了國家精工業發達的標誌。一個發達國家的高技術產品體現了產業工人的整體水準，食物和日用品是否具有高科技含量，經得住環保關、技術關、消費關，並且能減低成本是國家經濟發展的主要標準。中國雖然不缺少科學人才，但技術工人隊伍卻在中國大陸不平衡發展的經濟中還不能與亞洲強國相比。就是過去中國許多已有的名牌輕工產品如「回力牌」跑鞋等也在發達的經濟社會中處於被淘汰的邊緣。廉價的低端產品雖然在國外受到歡迎，卻代表不了一個國家工業發達的水準。如果加工過程中又出現了粗製濫造、不懂環保和知識產權方面的毛病，「中國製造」免不了將來會出現被淘汰的命運。現在的中國人一到海外就瘋狂購物，海外產品不但品質過關，而且價格也比國內同類進口商品低得多。國外流行的是：要買便宜貨買中國的，要買電子產品有日本的，重工業產品和高端產品還是歐、美的比較好。中國產品在國外沒有像樣的品牌、主流市場和專門商店，與中國食品比較起來更不被加拿大主流社會認同。

其實，無論食品還是商品，除了環保、包裝和宣傳外，創名牌不光是一種企業精神，也應該是一個國家出口外貿商品時應該注意的地方。中國廉價的便宜貨不應該是中國低端勞動力的象徵，中國製造也不能一直作為廉價產品的代名詞。一個大國的強盛不光靠科技，也要靠工業和農業及輕工業、手工業、製造業的

發展和穩定。在日常人們生活的體驗中，產品的品質被消費者的認同無論是在國內還是在國外都是非常重要的。琳瑯滿目貨架上的「中國製造」不應該是中國廉價產品的代名詞。中國特有的文化也不應該被別國作為搶先申請歷史文化遺產的項目。但是，現在的海外市場，除了中國製造的廉價產品外，還有多少中國品牌能真正吸引人的眼球呢？琳瑯滿目加拿大貨架上的「中國製造」困惑是不是能警示頭腦靈活的中國人在創造、宣傳和保護好自己民族特色的產品、品牌、食物、文化、知識產權和文化遺產上更進一步多開動腦筋呢？

從小鎮上的糖果店想到的食文化及其他

當我第一次走進安大略省Stirling小鎮Stirling General Mercantile糖果店的時候，我就發現它的與眾不同。在大上海生活時，我不是一個零食愛好者。上海南京路上的第一食品店各種零食糖果玲瑯滿目，使人目不暇接。來到加拿大生活在Trenton小鎮上，常常思念大上海繁華的生活。在加拿大的小鎮上你是品嘗不到真正的中國食物的，當然也包括品嘗不到上海豐富多樣的零食及點心。

小鎮上為數不多的中餐館菜肴味道是可想而知的了。所謂的「Buffet」是一種不中不洋的自助速食，按照西方人的口味對中餐進行了改良，對我來說最多是一種中國的家常菜而已，根本不是我想像中的中華美食。許多西方人對我說：「I like Chinese food」（我喜歡中國食物）所謂的「Chinese food」大多是指這

種「Buffet」（自助餐）。除了價格公道實惠外，在我十分想吃家鄉菜的時候Buffet是一個不錯的選擇。吃多了Buffet常常擔心破壞了中國食文化的美譽，以至我先生第一次到中國品嘗真正中國菜的時候是多麼驚訝。

西方人常常搞不清楚真正的中華菜肴還有許多不同的文化與菜系，比較有名的如川菜，廣東菜，上海的本地菜也叫本幫菜。要說能真正體現出中華食文化的菜肴，你只能到多倫多、溫哥華這樣的大城市唐人街上大飯店去品嘗了。

中國和法蘭西的食文化是世界著名的。我在加拿大魁北克古城中嘗到了一款法國菜乳酪洋蔥湯。一小杯厚嗒嗒的湯羹放在一個精緻的小杯中，上面一層厚厚的乳酪。法國菜的盛器非常精緻，你慢慢品味就像在品味一種純真的法蘭西文化，但絕對不是果腹的好選擇。法國菜價格的昂貴不是像我這樣的人能經常承受的，但這也是我第一次在加拿大嘗到真正的法國乳酪。在西方食物中，乳酪是一種非常重要的食物。

我認為北美沒有真正的食文化。到加拿大後，我一直問我先生，加拿大有名的菜肴是什麼？有沒有能體現加拿大特色的餐廳？被我纏得無奈，先生只能對我說加拿大是個移民國家，世界各地的菜肴都是加拿大的特色菜，包括你喜歡的中國菜和法國菜。

想想也是，這兒小鎮上的中國菜也已經按照西方人的口味進行了改良自成一體，就像上海的麥當勞和肯德基也按中國人的口味進行改良一樣。

說北美沒有真正的食文化，是因為我從未見到過真正的加拿大餐廳。當地所謂的著名餐廳不僅往往像連鎖店，美國有加拿大也有，而且主食大多是肉類燒烤、漢堡包、三明治、匹薩，一些油炸的魚類，外加沙拉和飯後的甜點，味道大同小異。

加拿大的甜點倒是不錯，我喜歡的一種Cheese蛋糕就是用乳酪做成的。西方人離不開乳酪，除了食物中常常加上乳酪外，乳酪也是西方人的一種零食。當你在西方人家中作客時，飯前的零食少不了乳酪。關於乳酪的文化也豐富多彩，在一些小鎮上有專門的乳酪工廠，你可以去免費品嘗不同口味新鮮的乳酪。

除了乳酪和土豆片往往是成年人的主要零食外，小鎮上的糖果店裡糖果顏色、形態十分漂亮，成了孩子們喜歡的零食。

在上海時我很少吃糖果，上海的零食太多，多到叫你無法選擇。到了加拿大後反而常常想起上海的零食，我居住的小鎮離多倫多東部的太古廣場不算太遠，往往在那兒買得到中國口味的肉乾、乾果等零食。

儘管大城市食品的豐富要大大超過小鎮，但在多倫多這樣的大城市中，我還沒有見到過非常有特色的小糖果店，可能這也是我剛到北美見不多、識不廣的緣故。

要說小鎮上的糖果店與眾不同，是因為這兒有幾款糖果保持了加拿大五、六十年代的風味，這種糖果無任何化學添加劑，口感柔軟但不黏牙，它的包裝也順沿了五、六十年代時的風格，但味道當然不如現代糖果的口感。

進入店中，女店主見我是個中國人，馬上和我閒聊起來。她

說她學過中文，但中文有四聲實在太難學。外國人指的學中文，往往是指學中文拼音。素不知中華文化淵源流長，中文這概念既包括了中文拼音，方塊簡體字，繁體字，古漢語，也包括了中國各地的地方語言和文字。

因為是做糖果生意，女店主馬上提起她知道中國有一種非常有名的糖果叫「White Rabbit」，也就是上海的著名老牌子大白兔糖。

大白兔糖是我小時候喜歡的糖果，它的奶味比較濃厚。現在的上海各種各樣的糖果已經層出不窮，大白兔糖在我的印象中也已漸漸被淡忘，就像上海梅林罐頭廠的罐頭食品一樣是我小時候的懷舊記憶了。不過，現在多倫多的中國超市中倒還能買得到這兩款品牌的食品。

由此想到品牌是多麼重要，一個小鎮上的西方人居然知道大白兔糖。其實，加拿大人對中國的文化、飲食、風俗等瞭解程度大大不如中國人對西方文化的認識，在食文化中可見一斑。我當然不希望看到中華美食的品牌在西方國度中找不到根基，失去了淵源。

有趣的是在Stirling的這家糖果店中，我看到了一種糖果盒居然有中國二、三十年代的風味，就是生活在大上海時，我也沒有看到過這種糖果盒，也不知女店主是從哪兒弄來的，當然我相信這是拷貝而已。

見我對小店感興趣，女店主特別向我介紹了一款叫「English Bon Bon」的英國經典老糖果。這種糖果風味獨特，沒有包裝，

選擇你要買的糖果後，女店主會把糖果裝在一個普通的小紙袋中，使我想起了小時候的上海糖果店，現在再也看不到這種方式的包裝了。English Bon Bon的各種色彩具有不同的濃鬱口味，奶白色的是椰子口味，粉紅色的是草莓口味，而黃色的則是香蕉口味。女店主對我說，吃過這種糖後，你一定會回到我的小店來。

　　果然像她所說，我光顧這家小店已經有三次了。小店中不光有English Bon Bon，還有我先生喜歡的一種澳大利亞產的「Licorice」糖果。我問先生這種澳大利亞的Licorice糖果和我在加拿大糖果店中看到的Licorice有什麼不同？我先生說：「這兒的Licorice味道特別濃。」我嘗了一下，這種糖原來有非常濃重的茴香味。

　　小糖果店中，我還驚訝地看到了居然有小蟲子出售。第一次看到的是不知名的蠕蟲，第二次看到的是蟋蟀，一看產地，還原來是中國出口的。

　　由此想到我先生對我講的一個小故事：有一次他出差到中國山東工作時，晚上，他和中國同事共進晚餐，餐桌上居然有一大盤蟲子。蟲子作為食物對我先生這樣的西方人來講簡直不敢相信，抵不住中國同事的熱情推薦，他不得不當場嘗了一個蟲子。我問他：「滋味如何？」他除了說「OK」外，再也不願談起蟲子的味道。我告訴先生，澳大利亞政府目前正在推薦蟲子食物，派出最好的廚師做出可口的蟲子餐讓國人品嘗，試圖告訴人們蟲子是未來食品的較好選擇。蟲子除了是天然食品易飼養外，它的營養價值也很高。

　　當然說是這樣，我也不敢輕易去嘗試小店中的蟲子零食。開

始時我還以為這是一種仿蟲糖果，想不到小店中見到的是真正的蟲子零食，這也是小店中的一絕。都以為非洲土著人喜愛把蟲子當作食物，其實在中國的雲南邊陲，有一種大概叫竹蟲的蟲子是當地享有盛名的美食。所不同的是中國的蟲子食物是經過精心烹調的，看來中國早就有蟲子食物文化。

對於一些經營經典食品的小店我是流連忘返的。最後，小店的女老闆對我這個中國人也已經很熟悉了。Stirling是個面積不大、人口不多的小鎮，卻很有文化淵源。我經常去Stirling，並不是只是喜愛這個糖果店，而是喜愛小鎮的一種懷舊文化。在這個小鎮中，咖啡館中包含了服裝和書畫的出售，同時也像是一個小型博物館。真正的小鎮博物館進去是要收費的，但當地的蠟像博物館卻免費向遊人開放。在Stirling蠟像博物館中，逼真地展示了小鎮起源時的歷史，展示了小鎮上的藥房、診所、小店鋪、理髮店、鞋店、玩具店、旅館，當然也包括餐館和糖果店。可惜的是，蠟像館不是經常開放，只有在小鎮舉辦老車展示時，同時開放蠟像館。但當地的一所舊鄉村小學校倒是天天開放可以進入參觀。

小鎮的老房子建築也不錯，為此我萌發了繪畫小鎮老房子的念頭。除了贈送一幅老房子畫作給當地的圖書館外，糖果店女老闆也非常希望我能把畫作在她的小店中展示，這也是我參觀小鎮之後的一個意想不到的結果。

由此想到加拿大的多元文化，飲食文化大概也是多種文化的混合與融入，是一種新舊文化的沿革與改良，就像是一個拷貝走了樣的混血兒。要說北美沒有文化淵源，也許這也就是一種特

色、一種獨特的文化。在這種文化中傳承與傳播各自民族的特色文化，才是北美文化多元的真正涵義。

樂啤露加Chubby炸雞，嘗「美酒」和咖啡
──在加拿大艾德熊（A&W）享受北美特色餐飲

　　小時候在中國過年的日子是令人難忘的，雖然那時國內物質不是最豐富，但是，過年的時候往往會出現奇跡，餐桌上會有你平時夢想不到的食物。飲料除了茶之外，還有母親家鄉南潯具有地方特色的一種混合拷豆、胡蘿蔔干、橘皮及芝麻的燻豆茶。八十年代中期的一次過年，父親突然買回了一種神奇的飲料，那是一種冒著豐富氣泡、具有古怪味道的深咖啡色飲料。在當時十分閉塞的年代裡，經歷過十裡洋場的父親告訴我，這就是可樂──一種海外飲品。初嘗可樂後，全家就愛上了這種古怪的「藥汽水」。可樂是用自家的盛器去商店零售買的，買的人並不多，價錢很貴。幾年過後，中國家庭幾乎家家都能喝上可樂了，但是，卻再也喝不到最初可樂的那種非常醇厚的藥滋味了。可樂經過改良瓶裝和灌裝，增強了甜度卻失去了原有的風味。近九十年代，人們對食物的興趣又轉到了另一種新型的海外速食食品上，這就是肯德基油炸雞塊。肯德基洋速食初入上海時，只有一家門店，選擇的位址是近外灘的南京路上。肯德基剛開張時，市民聞訊排隊購買，為了買到限購兩塊的炸雞塊，趕時髦的市民不惜花費半天時間嘗鮮。

初到加拿大時，並不知道北美有一種十分類似於可樂的飲料叫Root Beer，Root Beer又叫麥根汽水，像可樂一樣也是用不同的藥草根（如美洲熱帶產的沙士根）及黃樟、冬青油等製成的一種吸引人的飲料。Root Beer現在是可口可樂公司旗下的一大品牌，與可樂比起來Root Beer甜度較低、藥味更濃一些，具有更多泡沫，口感也更醇，但也絕對不能與初進上海時的可樂媲美。中國國內自2002年艾德熊（A&W）退出中國市場後，只有一種叫黑松沙露的飲料代替了Root Beer，但味道也已大不相同。Root Beer還可以與冰淇淋搭配製成一種北美很流行的甜飲料Root Beer float。Root Beer float配上Chubby油炸雞，讓你享受到冰火兩重天的絕配美食。Root Beer的創立始於艾德熊速食店，艾德熊（A&W）的名稱來源於兩個美國創始人Roy Allen和Frank Wrihgt姓氏的頭個字母組合，他們在1919年從一個藥劑師手裡買到了一種草本飲料的秘方，口感極像啤酒，但無酒精，在當時市場上是最接近全天然的飲料。

　　十九世紀的美國正進入全面禁酒時代，Allen和Wright看準了商機，把他們的草本飲料以「樂啤露」（Root Beer）的名稱在市場上推出。在當時喝酒犯法的美國，「樂啤露」是唯一合法卻又給人一種啤酒口感、並且極其富有天然成分的飲料，因而風靡全國並同時期進入加拿大。禁酒時代過後，又因北美進入汽車時代，為了方便駕車者購買和享用食物，加拿大艾德熊餐飲店最初侍者出店門服務，用一種活動餐盤搭在汽車窗外把食品送到駕車人手上，使駕車人不必下車購買、坐在車上就能享用食物。之

後，又開闢車道，方便駕車者在車上購買食物和飲料。從四十年代艾德熊鼎盛時期北美有3000多家連鎖店，發展到今天美國的十大集團企業，包括掌控艾德熊的百勝餐飲集團已佔據了加拿大90％以上的市場。如今，加拿大的許多艾德熊餐飲店仍然有介紹艾德熊發展歷史的舊照片和在不同的節日舉辦的特色和打折活動。活動中侍者扮演大熊以引人注目。值得一提的是：艾德熊連鎖店最初在西方是以西方冷飲文化的最高享受形式「霧冷杯」盛裝奉客。「霧冷杯」就是先把盛器「玻璃杯」冰凍後再放入飲料，據說用這種方法冰凍的飲料味道較好地保持了飲料原有的風味。現在許多北美人在家中飲用啤酒、牛奶、可樂等飲料也用這種方式保持各種飲料原有口味。北美人從不飲用熱牛奶，「霧冷杯」使牛奶保持了一種天然的甜味。埃德熊在創立「樂啤露」的同時也售賣當時流行的「熱狗」牛肉腸包，因此變成了北美速食連鎖店。五十年代，美國開始流行「漢堡」，艾德熊公司也把它加入菜譜。到七十年代，美國速食業增加「炸雞」產品，艾德熊在海外的餐廳大都加上炸雞，從而演變成經營北美速食傳統的三大主要食品——熱狗、漢堡和炸雞的連鎖速食店。加上「華夫餅」以及它的招牌飲料「樂啤露」，艾德熊逐漸成為具有北美特色的傳統速食連鎖店。艾德熊及其姐妹公司現今在全球擁有1000多家連鎖店。從北美洲到東南亞至中東及南美洲，艾德熊已經成為當地人生活的一部分。

2002年3月12日，百勝全球餐飲集團總部收購了艾德熊（及Long John Silver's（LJS）兩個國際餐飲品牌。從此，集團內擁

有了艾德熊以傳統漢堡和熱狗為主的餐飲品牌。艾德熊品牌在中國大陸地區也曾由北京愛得威美食娛樂有限公司代理，於1996年進入中國市場，在北京曾有8家門店，後因各種原因退出中國大陸市場。百勝集團的另外產品肯德基、必勝客及Taco Bell在現今的國內市場已發展得很成熟了，並且許多產品按照中國人的口味進行了改良，洋速食成了中國普通老百姓司空見慣的食物，同時在中國也有了不少競爭企業。遺憾的是，如今國內再也享受不到風味獨特的艾德熊漢堡、炸雞和樂啤露。與肯德基和麥當勞比起來，艾德熊牛肉漢堡口感比較嫩、新鮮，用100%天然成分餵養的新鮮牛肉製成，而且在口中咀嚼不乾澀。艾德熊炸雞又叫Chubby炸雞，Chubby雞是一種肉質非常肥厚的飼養雞，因為運用了Canola油和特殊配料浸潤後煎炸，Chubby炸雞不但皮質脆香、肉質厚，而且味道滲透到雞肉中別具風格。餐廳中的咖啡也與眾不同，與肯德基及麥當勞的咖啡比起來味道也更獨特、濃重，甚至比加拿大人喜歡的Tim Horton咖啡更有風味，而且可以免費續杯。艾德熊速食店的咖啡杯也很有特色，杯子比較重和大。有趣的是，如今的艾德熊咖啡杯又是一個「中國製造」。

加拿大冷飲食品的「冰雪皇后」
——Reid's Dairy軟冰淇淋

軟冰淇淋，又叫意式冰激凌。由義大利人發明，軟冰淇淋口感比較軟，冰的顆粒也較細。目前，世界上軟冰淇淋產品市場連

續數年全球排名第一的仍是美國的Dairy Queen（冰雪皇后）。冰雪皇后店鋪大約有5600家，遍佈世界十多個國家。Dairy Queen軟冰淇淋經過均勻攪拌後，有倒杯不灑的美譽。同時，Dairy Queen軟冰淇淋具有低脂、新鮮、健康三大特點，共有五大類28個品種。

關於冰淇淋的歷史要追溯到十九世紀中期，最早發明製冷技術的是英國人費爾肯，隨著早期英國殖民者進入美國，也把冰淇淋生產技術帶入了美國。1851年，牛奶經銷商傑科波・法瑟通過製作冰淇淋來處理過量的奶油，同時開設幾個冰淇淋廠，被認為是美國批發冰淇淋之父。1926年，美國食品研究所對冰淇淋的混和料殺菌方法作了進一步的研究，隨著冷藏技術的改進、運輸的發達、家用冰箱的推廣、包裝的改良、連銷銷售網的建立及冰淇淋配料標準的改進，使消費者隨處可買冰淇淋。從此，冷飲食品在世界各地到處開花。

如今，Dairy Queen軟冰淇淋已進入中國市場，成了除麥當勞、肯德基軟冰淇淋外的另一種品牌冰淇淋產品，深受中國消費者喜愛。除了Dairy Queen軟冰淇淋產品外，在北美加拿大有一種叫Reid's Dairy（瑞德）的軟冰淇淋卻有著悠久的歷史。2010年，瑞德企業慶祝建立100周年。

瑞德軟冰淇淋是全加拿大最新鮮的冰淇淋製品，是用加拿大高品質、乳成分最乾淨的新鮮口味牛奶和真正的奶油製成，無任何添加劑。目前這種軟冰淇淋包括草莓、櫻桃、巧克力、鳳梨等各種口味。同時，瑞德還生產奶昔、乳酪、液體牛奶、奶油和一

些天然果汁飲料。瑞德的牛奶、奶油、冰淇淋和其他乳製品都是直接從農場運到加工現場在幾小時內完成生產和包裝。瑞德冰淇淋廠直接由門店向顧客銷售牛奶加工品，是一個設備齊全、帶有內部食品檢驗室的乳製品加工企業。為了保證產品品質，瑞德採用地區最新鮮的農場牛奶。瑞德乳製品以其濃鬱的新鮮口感、合理的配製手法和獨特的包裝成為當地乳品加工廠最大的獨立家族擁有企業，也成了加拿大乳製品的一大品牌。今天的瑞德共有21個乳品店，生產製品幾乎囊括了全部乳製品。其中，瑞德的軟冰淇淋更是受人歡迎。近二十年來，瑞德企業不斷擴展新市場，所有的加工和包裝使用最先進的自動化設備，同時可以通過門店觀察窗觀看加工過程。

　　瑞德軟冰淇淋是瑞德乳製品的品牌標誌，瑞德乳製品的發展有著悠久的歷史。它是由赫斯廷斯縣（今Trenton）西德尼的奶牛養殖場發展而來，是由小乳製品生產商弗蘭克芬尼利·瑞德在1910年建立的。最初，瑞德收集的牛奶每天早上從地區的農場用馬匹上門送到當地的家庭。1967，瑞德的乳製品被德國移民亞瑟購買，保持了乳製品原來的名稱。德國人亞瑟1951年和他的家人從德國來到加拿大，三年後，憑著他敏銳的商業意識和對乳品行業的逐步瞭解，亞瑟在加拿大安大略省Belleville市迅速建立起了自己的乳品企業，同時帶來德國傳統乳品貿易技能。自從買下瑞德乳製品後，亞瑟生意連續紅火幾十年。亞瑟非常喜愛孩子，孩子們喜愛冰淇淋給了他很大啟發。1967年後，瑞德品牌擴展到包括23家特許經營連鎖店，連鎖店集中在南安大略中部和東部。

1998年亞瑟去世，他的兒子阿明掌舵，冰淇淋產品中增加了奶昔。後來阿明又把公司交給兩個兒子史蒂芬和大衛。從此，史蒂芬公司保留瑞德的名字，大衛公司獲取剩餘的專營權。

瑞德的產品多年來保留了從農場直接到經銷廠加工生產的過程。安大略省Belleville市的瑞德就是保持得最完好的軟冰淇淋生產、經銷店。它特有的紅色屋頂建築物成了Belleville市的標誌建築。Belleville市的瑞德在夏季開放，每到此時人丁興旺，顧客排隊購買。店堂內牆上掛著有關瑞德發展歷史的老照片及瑞德產品標誌物——一頭戴著墨鏡的乳牛。瑞德的奶昔只要1加元就能買到，包裝紙杯上也印有瑞德標誌「墨鏡乳牛」，使人一看就知道是瑞德產品。瑞德冰淇淋產品奶香濃鬱、價格合理、形態多樣，成為具有當地地方色彩的加拿大軟冰淇淋品牌。

加拿大的葡萄酒文化

葡萄酒文化歷史悠久起源於歐洲，伴隨著製作、品嘗葡萄酒而興起的一系列歷史文化現象被稱作為葡萄酒文化。葡萄酒與菜肴的巧妙搭配形成了西方的獨特飲食文化。如何將葡萄酒和菜肴完美結合是一門獨特的學問。因此，每年葡萄酒一上市，西方一些著名飯店都要高薪聘請品酒師對葡萄酒進行鑒定和搭配。在西方國家參加正式宴請時，菜單上都要注明所配葡萄酒的名稱和年份。某種意義上講，西方人對宴請中葡萄酒的好壞重視程度絕對不亞於菜肴本身。在品酒嘗菜時，免費樂隊的表演也是一種

享受，構成了西方葡萄酒文化的基本要素。在西方還有一種專門的葡萄酒舞是在葡萄豐收時慶祝的團體舞蹈，葡萄酒在基督教文化中還被視為耶穌基督寶血的象徵物。法國的葡萄酒文化是世界聞名的，理解法國人的最好方式是學會品嘗法國葡萄酒和法國大菜。我來到加拿大後見證了加拿大的葡萄酒文化。

　　葡萄酒按照成品顏色和製作方法有許多分類方式。以成品顏色來說，可分為紅葡萄酒、白葡萄酒及粉紅葡萄酒三類。清淡型白葡萄酒可以用來搭配沙律、蔬菜、瓜果、淡味海鮮、刺身、生蠔、魚子醬、貝類等。濃郁型白葡萄酒或者淡至中味型紅葡萄酒可以選擇搭配鮑魚、燒雞、豬扒、芝士焗生蠔、香煎海鮮、義大利粉面、比薩、帶汁魚扒、鐵板燒海鮮、中味芝士等。濃味型紅葡萄酒可以搭配牛扒、烤羊肉、袋鼠扒、鹿肉、野味、紅酒燉牛肉、燒烤牛羊類、中至濃味芝士等。冰葡萄酒可搭配香煎鵝肝、餐後甜品、水果、乾果、重味芝士、雪糕、巧克力等。

　　關於葡萄酒的儲存期也有講究，儲藏期十年的冰紅葡萄酒具有成熟的果香味道。同時，開瓶的時間也頗有講究，六、七年內的葡萄酒應在飲用前幾小時開瓶使酒味更濃香，陳年酒一般以現喝現開為好。

　　加拿大的冰葡萄酒是世界著名的，是葡萄酒之極品，被譽為「液體黃金」。釀造冰葡萄酒的葡萄要等到12月至1月氣溫降至攝氏零下8度時去採摘，冬季的葡萄經過天然風乾過程，葡萄汁液深度熟化並將原先大量的存在於葡萄皮中的氨基酸和礦物質溶於汁液中，同時汁液的糖分和果酸含量更加濃縮，因此冰葡萄酒的

甜度更大。由於氣候原因，加拿大是世界上唯一能每年生產冰葡萄酒的國家，冰葡萄酒在加拿大被稱為「國酒」。加拿大的冰葡萄酒由於甜度高、酒精含量低而成為不會飲酒朋友的最佳選擇。

　　加拿大人不管男女老少都喜愛飲用葡萄酒，加拿大的葡萄酒一般酒精含量都不高，加上加拿大人在飲用葡萄酒時加水或加冰塊使酒精含量更低，所以葡萄酒也成了加拿大人的一種日常飲料。如果你是一個酒精過敏者，這兒還有一種不含任何酒精成份的葡萄酒，味道幾乎和一般葡萄酒沒有什麼區別。關於飲用葡萄酒的好處眾所周知，就是利用葡萄籽製成的保健品對降低血脂、美容也有一定的作用。

　　加拿大一般的葡萄酒在政府所設的專門商店出售，但是如果你要買一些新款和有特色的葡萄酒，你只能到一些專門的私人葡萄酒莊去購買了，並且也能順便享受一下加拿大的葡萄酒文化。加拿大人的飲酒年齡一般是19歲，所以如果你不滿19歲的話就連體驗葡萄酒文化的資格也沒有。如果你要體驗葡萄酒文化，自己駕車去也不是一個好的選擇，這兒有警察專門在路上檢查駕車者的酒精含量。

　　如果要品嘗一些加拿大的新款和有特色的葡萄酒，這兒有專門的旅遊車帶你到一個指定的場所，你可以自由品嘗各種各樣的紅葡萄酒和白葡萄酒，還有一些像乳酪、甜點之類的零食你也可以自由享用，但你是要買專門門票的。如果你要在品嘗葡萄酒的同時領略一下加拿大的葡萄酒文化，到一些專門的私人酒莊，去感受加拿大的葡萄酒文化是一個不錯的選擇。在不同的酒莊，

你可以選擇各有特色的你所喜愛的葡萄酒;在購買葡萄酒前你還可以選擇嘗酒,當然嘗酒是要付錢的。大約5加元你可以選擇品嘗4款不同的紅葡萄酒或白葡萄酒,讓你品嘗的4款葡萄酒,也就是每款兩小口左右。品嘗葡萄酒時,首先酒杯要乾淨透明不帶色,然後把葡萄酒從瓶中倒入酒杯的三分之一,用手輕端杯座,將酒杯中的酒作上下左右輕搖並轉動,看酒是否掛杯(Tears of glass),接下來,把酒杯放在鼻尖下吸一吸,以辨別它的香味。最後,把酒杯輕輕放到嘴唇邊微啜,用舌尖直接辨別酒的優劣。

在品嘗葡萄酒前,如果你看上去很年輕的話,酒莊的工作人員會詢問你的年齡,如果你不滿19歲,你是沒有資格嘗酒的。一路上的酒莊中還有專門的導遊圖向你介紹不同的葡萄酒莊,各種嘗酒券你可以選擇獲取和使用,如果你拿到了嘗酒券,下次你再次光顧這家酒莊,可以讓你和你的一位同行者各自嘗一款免費的葡萄酒。無論你選擇哪種方式,你都可以購買到你所喜愛的葡萄酒,同時也有一些與葡萄酒文化相關的旅遊紀念品出售。

要領略加拿大的葡萄酒文化,安大略省是一個不錯的選擇,安省共有葡萄種植商530家,釀酒廠達70家。尼亞加拉半島(Niagara Peninsula)、皮利島(Pelee Island)、以及最新加入安大略省葡萄酒家族的愛德華王子郡(Prince Edward County),共同形成了安大略省四個獨特的葡萄酒產區,安大略省創建了世界最頂級的葡萄酒產區之一,以及世界最佳冰酒產區之一,贏得了世界級的聲譽。沿著安大略省的Prince Edware County地區路上有十多個私人葡萄酒莊伴隨著各自的葡萄園,同時還有一些畫廊

出售當地畫家的畫作。你可以在享用美味葡萄酒的同時，觀賞一些當地畫家們的畫作，畫家們紛紛在這兒開設畫廊以順應葡萄酒之旅帶來的文化商機，有的畫家甚至搬到這兒專門在葡萄酒之旅季節出售自己的畫作，在Prince EdwareCounty的Bloomsield已形成了當地享有盛名的小小畫家村。

享受加拿大葡萄酒文化之旅的最好季節是9月中下旬，這個季節是葡萄成熟的季節。一般用來釀酒的葡萄與商店出售的葡萄是不同的，它的甜度自然沒有商店出售的葡萄高，而且用來釀酒的葡萄顆粒較小。釀酒的葡萄分為紫色和綠色兩種，分別用來釀紅葡萄酒和白葡萄酒。在葡萄收穫的季節，這兒的葡萄園專門雇傭一些季節性工人幫忙採摘葡萄。收穫季節葡萄園中的葡萄架上佈滿了成串的葡萄，葡萄架一擺擺排列得十分整齊，串串葡萄下垂於架下，便於工人們採摘。如果你有興趣，經過同意你還可以嘗試一下採摘葡萄的樂趣。

在Prince Edware County地區有一個比較大的葡萄酒莊叫Casa Dea Estates，這個酒莊中有一些關於介紹酒莊起源的歷史及發展沿革的圖片和文字資料。酒莊中用來裝酒的酒瓶色彩鮮豔、形狀各不相同叫人愛不釋手。酒莊中還設有鄉村餐館，讓你在品嘗葡萄酒的同時，品嘗一下加拿大具有鄉村特色的美味佳餚。酒莊附近的葡萄園有室外品酒場所和露天酒吧台，酒莊室內酒架上的各種各樣葡萄酒琳琅滿目使人目不暇接，人們在這兒享受美食、度假和選擇自己喜愛的葡萄酒。另一個Sand Banks酒莊也是當地比較著名的，2010年英女王訪問加拿大在渥太華品嘗了Sand Banks

製作的葡萄酒。

　　加拿大私人葡萄酒莊中的葡萄酒一般價格合理，稍低於政府專賣店中的葡萄酒價格。酒莊中的葡萄酒味道獨特醇厚，嘗酒後留香長久、不易醉酒。不同的酒莊都有各自特色的葡萄酒製作工藝，葡萄酒的酒性和品質在很大程度上受土壤、氣候、光照、雲況、風、降雨量、地形、海拔、釀酒技巧等因素影響，寒冷氣候生產出了糖和酸均勻和諧的葡萄決定了葡萄酒的風味。但是，如果夏季由於葡萄成熟期雨水較多，葡萄見到的光照少，糖分就沒法積累，葡萄的成熟受到了一定程度的影響。

　　加拿大的夏季有很多季節性活動可以選擇參加，其中葡萄酒文化之旅也是一個不錯的選擇，在葡萄成熟的季節，各酒莊推出的各種集娛樂性和知識性於一體的旅遊節目更是大大促進了葡萄酒文化的傳播。這些活動包括燒烤美食、品酒、參觀葡萄園、認識葡萄樹、親自採摘葡萄、裝桶發酵及裝瓶、當地藝術展覽。還有專門的樂隊為旅遊者演出，在享用葡萄酒的同時也能享受一下加拿大的鄉村音樂，親自體驗加拿大的葡萄酒文化。

參觀加拿大乳酪工廠

　　記得初嘗乳酪還是在我小時候，那時候雖然物質生活非常貧乏，但像上海紅房子西餐館那樣西式餐廳仍然是熱愛海派文化人士經常光顧的地方。父親雖然工資不高，但有時也會買一些西洋食品讓家人品嘗，乳酪就是那個時候我非常喜歡的食品。那次是

我童年生活中僅有的一次品嘗父親買回的乳酪，乳酪被紅色的蠟殼包裹像是西瓜被切成片那樣僅有一小片。把乳酪在鍋中融化後沾上麵包，麵包立刻有一股濃鬱的奶香味，令人一輩子都不會忘記。

稍長大後乳酪卻在中國市場上完全消失，直到改革開放後很長一段時間，乳酪才漸漸在食品市場上出現，並且還有直接進口的不同品種的乳酪。現在國內的乳酪很貴，但我卻再也找不到童年品嘗乳酪時的那種感覺，總覺得現在的乳酪味道怎麼也沒有童年品嘗過的那塊乳酪那樣味道濃鬱和香醇，使人難以忘懷。

漸漸長大後不再經常品嘗西式餐，當然也不再嘗試市場上的各式乳酪。先生到中國第一次拜訪我父母時，就是帶了一大盒裝在一個提籃中的各色各樣乳酪樣子很好看，父母那時已不習慣乳酪濃重的滋味，我嘗試了一下乳酪有很強的鹹味終究也不喜歡，於是就把乳酪送給了小弟弟也不知他怎樣處理。就像先生不習慣中國的臭豆腐那樣，大弟弟到北美十幾年生活中也不適應乳酪古怪的奶香味道。

加拿大的乳製品其實品質很高，這兒的牛奶、冰淇淋和奶油等乳製品味道肯定比國內的乳製品濃醇。在加拿大嘗過冰淇淋後再也不會喜歡國內的一般冰淇淋。乳酪也是這樣的一種乳製品，乳酪分生乳酪和熟乳酪兩種，也分最好融化食用和不需融化食用兩種食用方法，如要真正品嘗一款乳酪，最好的方法就是直接放入口中品嘗，而不是用於烹調。不同乳酪配不同葡萄酒是國外飲食文化的一種特色。

西方人喜歡用乳酪當零食招待客人，上好的乳酪往往不是在商店出售，而是在一些乳酪工廠你能找到新鮮和比市場上更便宜的各式乳酪。在乳酪工廠購買乳酪另外一大好處就是你能先品嘗不同種類的乳酪，然後才購買自己喜歡的款式。

　　乳酪有多種款式、不同色彩和形狀，不同款式味道也不同。製造年份是乳酪味道不同的主要原因，年份越久味道也就越酸濃。另外，在乳酪中混入葡萄酒或辣椒、大蒜等也使乳酪滋味不同，以適合不同人群的需要。在我居住的Trenton小鎮附近我在不同的地方找到了四處這樣的鄉村乳酪工廠。於是，我在安大略省的Black River（Picton）、Maple Dale（Belleville）、Ivanhoe（Ivanhoe）、Empire（Campbellford）附近四個乳酪工廠都買了一塊同年份兩年期的乳酪回家品嘗。對我這個中國人來說根本不是品嘗乳酪的行家，漸漸適應並逐漸再一次愛上乳酪是因為經常去西方人家庭做客，入鄉隨俗地品嘗乳酪和咖啡，也少許能感知一點咖啡和乳酪品質的差異。

　　我比較喜歡在安大略省Picton附近的Black River乳酪工廠的一款帶有酒香味的乳酪，顏色也好看是紫色鑲邊加上乳白色有葡萄酒的香味。不同的乳酪工廠都很注重工廠的品牌，Black River乳酪工廠始建於1901年，直到現在這個乳酪工廠還保持著一些宣傳資料可供客人取閱，也有一本薄薄的彩色食譜介紹工廠的歷史及乳酪如何搭配菜肴，如何利用乳酪做出不同的沙拉等。這個乳酪工廠與其他三家乳酪工廠不同的是這個乳酪工廠有帶有乳酪品牌的T恤、帽子等出售，並有一些出版物介紹乳酪歷史、品種等。

所謂乳酪工廠其實也是一個小商店，真正如何製作乳酪在乳酪工廠是看不到的。製作乳酪工序複雜，一般生乳酪的做法是：把鮮奶倒入筒中，提取奶油後，將純奶放置在熱處發酵，有酸味後倒入鍋中煮熬成豆腐形狀時，將其舀進紗布裡擠壓除去水份。製作熟乳酪時，把經過提取奶油後的鮮奶使其發酵，當優酪乳凝結成軟塊後，把多餘的水份濾掉放入鍋內慢煮成糊狀後，將其舀進紗布裡，擠壓除去水份，然後，把奶渣擠壓劃成不同形狀放置在太陽下、或者通風處，使其變硬成幹。乳酪也有比較硬和軟的區別，較軟的乳酪才適應直接入口當零食。

乳酪也可以做成粉狀用於義大利通心麵等搭配，把乳酪切成絲狀往往是做西式沙拉的配料。西方人的飲食文化離不開乳酪，乳酪的營養價值也是很可觀的，營養學家認為：青少年每天吃一塊乳酪可以保證身體營養的需要；對老年人來說，乳酪中鈣等含量也很豐富，也是一種補充鈣質的好食品。

乳酪工廠除了供應各種品牌乳酪外，還供應自製冰淇淋、楓葉糖漿、蜂蜜塊、糖果和一些自製乳酪麵包、各種特色調料等，參觀乳酪工廠最大的收穫是可以免費品嘗各式乳酪並選擇自己所愛的新鮮乳酪食品。

Belleville市的燒烤節和嘉年華

Belleville市的燒烤節和嘉年華都會在每年的8月準時舉行。嘉年華是為孩子們舉辦的節日，而燒烤節只是為了滿足食物愛好

者的口福。

　　加拿大人沒有不愛燒烤的，燒烤是加拿大人喜歡的烹調方式。燒烤過的排骨等肉類其實味道差不多，只是各種燒烤所使用的燒烤醬汁有區別。燒烤節上色彩鮮豔的廣告看板和各色旗幟飄揚，為燒烤節增添了節日歡快的氣氛。

　　在Belleville市的燒烤節上，有多種醬汁可供遊人品味，各燒烤攤位為了吸引遊客購買自家的燒烤排骨，都精心準備了自己獨家醬料，遊人可以用一根小木棒沾上不同醬料品嘗，然後決定買哪家的燒烤排骨。排骨燒烤節結束後，被人們評選出的好攤位可以贏得金杯獎狀，其他不同攤位也可以贏得大小不同的獎以示鼓勵。現場上陳立著形狀、大小、顏色不同的金屬獎杯形成了燒烤節的一道風景線，多年獎杯獲得者也是最信得過的燒烤攤位，深得顧客喜愛。

　　燒烤節上，長條整塊豬排是主要食物，另外也有烤雞和烤玉米等。燒烤攤位的濃煙中透出一陣陣食物香味，年輕的店家一邊唱歌吸引客人注意力，一邊翻動著燒烤著的排骨。排骨是事先煮過的，被塗上調料後再在燒烤爐旺火上直接烤炙，烤炙的時間並不長，避免了過多的烤炙所帶來的不健康因素。

　　冷飲攤位上女攤主用老式冰淇淋機製作奶昔，風味獨特，奶油飄香。柔軟的奶昔手工當場製作，味道濃鬱、甜度適口，是品嘗燒烤後的必不可少的甜品。

　　每年的燒烤節其實基本大同小異，但是每年都有不少人參加燒烤節和品嘗各種燒烤排骨，這在Belleville市已經成為了夏季的

一個主要傳統活動。

除了燒烤節這樣滿足遊客口福的節日外，Belleville市的嘉年華也是成人和孩子們樂意參加的一個活動。嘉年華也就是把各種大型兒童遊樂設施集中組合在大型公園中供孩子們娛樂。除了遊樂設施外，各家的寵物狗還可以參加比賽，同時贏得獎品。

在加拿大寵物狗被作為家人，他們的地位等同於孩子，所以嘉年華上一定也會有寵物狗的樂趣與比賽。有時還可以見到小朋友們喜愛的雞、羊、馬、豬等小型動物展示，孩子們可以隨意撫摸小動物，與小動物近距離接觸。

其實，不管是燒烤節還是嘉年華，都是加拿大中小城市一項多見的活動。中小城市靠這樣的活動凝聚人流和開發財源，民眾也樂意在嚴冬過後的夏季有一個活動的好去處。

嘉年華不光是孩子們的所愛，成人們也可以與孩子一起遊戲，重溫童年時代。各種設備安全可靠，設施周圍為了防止孩子摔倒鋪上了一層木屑，盪椅上也設置了保險帶，充氣遊戲裝置則更保證了孩子們的安全。

無論是燒烤節還是嘉年華，一些新穎設施總是引人注目。在燒烤節上，一輛在草坪上展示的跑車被分成兩個側面：左側看是車，而右側卻是廚房設備，水鬥、龍頭、烤箱、切菜台一樣不少，真是精妙絕倫的構思，這輛廚房車還可以被人們租借用來野營燒烤和家庭派對。

草坪邊一棵已經枯死的大樹雖然被攔腰切斷，但利用樹樁卻順便被雕做成一個座椅，這棵枯死的大樹立即成為了有生命的藝

術作品和不可移動的真正樹樁座椅，成為了觀眾們的最愛。

每一次燒烤節和嘉年華上，都會有身穿亮麗服裝的年輕人簡單的表演和分發廣告，並吸引孩子們留影。

加拿大孩子們的生活是十分幸福的，不光享受著政府的福利，而且從小家庭環境優越，住房舒適、玩具眾多，私家草坪上還有大型兒童遊樂設施，有時還會建有兒童游泳池。孩子們不用從小就緊張學習為入大學而拼命。

家長們在工作之餘可以與孩子們一起享受生活，也並不擔憂孩子們的前途。假期更是家庭旅遊和參加各種活動的好時機，從燒烤節和嘉年華活動中可以領略加拿大人優雅的生活、幽默的文化和家庭的溫暖。

感受 HRVEY.S漢堡濃郁的炭香味

來到加拿大後，發現西方人的主食除了燒烤之外，其實也就只有漢堡和其他油煎類食品了。西方人的食物菜譜遠遠沒有中國美食豐富，但許多餐廳倒是有許多有趣的歷史。加拿大有名的餐廳一般都起源於五、六十年代，而且餐廳的發展史一般都和汽車有關。為了滿足五、六十年代汽車在北美的興起，當時許多餐廳都想方設法開闢車道，方便開車的顧客光臨外買。直到如今，許多的北美餐廳一直延續著這種傳統。但時過境遷，如今許多顧客情願空下來坐在各種餐廳中，慢悠悠地享受著各自的美食，餐廳也成了加拿大人與人交往的一種形式。

在北美餐廳，漢堡是必備的主食，很難想像漢堡能做出各種各樣不同的滋味來。嘗過了許多種漢堡後，發現漢堡基本有三種做法：第一種就是把肉醬或魚醬混合其他配料直接在油中煎炸；第二種是把肉醬拌好後放在鐵板上烤；第三種也就是明火加炭烤肉餅做出的漢堡了。這三種口味漢堡只有炭烤牛肉餅漢堡是HRVEY.S餐廳的特色。HRVEY.S除了炭烤牛肉餅外，漢堡所需的其他配料共有11種，顧客可以按照自己不同的口味自由選擇配料。

加拿大許多餐廳都是舶來品，HRVEY.S餐廳是個例外，HRVEY.S餐廳標榜是100%的加拿大餐廳。從它的歷史起源來看，HRVEY.S最初的創辦人是一個年輕的企業家喬治·瑞克莫朗，他在去紐約旅遊的途中看到了一種燒烤漢堡從而得到啟發，他把這種做漢堡的方法帶到了加拿大。HRVEY.S餐廳的名稱也是受到了當時郵局電報的廣告啟發。HRVEY.S最早的餐廳是在1959年4月1日開幕，設在裡士滿山天文臺車道和央街的拐角處。1963年初，HRVEY.S餐廳已發展到尼亞加拉大瀑布地區、渥太華和蒙特利爾等城市。1964年，HRVEY.S餐廳進入魁北克，開始在包裝袋上印刷英語和法語兩種文字，受到當地人的歡迎。

1959年開業後的HRVEY.S餐廳，一直是一個接受訂單的餐廳。餐廳根據顧客的要求，「訂製」各種配料的漢堡。HRVEY.S最初在蒙特利爾的餐廳是木屋餐館，並從愛德華王子島購買紅泥土豆，然後把新鮮土豆切成片，用乾紙吸取多餘水分，再油炸製成薯條。愛德華王子島的紅泥土豆與其他產地的土豆味道不一

樣。愛德華王子島特有的紅泥地裡種植出來的土豆汁多肉嫩，用這種紅泥土豆做出來的薯條與冷凍薯條油炸後有很大區別，紅泥土豆使HRVEY.S 餐廳的薯條別具一格。十年後，HRVEY.S漢堡的配料數量大幅增加，但紅泥特色薯條被新鮮切割的馬鈴薯薯條代替。

　　HRVEY.S漢堡是燒烤漢堡的泰斗，它的主要特色還在於它的炭香味。HRVEY.S炭烤漢堡選用炭料在比較理想的溫度600ºF明火上進行燒烤，直到漢堡中充滿炭香氣。HRVEY.S炭烤漢堡由於火候適當香而不焦、肉質不乾枯，加上允許客戶選擇11種不同的配料，包括生菜、番茄、洋蔥、泡菜、辣椒等，還有各種調味品番茄醬、芥末醬、烤肉醬、沙拉醬、紅辣椒醬等，這種配餐式的方法使HRVEY.S餐廳很快成為加拿大特色的餐飲品牌。

　　二十世紀70年代，HRVEY.S被Foodcorp LED收購合併，很快公司經營了80家餐廳。1998年開始，HRVEY.S餐廳注重「套餐」第一，允許客戶修改菜單組合，可以用沙拉代替炸薯條、牛奶代替軟飲料。2012年11月以後，HRVEY.S餐廳引進健康食品，漢堡也從炭烤漢堡發展到包括素食漢堡、烤雞肉三明治、烤雞沙拉在內的四大健康食物為主的餐廳。近二十年來，餐廳也發展成了旗艦店，並增加了洋蔥圈、熱狗等產品。HRVEY.S餐廳的飲料主要包括新鮮果汁、百事可樂、咖啡和茶。冷飲食品主要有厚巧克力奶昔等。HRVEY.S餐廳的廣告以促銷券的形式在Facebook、社交媒體和電視廣告上傳播。

　　加拿大的一些少數地方，早餐菜單仍然包括真正的煎蛋吐

司、培根和香腸，以及英國松餅早餐三明治。HRVEY.S餐廳是為數不多的提供當場煎蛋的速食店，相對於其他連鎖店如麥當勞或者漢堡王只提供完全煮熟的雞蛋，HRVEY.S餐廳提供了更多的傳統美食早餐。2007年至2009年，每年5月，HRVEY.S餐廳在安大略和魁北克省舉行漢堡周。活動中派送免費漢堡，目的是慶祝加拿大最美味的「漢堡」，以吸引新客戶。如今，HRVEY.S餐廳每年仍有「買一個，送一個免費漢堡」的活動。

HRVEY.S餐廳曾經是家得寶（Home Depot）的合作夥伴。2000年由於財政困難，許多HRVEY.S餐廳被迫關閉。2006年，又失去了家得寶的夥伴關係。但是，HRVEY.S漢堡仍然是一個具有五十多年歷史、土生土長的加拿大漢堡餐廳，許多加拿大人為此感到自豪。五十多年來，HRVEY.S餐廳始終被加拿大擁有和經營服務，餐廳中展示了大幅有關HRVEY.S歷史的老照片，成為了一種餐廳文化。雖然在過去的五十年中餐飲業有了很大的改變，但是HRVEY.S食物的配方仍然保持了真正的美味。

在Golden Valley享受西式晚餐

Golden Valley是安大略省Trenton小鎮上的一家開辦於1977年的西餐廳，小鎮上的居民都非常喜愛這家餐廳。Golden Valley餐廳環境優雅、燈光適宜，再加上半個酒吧，使這家餐廳更加受到當地人的歡迎。

這家餐廳主要經營的食物大致與其他西餐廳差不多，西式烹

調無非就是燒烤、土豆、海鮮加沙拉。對於一個中國人來說西式餐廳的食物味道大同小異，但是這家餐廳卻有它特別的地方。餐廳的牛排和Baby牛肝是這家餐廳的最大特色。這家餐廳的牛排除了燒烤外，還有一種叫Prime Rib的牛排味道十足，許多人是沖著這份牛排而選擇這家餐廳的。Prime Rib特別適合牙口不好的老人食用，因為這份牛排不但肉質鮮嫩，而且肉質軟而細膩，一口咬下去還有鮮汁滿口。它的烹調方法肯定不同於一般的烤炙，倒有點像是中國餐廳中的牛排使用了嫩肉粉。不敢亂猜測這家餐廳的烹調方法，更獨特的是這份牛排還被澆上了一層薄薄的調料，這份調料是用了家禽或家蓄的內臟，經過長時間的熬煮，再加上各種香料而製成的，所以它被放在Prime Rib上更增加了牛排的口感和鮮味。

西餐講究原汁原味，食物烹調時不加味精、糖和鹽。如果顧客需要鹽、胡椒鹽等都被放在餐桌上供食客自己選用。但以我來看根本就用不上餐桌上的調料了，因為食物的原汁原味已經夠鮮美了。

上西餐廳吃飯最搞不懂的是各色各樣的調料，點菜時侍者往往問你需要什麼口味的調料放在食物上，我一般都回答不出，因為根本就不知道各種調料的味道和英文名。好在餐廳侍者看著你猶豫不決，就會向你推薦一些調料，調料其實有時根本不是用來直接烹調，而是被放在一個很小的陶瓷或塑膠杯中，隨食物一起送上來，你自己可以選擇食用或不食用。

我對這些調料的看法是，有時調料的確可以增加食物的口

感，有時覺得根本不需要這些調料，反而原汁原味更清爽。看來西式餐廳把調料放在食物一邊，供不同人選用是有一定道理的。

Prime Rib配上紅酒是當地人的最愛，所以這家餐廳的老闆非常精明，餐廳中的酒吧設計吸引了人們想要品酒的欲念。當然除了紅酒這兒還有常規飲料，只是用來盛飲料的杯具非常不同，小杯可樂被放在了一個非常可愛的小瓶子中。西式餐廳的特色飲料和甜點通常製作得非常好，這兒特殊的飲料是一款用番茄醬搭配紅酒、再加上辣椒和香料製成的紅色液體。紅色液體被放進小酒杯中，裡面還插上一小段綠色西芹，杯口斜插一小塊青檸檬。這份開胃酒飲料不但色彩鮮豔亮麗，而且口味更增加了食客的食欲。

在北美上餐廳吃飯，總覺得這兒與國內不同的是，這兒大多數餐廳對兒童特別優惠。兒童隨成人上餐廳吃飯不但有優惠，而且大多餐廳都會準備兒童餐，兒童套餐一般是成人餐價格的一半。兒童入餐廳有專門提供的兒童椅，稍大一點的孩子還有專門提供的紙張和蠟筆供兒童繪畫，以縮短就餐等待的時間。幸運的話，還可以得到餐廳向兒童贈送的小玩具。

值得注意的是在國外餐廳消費用餐，心理上要有所準備，因為在國外除了速食廳外，其他餐廳一律要付服務費和小費，兩項費用相加至少使你的帳單增加30%。

就餐完畢，隨帳單上來的是幾顆糖果，帳單除了收取15%的服務費外，還得給10%到15%的小費。這樣看來，西方餐廳的服務周到一部分也是為贏取小費有關的。

在THAI SUSHI餐廳享受美食

在北美的小鎮上，大多數中國餐廳都是為了適合北美人的習慣烹調食物，所謂的中國餐廳不僅沒有想要嘗到的真正中國餐，更沒有像國內大都市那樣菜肴豐富、口味多樣。這兒的中國餐廳因為不具備各種各樣的中國調料和合格廚師，往往烹調的菜肴對我這樣一個來自於大都市的人來說，這兒的中國菜肴根本不對口味和胃口。

前幾年，我住的小鎮上開出了一家THAI SUSHI餐廳，看名字好像是日式和泰式餐廳。在這兒許多餐廳是混合的菜式，比如中國加拿大餐廳就是把中餐和西餐混合，燒出來的菜肴不中不西，大多油炸、薯條和洋蔥圈也是這類餐廳的必備。

初看THAI SUSHI餐廳也不以為然，以為也就是口味不怎麼樣的那一類餐廳。直到最近經過朋友介紹才踏進這家餐廳，才品嘗到了小鎮上可以稱得上是最美味的菜肴。

THAI SUSHI餐廳主食主要有兩類，一類是日本菜口味，另一類就是泰國菜肴。根據自己的口味，我選擇了芒果沙拉、三文魚，另外還選了餛飩、米粉和牛肉飯。在西方的中式餐廳，一般也改良為分食制，一份三文魚包括了混抄蔬菜、米飯和醬湯。由於選的是日本口味菜肴，所以上來的醬湯口味十分純真，一小碗醬湯中既有小塊豆腐、又有紫菜、蔥花飄在醬湯中白綠相間。日本的粉紅生薑是十分爽口的，日本的醬湯因為用了一種特別的醬

料加上爽口的生薑而味道十足。喝完醬湯,再嘗芒果沙拉,芒果選用的是紅色芒果口味偏甜,加上紅、綠甜椒,搭配上白洋蔥和炸過的腰果原色原味,沒有任何添加沙拉油,用來增加口味的是被橫向切斷的油炸蔥花,使沙拉既甜酸適中、又香味撲鼻,開胃又營養。

最後,品嘗三文魚菜,三文魚被切成一釐米厚度,經過了燒烤的三文魚已經沒有了多餘的油分,反而有一種炭香味。配三文魚的是雜抄蔬菜,有蘑菇、蘆筍、西蘭花加上半隻紅甜椒增加色彩。從口味上來看,這些蔬菜是被包在錫紙中燒烤過的,所以既保持了蔬菜的養分和色彩,又鎖住了水分,使蔬菜不但不油膩,而且色彩和口感十分合適,像是廣東菜樣的短時烹調。三文魚、混抄蔬菜、白米飯和兩款醬料被放在同一個白色大盤子中,作為一份晚餐量已十足,並且絕對的分食制。

THAI SUSHI餐廳的牛肉飯雖然稱是日式風味,倒不如說是中國的耗油牛肉飯加上白色芝麻,同時配上脆脆的油炸粉絲和混搭蔬菜、米飯。這兒的小餛飩也就是非常地道的中國特色品種了。所以這家THAI SUSHI餐廳雖稱是日、泰菜肴,其實恐怕老闆也是個中國人吧。在加拿大我也看到過韓國人經營的壽司餐廳和西方人經營的中國餐廳,所以這家THAI SUSHI餐廳的老闆即使是中國人也一點不奇怪。加拿大本來就是混血文化,在飲食文化上的「混血」也自然合理。

雖然沒有品嘗THAI SUSHI餐廳的泰式菜肴,但對加拿大的泰式菜肴卻有一種不同的認識,這兒的泰式菜肴其實味道很不

錯，有時甚至超過中式餐廳。記得有一次在Port Hope鎮上品嘗泰式菜，侍者介紹了這兒的泰式咖喱飯就是不錯的一款泰式餐。泰式咖喱分三類，其中黃咖喱味道不十分辛辣，而且性溫比較和胃。一份泰式咖喱餐包括了泰式米飯加上牛肉、豬肉、海鮮、白雞肉等任選一款，再添上胡蘿蔔、甜椒、小玉米等蔬菜，飯前贈送一份甜酸湯和一個春捲作為前餐。

黃咖喱餐就是把咖喱與椰漿混合作為調料來加工食物。因為椰漿有天然的油分，所以這兒的泰式餐不用食用油烹調，天然椰漿和溫和咖喱搭配的那種味道使人難忘。據說現在流行用椰子油烹調食品是最佳的烹調方法，椰子油在市面上出售價格非常貴，但是它確實是目前最健康的一種食用烹調油。泰式餐其實加工也很簡單，只要知道所用的調料搭配得當就行。

THAI SUSHI餐廳的菜肴也可以外帶，外帶可降價10%，同時也不必付小費，價格十分實惠。嘗過了這兒的菜肴後，自己回家也可以做出這樣的菜肴，至於調料可以買商店現成的醬料。看來不管是那家餐廳，與大上海的飯店比起來，北美的亞式菜也大同小異，自己完全可以操作烹調。只是我這個懶人不肯多花力氣，想去餐廳享受一種氣氛而已。

附錄一：作者早期發表的部分詩歌、散文詩、散文選編

一、詩歌

迷失

我們曾經如此驕狂

在半空中飄遙

夢和綠葉一起飄落

迷失在冷峭暮秋的黃昏

冰雪搖曳的清晨

我們曾經擁有

現在能否再找到？

一杯苦酒

幾縷清憂

歲月從秋水邊流溢

思戀在綠土中抽芽

記憶的鞭子

抽打著累累的傷痕

佝僂的背影

顫動著受傷的脊樑

飄落的是我綠色的魂魄

延伸的是我黑色的腳丫

挽著孤獨

遠走他鄉

何時再能為你

沏上一杯清茶？

古典風景

有月亮的秋夜裡

星星把月亮摟得很緊

夢，開始變得搖搖晃晃

在這個境界裡

秋天陶罐般地破碎

風，從極地吹來

落下一樹唱歌的葉子

雲霧蒸騰的丹霞

像即將分娩的子宮

血液的高潮

地平線上

天空和大海閉合了眼瞼

凝重而蒼老

每一顆流星的燃燒

都像是一段華彩樂段

去熄滅童年的燈

太陽的誕生

像嬰兒充血的瞳仁

金光閃閃的眼睫

逡巡在城市的上空

「哇」地一聲啼哭

抖落一片古典黃昏

當年的金戈鐵馬

已化為一片寂靜

城市的車轍佈滿血脈

滲透進每一根毛細血管

殘留的遺骸

將成為過去永久的紀念

靠著它

在天空和大海的縫隙中

跳動在波峰浪尖

拾起遷徙淚濕的心事

去圓團團的夢囈

千年歷史將會重新開始

鄉愁

鄉愁是一縷飄忽的雲煙

停留在你墓前

唱一曲淒涼的語言

搖落一樹冰雪

染白蒼髮

鄉愁是纏綿的雨絲

穿心而過

縈痛一片落葉黃昏

心有千千結

吹一聲蘆笛

在你墓前

燭光像一個紅色的跳舞侏儒

刻字的墓碑記載著

一段古老的

心事

我的心從遠方歸來

折疊起黑夜訴不盡的溫柔

玫瑰花變成了野菊花

鄉愁是一帖苦澀澀的滋味

牢牢粘在遊子

滴答淌血的心上

離別的那一刻

離別的一刻

何必說再見

如果你執意要走

留下的只有歉疚

點點滴滴

枯黃的記憶

像秋風掃盡！

請再不要讓感情的陀螺

旋轉出綿綿的回憶

離別是愁

相見也是憂

感情亦已成了化石

沉甸甸地砸在心頭！

二、散文詩

重逢

重逢的時候，我們都顯得平靜，不需要太多的語言，都已讀懂彼此的心靈。很久以前那個雨過之後的十月黃昏，在那片冷杉樹下，你我站成了一定的距離。我們遙望著星空，眉宇間透出了憂傷，但都揚起冰冷的手揮手道別，從此我們已深深地知道：一定有些什麼你我註定要失去……

遠方朦朧的召喚是你我遠走的理由，在那樣的秋天裡，我們就像無根的小草，請不要阻止我們去流浪，在那些個黑夜和白天交織的生命旅途中，我的漂泊希望你的柔情和鼓勵，你的流浪需要我的囑託和信賴。兩顆同樣脆弱的心靈，常常被同一首歌曲打動，寂寞的心中，你我各執一柄火炬如火如荼，讓淚水和血汗鑄就我們堅強的性格。

在茫茫的世界裡，我們各自都走出了一段自己的路，為此我們感到自豪，我們在經歷了無數次的黑暗和失敗之後，等待著那個幸福的黎明，在時間和空間的某一個點上，我們的重逢也不過是漂泊流浪的又一次開始。當彼此發現我們面向著同一個世界傲然挺立，便輕輕地微笑互相道一聲：「你好嗎？」就讓苦難的歲月在我們的心中如潮水般輕輕退去。

我們的性格註定我們要浪跡天涯，即使走到世界的盡頭，我

們也不會後悔，世界不可能濃縮成兩個人的距離，那麼我們的故事就註定只有開始，沒有結尾。即使這樣，我們的腳步也要堅定地走下去……

懷冬

冬，我的畫筆始終無法畫出你的神韻，是因為你太肅殺、太嚴厲、還是太莊嚴肅穆？

冬，你有一種衝動的魅力，使生命甘願為你而死亡，大漠深處有駝鈴，荒野裡面有腳印，而一望無際的冬天呵，你的家究竟在哪裡？

我知道冬的懷抱裡曾經也有過美麗繽紛的落英，你嚴酷冷漠的外表下孕育過春的萌動、秋的繁華，但是沒有人會為你去唱一首冬天的挽歌。

終於，冬以冰為肌、玉為骨、清幽昇華為髓，在蒼茫中顯示逼人的魅力。站在你被雪覆蓋的風景裡，猶如站在一種裸露的情感裡，我想就把我生命的儀葬安排在這十二月的寒風裡吧，那時我會被寬厚坦蕩的冬天收容，但是，某些生命偏偏要選擇這個季節誕生！

冬天，我們找不到頹廢的等待，有過的是茫然，失去的同樣彷徨，想上天堂，必先經受地獄般的考驗。冬天我終於讀懂了你沉默的回音：用冬雪潔白的身軀在漆黑的畫板上畫上了希望的曙光，讓黎明從善良靈魂的地平線上升了起來。

在十二月的寒風裡，我想做一隻被放飛的風箏，與無情搏鬥

與風抗爭，不畏寒風、不覺疲倦，千分輕鬆萬種閒情，靜靜看著下面很冷很冷的大地，讓我的靈魂深處感受風暴，同時也感受歲月的悠長。

渡口

那天，站在渡口，煙雨濛濛，遊子的心情不能平靜。遊子的肩上背著雙肩挎包，思緒就像這濛濛煙雨。對岸就像是一個深深的迷，鎖住了過去的回憶，今天是否值得去買一張歸家的船票，到底是選擇去還是留？

已經等待了很久很久，回憶和夢想就像無數的經緯線織成了一張巨大的網，網住了昔日的惆悵，今日的彷徨。想要繼續等待嗎？天空依然是一萬年前的天空，河水依然是日夜不絕滔滔向東流去，在天空和河水之間有一隻南歸的渡船。

遊子的步履在岸邊徘徊，許多許多年以前，對岸走出了一個落魄的少年，一步一回頭、彷徨又彷徨，深情的回眸裡嵌進了淡淡的苦澀，彷彿見到過的是夢中鋪滿花香的碎石小徑，難道一定要背井離鄉去實現夢想？朝思暮想的故鄉啊，如今是否可以允許我衣錦還鄉？

歲月的河水已經流了很長很長，遙遠的故鄉已是我不太熟習的憂傷，燕子南歸的時候，也許寒冷會開始退潮，明晨打點起行裝，又該踏上怎樣的嚮往？連心也長滿了荒草，揮不盡的風塵，又收去多少留戀、多少期待？

故鄉啊，已經是乾枯的河床！

無數的衰草，丟下無數個落日和黃昏，孤獨的旅人踏著匆匆的腳步，來了，又去了。

對岸究竟是什麼？

你說是你駐足的岸；

你說，今天已非昨日的風景。

多少年來，那遙遠的美麗既使我神往，又使我迷茫，就像那變幻莫測的天空重重碾過我的頭頂……天啊，天啊，你究竟要把我趕到那裡去！

何必再讓早已遺忘的痛苦，引渡到彼岸。

生命不凡

生命不凡，是因為生命與死亡相伴。生命在與死亡蛇纏般的鬥爭中體現悲壯，死亡，就像生命預約的一場舞蹈。

生命在與死亡共舞時，充滿著激情與活力，充滿著孜孜不倦的想像力和創造力，體現著生命的燦爛和輝煌。儘管生命是脆弱的，但是生命就是在與死亡的這種電閃雷鳴般的頑強搏鬥中為自己贏得地位和權力，與宇宙融為一體，向著大地、向著天空存在。

它既不是上帝的臣民，也不是歷史的人質。

生命是悲壯的。生命之所以悲壯是因為它在死亡的刀刃上被抹去的時候始終留下遺憾，儘管一個偉大的理想尚未實現，但也不必為之痛惜，因為生命在與死亡的共舞中，曾經有過愛有過恨，有過熱血，也有過悲傷。儘管筋疲力盡、註定失敗的是生

命，但是每一次死亡都是一個生命舞姿的定格，都是一個完美生命的句號。生命能夠如此對待死亡之所以不凡。

當生命接受死亡的時候，周圍不需要陽光，不需要鮮花，沒有哀樂的悲傷，也沒有哭泣的煩躁，死亡只不過使生命歸於寧靜，死亡其實並沒有把生命打垮。

因此，生命如果沒有死亡來陪襯，就不會如此亮麗，就不會有在死亡痛苦的掙扎中落下的光榮的淚。生命，應當感謝死亡。

告別

記得告別的那一刻，你目光淒迷，一次又一次拉緊了我的手，眼中滾出了晶瑩的淚珠。就在這濛濛細雨中，我們握手道別，從此將各奔東西，開始艱難的旅程。

我會記得，我們一起從校園中走過，相依相擁，在林中小徑漫步，看夕陽透過樹叢撒下的一路金黃，抬頭數著星星，低頭分著糖果……

我還記得，我們在麗娃河邊逗留，默默看著波光鱗鱗的河水在我們面前靜靜流過。那時候你挽著我的手，輕輕告訴我：「我多想在麗娃河上泛舟……」

那一夜，你的眼睛很溫柔，你的表情就像遠方飄過來的一抹雲霞，你的手肘支在石桌邊，我們一起在校園的石椅上坐下。「嗖嗖」的秋風吹在我的背上，我不再感到寒冷，不再感到害怕，你給了我一種溫暖和力量。

四年的校園生涯，我們相知相交，不及細言漫語時，已是握

手道別忙。沉重的手臂牽繫著無法擺脫的憂傷，遙遠的星空已在足下，打點起行裝準備出發，前面的路途很長很長……

我們曾經在這濛濛的細雨中走過，今天又將各自挽著生命的孤單匆匆告別。有這麼多的理由、這麼多的責任都在催促著你我前行，不是我的眼中沒有淚水，淚水早已默默流進心坎；不是我的心中沒有悲傷，悲傷早已在我心頭劃上了一道血淋淋的傷口，只有希望和愛不會流走，真想緊緊、緊緊地擁抱我親愛的朋友……

回眸凝望你悲愴的眼睛，我不能說別走，更不能說再見。希望你也把失望從眼中抹走，我們今天所做的一切只是讓未來沒有遺憾，請你理解一雙為你沉默、為你擔憂的眼睛。

城市的麻雀

每當初冬來臨的時候，我便想起城市的麻雀。凜冽的寒風吹得路上的行人縮緊了脖子，吹得梧桐樹上的葉子大片大片飄落在地，縮緊了脖子的人們伴著大風急急行走，腳下踩得梧桐樹葉沙沙作響。只有光禿禿的樹枝及電線桿上的那一大批麻雀似乎還不知初冬的到來，發出嘰嘰喳喳的歡叫，時而聚在一起，時而紛飛而去。我不知道這樣小小的生命究竟是怎樣抵禦住寒冷，在這個陌生的城市裡生存下來。

也許它們並不知道初冬對它們的樂觀來說將是一場殘酷的考驗。不管怎樣，走在路上的我看見大街上那一樹的麻雀特別高興，只有它才能給人類戰勝寒冷的勇氣。當城市的喧囂破壞了一

切原始寧靜的時候，只有麻雀們依然與城市居民相親相愛、相伴相隨，城市的孩子們最早熟悉的鳥類便是這群沒有美麗的羽毛、外表醜陋的麻雀。

記得小時候的那個冬天，那個冬天對麻雀們來說真的是一場浩劫，發了瘋的人們爬上屋頂，敲鑼打鼓，驅趕著這群小小鳥兒，小鳥兒的父輩們在還沒來得及弄清它們到底犯了什麼滔天大罪的時候，一個個被嚇得目瞪口呆倒地而死，於是這個冬日便成了麻雀們的祭日。

城市的麻雀暫時躲開了城市的居民。

在那樣的年代裡，有誰會去重視麻雀這樣弱小的生命，我們的父輩在瘋狂的屠殺的時候，其實也給自己的子孫留下了陰影。正因為如此，我們心中始終對弱小的麻雀有一種負罪感，不管是故意還是過失，這終究是一場殺戮，那怕只是小小的生命，也畢竟五臟俱全、有血有肉。

躲過了這場災難的雀兒們的子孫依然繁衍得更加茁壯、依然與城市的居民相親相愛、相伴相隨，那麼，號稱萬物之首的人類也許還沒有麻雀的寬宏與大量麼？

希望人類與麻雀之間的悲劇不再重演。

青春無悔

青春無悔。燦爛迷人的圖畫可任我們隨意揮灑——當意識到這是生命中一段不會長久的浪漫，即使我們曾經有過許多次的失意與彷徨，也照樣可以踩著青春的舞點，狂歡。

因為我們深信：青春無悔。

在空寂的歲月裡，我們是一條條歡快奔騰的小溪：懂得自然，懂得生命，也懂得朦朦朧朧的愛。任何東西都會擾亂我們內心的靜謐，我們生命中永遠飽脹著無比的熱情，向每一個生靈送上我們一份可心的笑意。我們年輕，不必為博得他人的讚許而戰戰兢兢地步入所有的模式、所有的桎梏。當我們站在鏡子前，即使看不到理想的自己，我們也只是聳一聳肩、吐一吐舌，一笑了之。

我們也喜歡雨季，喜歡生命中每一段濕潤過的回憶，喜歡足蹬「飄馬」或者「耐克」，在無奈的雨季中，照樣深一腳、淺一腳地踩過。

我們的記憶永遠只是一些零零碎碎的往事。輕鬆地吹著口哨，邁著盈盈的步履，雙手斜插在褲袋內，邀請你邀請他到小屋共坐。拉著手，來，讓我把約會所有的細節告訴你：喝一杯「雀巢」，嚼一塊口香糖，聽一曲「童安格」或者「獻給愛麗斯」，共賞一份夕陽的美麗和秋夜的靜寂。只要我們有一段相逢的緣分，就要倍加珍惜，對朋友的成功，像對自己的成功一樣報以大聲歡呼。為我們熱烈、浪漫的青春歡呼，熱烈歡呼！生活中何需太多的刻意，原諒自己，因為我們很年輕，我們的心中便沒有上帝。我們以微笑來對待我們的明天，對我們的粗糙和幼稚，付之一笑。

青春無悔！

秋

秋，你的腳步終於在窗外閃動。許多個眺望的時節，等待著秋的颯颯落葉，終於又可以背著畫夾去尋找你的蹤影。

如果是一幅畫，我希望秋是梵谷筆下金黃的生命，彌漫著成熟後的安祥和寧靜……

還是一如既往地戀秋嗎？

我並不幻想風風火火、熱熱鬧鬧的情景，我曾經只想去描繪一幅秋天絢麗的晚景，在秋風過後的草葉尖上尋找安寧，一筆一筆描繪這平平淡淡的生命。

當秋天挽著沉甸甸的籃了飄然而至，我渴望的禮物是秋的豐碩、秋的多彩。我的畫筆要一改秋天的蕭瑟和愁緒，深深體驗它的壯美和詩意；黃澄澄的麥浪、紅彤彤的蘋果、玲瓏剔透水晶般的葡萄……

秋，是收穫的季節。

如果秋真的是收穫的季節，我更希望它鬱鬱蔥蔥、生生不息，在那樣的季節裡，我會騰出手中的畫筆，把城市的喧囂和煩惱一起丟棄，也不必為一首小詩欣喜若狂，也可以一個人坐在裸露的青石上，點燃著紙煙，去看西去的日落、丹青的妙筆、自然的畫意。對過去懷著強烈的好奇，沒有淡淡的離緒，只有等待著茂盛後的枝頭重新結滿果實累累，享受一番秋天的含義……

如果秋是一首歌，我希望秋的歌聲陪伴著我從黑夜唱到黎明，任憑我走到哪裡，秋的歌聲也不會停息……

孤獨，也是一種美麗的心境

你走了，走的悄無聲息，我獨自漫無目的地在我們曾經走過的街頭躑躅，燦爛的燈光映照著我孤獨的身影，這一切，使我思潮滾滾，久久不能平息。

那一天，我們很理智地分手了，說不清誰錯誰對，我們都需要再作冷靜思考，曾有過的親近和怨恨，需要暫時的孤獨來消解。

孤獨是一種難得的心境。最孤獨的時刻最真實，最寂寞的日子最平靜。此時此刻你到底把握住了孤獨，情感在孤獨中顯得格外冷靜。一個無法重複的過去已不再重要，雖然必須在寂寞中送走每一個孤零零的白天和黑夜，但是，在孤獨中沒有人會怨恨別人，必須告訴自己：感情本身就是一種緣，何必讓怨恨再來損害我們那顆已經脆弱的心？

難得如此安寧，孤獨中黑夜也會變得輝煌，聽得清自己的心音，看得見憧憬的故事。過去的日子並不蒼白，更多的歲月需要我們去刻意創新。在無數次的希冀與失敗中，孤獨，永遠是一種美麗的心境。

在孤獨中，我們學會了沉思，學會了把握自己，也學會了珍惜過去的分離。

女孩的夢

初識你時，從你黑色的瞳仁裡看出了你的秋思秋夢。無人的校園石椅石桌在落葉懷中沉思，你卻要在秋水和秋風邊聽歡快的鳥語。於是綠色冷杉樹下就有了你踽踽獨行的身影……

我知道，你早就有了一個藍色的秋航之夢，沒有揚帆是那份難以割捨的心痛。你的歌聲夢一般輕柔迷茫，心兒隨著音律波濤洶湧，像一朵白色的蒲公英，追慕秋的氣息飄揚。因七彩陽光和廣闊天地而陶醉，飄呀，飄呀，卻不知道在何處才能播下種子？也許飄逸遊盪註定是你的生活，不論風和日麗也不管蕭蕭晦雨？

你是否知道，潮濕你背影的是我臨窗而落的潸潸淚水？請讓我再一次為你去摘一朵藍色的勿忘我──帶露的小花朵，遙遠的記憶依然是你披肩的長頭髮。能不能把回憶也變成這樣的一枝小草，別在你的胸前，隨你漂迫天涯？不管你浪跡何方，我的祝福會飛過天空，飄過海洋，讀你一路平平仄仄的故事。相信能夠開花，也能夠結果。

等待

我已經在那兒等了好久了。我究竟在等什麼，等一個更加沉重的故事？等一段相見恨晚的溫馨？

今天早晨，你的一個電話免去了所有的繁文縟節，在老地方、老時間，你想約我談談。儘管沒有看見你，但我從你的聲音裡聽出了你的悲涼、你等待的焦慮和痛苦。

很久以前，在我們攜手相聚的日子裡，儘管有風有雨有歡樂有悲傷，但也留下了最美好的回憶……

我早就知道你是一個不很守信用的人，可是為了我們之間很深的一段友情我必須依然等待。許多天，許多回憶、許多人生的分分秒秒都在這無奈的等待中度過，本來我可以用它來看一本書、寫一封信、編輯一段更加美好的故事、找朋友聊天、與家人團聚，總之可以做好多的事情。

本來，一段美好的故事應該收尾，但你又怎麼能夠理解我難以割捨的心情，這段感情究竟還要埋葬多久？在那些個落魄的日子裡，一次錯誤的決定差點使這樣的等待成了永訣，有誰會去真正珍惜、摯愛你的生命！

只有我一個孤孤單單平靜地走，其實我也不必傷心，其實我根本無法改變你，其實我應該懷疑你對我是否真心實意。當太陽落山、路上行人稀少的時候，你一定會有許多感慨和悲涼，難道我們的友情也像這呼呼寒風下的一片枯葉孤立無助、隨意漂泊、無家可歸？

年輕的時候，我們真的不知道什麼叫做等待。

今天，我等你，也只想告訴你，人生是一種選擇而不是苦苦等待。

遠方的女孩

女孩是從日本給我寫來的信，用的是那種長條不分頁的藍色薄紙。在信紙的結尾處印了一堆那種在海邊才能看得到的礁石，

還刻意貼了一對女娃：亦哭亦笑。

那種用黑色圓珠筆寫在藍色薄紙上的字看起來很朦朧，也許只有那種用語言無法表達的東西，才無可奈何地用粗拙的方式來聊以安慰自己吧。

女孩在信中告訴我，她好想再去看看海，像很多年以前那樣拉著我的手，去看海水一波一波潮起潮落，去聽海水呢喃不斷的歌唱，讓滴滴答答的水珠濺濕單薄的衣裳……她說她認識了一個喜歡海的日本女孩，那種可以長談到深夜的朋友。但是她卻始終無法向她敞開胸懷，原因很簡單：她不是中國人！

儘管對方說，「李，你就像是一個日本人。」女孩還有一個苦惱，就是每天聽到同胞在外行為不佳時，心頭便隱隱作痛，痛得好淒涼，好實在，羞得連頭都抬不起，就像自己犯了錯一樣。

女孩生活很充實，也工作，也學習，也交朋友，可是心中仍然是一片茫然，就像望不到頭的大海一樣。女孩說，什麼時候再能牽著你的手去看看海，有時候我覺得好想家，想得幾乎瘋狂，夜夜垂淚到天明……

還記得我們一起去看海嗎，女孩？那一組組綻開的浪花就像你臉上純潔的笑靨。風平浪靜的時候，大海是如此蔚藍，與藍天和白雲相配。

認識你是我一生一世的收穫，女孩說。輕輕的，淡淡的往事原來在遙遠的北國依然是那麼清晰。

是真的嗎？

女孩，我真後悔，後悔沒有再牽著你去看看海，再去看看海

水的驚濤駭浪。天空陰霾了，太陽垂下它高貴的頭顱，悶熱的雷電夾雜著狂風和暴雨打痛我們的背脊。「嘩」的一個浪花在頭頂劈開，金戈鐵馬般的咆哮裡，聽出了大海的精髓。來，女孩別灰心，別害怕，讓我們去看海，讓趾間感受到海水的冰涼……相信有一天，你一定會找到真正的大海，也一定會看到大海的驚濤和駭浪。

那時，你已不必再牽著我的手。

今晚，你還孤獨嗎？

朋友們剛剛散去，屋子裡還留著冒煙的煙蒂，茶杯裡的殘茶還未倒掉，我獨自坐在小屋享受著喧鬧過後的那種寧靜。窗外的天空逐漸暗淡，院子裡的樹葉在微風吹拂下輕輕搖曳。

我扭亮電燈，閱讀著你剛剛寄來的信件，那幾頁白色的信紙在我的手指間慢慢移動……

記得一年前的晚上，你把自己埋在我懷裡輕輕哭泣，用門和窗簾遮掩起來的屋子寧靜得只有時鐘在「的嗒、的嗒」地疾走，你攬著我的手：「別走，今晚我很孤獨」，說著，淚水便濕了我胸前一大片。

你問我為什麼愛上一個人又不能去相愛，我無法回答你的問題，只能輕輕撥弄你的長髮，幽暗的燈光照出你臉上的憔悴，我才知道你把痛苦埋得很深很深。24歲就像返青的季節，當灰色的詩句灑滿心靈的時候，我只能告訴你換一種方式去溫柔地安慰你自己。

雖然，相識本來是一種偶然，但你的友情溫暖過我受傷的心靈。三十三年的生命歷程已使我無法消受你的感情，隔膜的不是年齡。除了友誼，好朋友，我還能給你什麼呢？只能用別離來表白我的心跡。

多少次，電話就在手邊，黑夜裡只要撥一個號，便能聽得見你的聲音。可是，我不敢再言語，生怕每一句不經心的語言都會傷害你敏感的神經，生怕你每一聲的哭泣都會碎了我的心靈，只有用沉默來忘記過去。

你在信中說，你遇上了一位很開心的男孩，一切的煩惱都拋到了九霄雲外，他帶你去溜冰，不顧一切拽住你的手，你長那麼大還沒有這樣瘋過，朦朧中生出了一種不捨的感情……讀著讀著，淚水蒙上了我的眼睛，心裡有一種說不出的滋味。

女孩，今晚你還孤獨嗎？深深地祝福你！

為你，也為我自己。

醜孩子

那時候，你還是個小小女孩，小貓般依偎在媽媽的懷裡，同時擁有許多份溫柔和美麗……

父母的寵愛，親友的饋贈，讓你無憂無愁。

多少次，你仰著笑臉，用你的小手勾住媽媽的脖頸，可你知不知道媽媽為什麼輕輕歎息？

讓自己擁有一份美麗，是每個女孩子的希冀，這並不過分的願望，讓你和別的女孩一樣，向媽媽要漂亮的衣裙。

你積攢著零用錢，買下了蝴蝶結，蹦蹦跳跳，走進了男孩子不曾有過的世界，可你不明白，媽媽為什麼背轉臉去，暗暗哭泣？

　　這個世界斑斕美麗，就像是春天的嫩綠，你尋尋覓覓，心兒就像這綿綿細雨，悄悄說出一種驚悸……多少次，你熱情地伸出手去，可你不明白，別人為什麼總離你遠去？

　　終於有一天，你站在鏡子前，暗自抽泣。醜孩子啊，醜孩子，哭泣歸哭泣，千萬別歎息，儘管你的心，像飄零的落葉，可也別掉下陰影，畢竟，人生還有多樣的美麗。

　　今天，你已打點起行裝，即將離開母親身邊狹小的天地。外面的世界好大，有繽紛的原野，七彩的陽光，澆花的雨季……會扮美你今後的人生。

　　小女孩，你不要再歎息，母親的眼中，刻下你蹦跳著離去的背影。

牽手

　　小時候，媽媽牽著我的手。媽媽的手最溫柔，牽著我在車海人流中行走。在沒有月亮的秋夜裡，媽媽的手把我握的很緊很緊，從此，心的潮汐、海的浪濤，漂漂迫迫，不知流過多少浪峰與波谷。媽媽的手溫暖著我的心頭，跌倒了，摔疼了，媽媽的手像是一股股細細涓涓的暖流，是我全身心的託付和擁有……

　　長大了，愛人也同樣牽著我的手，心中有了一種異樣的感受。在有月亮的秋夜裡，月亮用它黃金般的歲月，去點燃了童年

的燈，去奏響燃燒的隕星。夢，也變得搖搖晃晃，只有在風平浪靜的時候，才會有愛的享受……

牽著愛人的手最苛刻，一路風雨一路愁。困惑中的牽手，等待的並不是黑暗，但它卻首先路過這裡。也許心靈本不需要一個溫適的床底，沒有巢穴，沒有窩棚，在自己的心事裡流浪，但又有誰能在鏡中閱讀自己。黑夜裡只有我牽著愛人的手，靠著它漂迫年輪，也燙不平額上的皺紋，每分每秒都是千年路程。這是自由還是另一種囚禁？

朋友，我希望在精疲力盡的時候牽著你的手。捤捤手，也牽牽手，相聚相散有盡有頭，牽手，就應該把心靈守候。有多少份離愁就牽著多少份重量，我會說「捨不得你走」，希望你也能說聲思念，海角天涯希望我們常牽手……

有時候，我也牽著弟弟妹妹的手，但我卻不知道該給他們怎樣的溫柔。如果將來有一天，我牽著自己孩子的手，鍋碗瓢盆勺，在狹小的天地裡，孩子你是否也能理解我這樣的感受？生命不過是分分秒秒走向死亡的過程，誰又會去注重下一世紀？

三、散文

夢中的故鄉

我夢中的故鄉永遠是個河水漣漣、農田綠綠、樹木蒼翠的江南水鄉。

這是個富饒而美麗的地方，黑瓦白牆、古樸小巧的民宅，結實硬朗的石板路和那一條彎彎河流上面帶著三個孔洞的小石橋，給了我多少美好的回憶。

　　姨的家就住在那條河流的東岸，開門便是清澈、碧綠的河水，後院的牆外面是一大片綠油油的農田和無人看管的小竹林。竹林的外邊一個小湖泊的周圍生長著高大繁茂的棗子樹和叫不出名字來的小樹、小花和小草。

　　清晨，起床推門，我們在小竹林裡刷牙，享受著每日新鮮清純的空氣，口含著不帶漂白粉味的小河水，側耳傾聽竹林中小鳥的鳴唱，遠眺著綠油油的農田，使人不覺生出無限的遐想。這便是我的故鄉。

　　那一年的暑假，當十六鋪碼頭上的客船第一次把我從繁華、喧鬧的大上海載回到故鄉的時候，我還是個七、八歲的孩子。那是，我是多麼的高興，這是我第一次見到有著那麼多清澈碧綠、鱗波微蕩河水的家鄉！在姨的家裡，我最愛的是自留地裡親手摘下來的新鮮蔬菜，那一份香甜，那一份鮮軟，使人百吃不厭！高大繁茂的棗子樹上的累累果實常引得我和故鄉的孩子們仰頭駐足，垂涎欲滴。

　　多麼美麗可愛的家鄉！

　　二十年後的今天，當我重返故里，找到的再也不是那一份古樸、淡雅、清純、美麗的感覺。當我驅車踏上故土的時候，我的心情沉重，我在努力尋找著留在童年記憶中的美好痕跡。可是，我是多麼失望！那條曾經給了我許多美好記憶的小河不見了，呈

現在我面前的，那條童年我曾經在那裡學會了游泳的小河竟變得如此陌生、骯髒。望著它浮著垃圾、散著臭氣、渾濁不堪的河水，我的心在顫抖，我不由得皺緊眉頭，如今連鴨子也不敢在河中嬉戲！河岸邊那些建築、生活垃圾還在無情地蠶食著我夢中的小河！那些河邊的垂柳，月光下，樹影婆娑、波光鱗鱗的感覺呢？這已不再是那條散發著清新的潮氣、岸邊的蛙聲此起彼伏、熱鬧而又寂靜的小河。

圍繞著它曾經有過多少說不完的故事。

那一片使人垂涎的棗子樹和清新秀美的小竹林又在哪裡呢？翠綠的果子樹下，我和童年的夥伴曾一起玩過「搶地盤」的遊戲，我們用樹下的泥土壘起小小堡壘，寸土必爭、爭分奪秒地搶著各自的「地盤」，我們不也曾經破壞過它的這一片綠色寧靜嗎？童年的我們曾在這些幼嫩的樹桿上用鋒利的尖刀割破過樹的經脈，殘害過它的根基，把它攔腰截斷，做成踩高蹺的椿子。如果那些樹木真的有靈性的話，它一定會哭泣，一定會呼喊。但是，不知什麼時候，那一片蒼翠濃鬱的樹木已經被人連根拔起，在它的上面蓋上了一棟棟水泥樓房，堆起了一堆堆建築垃圾。竹林週邊的小湖泊已經被雪碧罐子、冰淇淋盒、菜皮、西瓜皮、廢紙、破布等填平，圍著它「嗡嗡」亂飛的蒼蠅代替了小鳥的鳴叫、青蛙的歌唱。這還是我記憶中的故鄉嗎？

使人欣慰的是：小鎮的經濟正在一天天發展，小鎮的生活正在一點點地改善，窄窄的石板路已被寬闊的水泥路代替，黑瓦白牆的民宅已被一幢幢鱗次櫛比的小樓房代替，樓房中的居民已經

用上了自來水。但是，望著在小河裡正在涮馬桶、倒著糞便的小鎮居民，我還想說一句：

所有熱愛故鄉的人們啊，請你們要珍惜！不要因為你們擁有了大自然的美麗而無視這種美麗，請你們在發展經濟、改善生活的同時，保護自然！保護這世間最最珍貴的財產！

但願有一天，我再能喝上一口故鄉甜滋滋的小河水。

我家小貓「咪咪」

「咪咪」是自己跑到我家來的。

我家住在老式房子裡，門口有一大院子，院子裡不斷有野貓、家貓竄來竄去。黑背白肚皮的「咪咪」就在那一天面對我家的房門，眼睛一眨不眨地望著母親手中的碗筷，母親見它可憐，就拌了一碗飯餵它，它便文文雅雅地吃完了大半碗飯，「喵一喵」輕輕叫喚，一派「淑女」風範。

「咪咪」就這樣留下不走了，漸漸地成了家庭中的一員。母親每天早上去菜場順便買貓食給它吃，我們也習慣了「咪咪」堂而皇之地在家中走進走出、東竄西跳。

「咪咪」非常頑皮，捉了老鼠咬死後，扔在家門口，讓你一開門嚇一跳。一個小紙團到了它那裡，準得玩上半天。有時家中掃地，掃出一個紙團，「咪咪」就會跑過來與你「搶」紙片，你想把紙團掃進簸箕，它卻在簸箕和掃把間與你「搗蛋」，動作之敏捷，使你一時火起，便狠狠地用掃把敲它的腦袋，「咪咪」便立即躲開去，繞在母親的腳邊，「喵喵」地叫，一副驚慌兮兮、

可憐楚楚的模樣。

「咪咪」當然最喜歡母親。除了母親，每一個人它都敢欺負，早上，它站在房間裡電視櫃上，你一走過，它就伸出爪子在你的身上撓一下，要是你不理睬它的話，它就會「喵——」地一聲長叫，叫得你非理它不可。幫「咪咪」洗澡的時候它倒挺乖，可一洗完澡，它就跑到院子裡打滾，沾上一身塵土，讓你氣得乾瞪眼。有一次，我的一個還未來得及吃的小麵包放在板凳上，一轉眼就被「咪咪」叼到母親面前展示戰利品，真叫人又氣又好笑！

我從不給「咪咪」餵食，也從不敢重打「咪咪」，因此，「咪咪」專揀我欺負，「撓」我的次數最多，如果我敢還手的話，這一會兒你即使躲過了它的爪了，過一會兒也決不會逃過它的報復。罵它，它不懂；打它，也不忍心，於是只好任其戲弄，決無還手之勇。

漸漸地，「咪咪」變得越來越「凶」了，敢跳上桌子、爬上沙發，還跟你「搶」座位，你坐在哪裡，它也偏坐在那裡。看見生人也不怕了，不好吃的東西也不吃了，院子裡也不再允許其他貓進出了，一有其他貓闖進院子，它便跑出去與人家打架，打得滿身傷痕。

一個朋友見我家喜愛貓，便送了一隻波斯貓給我們，誰知沒過幾天，波斯貓就給「咪咪」欺負得躲在床底下不敢出來，鄰家的一隻小狗見了「咪咪」也害怕。有好幾次，「咪咪」生下小貓後，我們想留下一隻小貓，可等小貓稍大，「咪咪」就要和小貓打鬧了。想要送掉「咪咪」，可是「咪咪」門檻精的很，鑒貌辨

色知道不對勁就撒嬌使你不忍心把它扔給別人，想來是趕也趕不走它了。

侄兒兩歲

有人問侄兒：「你幾歲了？」侄兒便仰著頭認真答曰：「一歲多了。」一點沒錯，侄兒一歲多了，虛歲兩歲。

也許因為是男孩，侄兒自小就「男子漢」氣十足。不習慣被大人抱，也不喜歡抱洋娃娃，倒是十分喜歡逛馬路、逛商店。逛商店的目的也無非只有一個：買摩托車。

不知為什麼，侄兒非常喜歡摩托車，鄰家的摩托車騎回家，只要被他逮著，他總要吵著上去坐一坐，那怕只是一分鐘也行。家中的玩具沒一樣是被他看得上眼的，倒是那輛玩具摩托被他又扔又摔，卻還是他最心愛的玩具。

天天吵著要買摩托車，吵得無奈，爸爸便對他說：「等爸爸賺夠了錢就給你買摩托車。」也許因為這樣，小傢伙對「錢」似乎有了一些概念。於是他就問媽媽：「媽媽，你有錢錢沒有？」他知道過年時候的壓歲錢就是「錢錢」。於是得到的壓歲錢就如數交給媽媽。有時候，他還歪著頭向外公要錢錢，外公便給了他一把紙幣，他就學著爸爸的樣，像模像樣地把紙幣放在屁股後面，直到晚上給他洗屁股時，扒下褲子來一看，侄兒胖嘟嘟的屁股上沾上了一屁股的紙幣，這時候真想打他兩下屁股，轉念一想，不禁啞然失笑。也許侄兒終究不明白爸爸的「錢錢」為什麼可以藏在屁股後面。他並不知道原來爸爸的「錢錢」只是藏在褲

子後面的口袋中的呢。

小侄兒高興的時候也會讓人親、讓人抱。有時他覺得你這個人非常可愛了，便會兩臂一伸：「抱一個。」外婆生病在媽媽的醫院裡做個小手術，小侄兒陪在床邊，一邊給外婆吹傷口，一面抹眼淚。外婆感歎：「真是好懂事的小孩子啊！」侄兒看見媽媽單位裡穿白大褂的叔叔阿姨就害怕，因為他們老給人打針吃藥，弄得人怪不舒服的，可他不明白媽媽為什麼也一樣穿著白大褂，於是他就「不要媽媽抱」，弄得媽媽好傷心好傷心。

侄兒平時不與人說話時，也會一個人自言自語，但是誰也弄不清楚他在說些什麼，但是當他與人說話時，表情之豐富、表達之準確絕不會讓人誤解他的意思。有時做大人的不免擔心，如此一個聰明的孩子，將來該怎樣來對他進行早期教育呢？

但願有一天，侄兒能成為一名真正的男子漢！

侄兒的「娃娃貼」

侄兒剛被外婆送回上海的那幾天，嘴裡總是嚷著：「外婆，我們什麼時候回家去？」天哪，小侄兒把湖南長沙外婆家當作了自己的家！

由於我家住房困難，侄兒一生下來就寄住在外婆家，如今已三歲多了，對上海的一切都十分陌生。急的弟弟和弟媳乾瞪眼。

好在小傢伙十分鑒貌辨色，見到父母不高興，就會悄悄地告訴父母：「爸爸，媽媽，我是愛你們的」。說著就不由分說在父母衣襟上一人一個粘上他心愛的「娃娃貼」。

也不知道侄兒是從那兒弄來的一大堆肯德基「娃娃」粘貼紙，那粘貼紙上裂開嘴、撐開雙臂的男娃那一副歡天喜地的樣子，用它來表示「喜歡」和「愛」是再恰當不過了。凡是侄兒喜歡的東西，他都會粘上他的「娃娃貼」，就像電影《蒙面俠蘇洛》中蘇洛的「Z」字標記。開始的時候，侄兒並不十分習慣上海的「家」，上海「家」中的每一件物品他都當作是「別人」的東西，吃飯的時候，他一定要用自己的碗，爸爸媽媽告訴他：「這就是你自己的碗」。小傢伙愣了愣，突然說：「我不喜歡！」說著就嘴一翹、頭一偏，一聲不吭起來。

　　幾天以後，侄兒慢慢喜歡上了爸爸媽媽給他買的那些新玩具了，但是要說他已經喜歡了上海這個家也未必，小侄兒還是天天吵著要回家，每當他吵鬧著要回家的時候，爸爸媽媽就哄他：「明天帶你去肯德基，那兒有好多好多的『娃娃貼』。」幸虧有那些小小的「娃娃貼」才暫時勉強地把小侄兒給哄住。

　　幾個星期過去了，小侄兒對上海的生活漸漸熟悉了，也漸漸喜歡上了上海的家，於是家中的「娃娃」標記也開始漸漸多了起來。我發現的第一張「娃娃貼」標記是在天天用來吃飯的那張桌子的一角，那裂開嘴、張開雙臂的「娃娃」就好像侄兒在說：「我喜歡！」。侄兒已喜歡上與我在一起玩耍，我想，如果再能給我一些時間的話，侄兒一定也會在哪一天趁我背過身去的時候，冷不防在我的衣襟後面粘上他的「娃娃」標記。可惜的是，由於我家住房問題暫時無法解決，侄兒只能又隨外婆回湖南長沙生活。

侄兒走後，家中突然覺得冷清了不少，早上起來對鏡梳妝，抬頭一望，大鏡子右下角一個「娃娃貼」，舉杯漱口，杯柄上又一個「娃娃貼」，對於家中一個又一個的「娃娃貼」，我們這些做長輩的誰也不忍心撕去。

　　心裡好痛，但也無奈。什麼時候侄兒你能真正地回到自己的家？

開心娃娃

　　小侄兒超超剛滿四個月，長得眉清目秀、人見人愛，不少朋友因此從很遠的地方趕來，為了要看看小寶貝。朋友以及朋友的朋友來的時候都喜歡圍在床邊逗著小超超玩，小寶貝居然不怕生，見到每一個陌生人都朝他們開開心心地笑笑。於是，朋友們自然就說：「真是個開心娃娃！」

　　開心娃娃真的很開心，爸爸、媽媽捨不得買的名牌服裝小娃娃倒是有好幾套：什麼麗嬰房啦、博士娃啦等等，都是爸爸媽媽的好朋友叔叔阿姨們送的。剛滿三個月時，爸爸媽媽因為要上班，小超超只好從外婆家搬到爺爺奶奶家住，我們家是個大家庭，住房條件本來就很困難，親戚朋友們來的時候，連站的地方都沒有，只有小超超不抱怨，每天心安理得地睡覺、吃飯和拉撒。

　　都說小寶寶脾氣好，是因為他笑多哭少，肚子餓了哭幾聲，沒有奶餵他，他也只好算了，嘴巴癟癟、眼淚汪汪地睡著了。醒來的時候，他就會伸出自己的小手掌抓住你的一隻手指頭，對你很開心地笑笑。我從來沒有見到過哪種笑能夠比得上嬰兒的笑來

得更聖潔，我也不知道四個月的嬰兒是否已經有了自己的感情。但是有一點可以肯定：小寶貝開始認人了，他可以從你的外貌和聲音上辨別出你是他熟悉或不熟悉的人，於是他看人的神態及眉宇間的表情就有了明顯的差異。

　　開心娃娃一直很開心，連帶他上醫院打預防針都開心得不得了。醫生給他打針他居然不哭，倒是旁邊的一名大小孩因為懼怕打針哭出聲來，打好針後的開心娃娃竟然莫名其妙地也跟著一起哭了起來。開心娃娃特別喜愛吮手指，他那把手指含在嘴裡吮得津津有味的模樣常常使人忍俊不禁。我的單位離家較近，平時吃過中飯後我一般不回家，自從開心娃娃來到我家後，我忍不住每天中午都要回家一次，每天能夠見到開心娃娃，真的讓人很開心！

附錄二：作者早期發表兒童心理、教育及其他類文主要篇目年表

一、心理類

漫談色彩在幼兒教育中的作用（杭州《幼兒教育》1989.4）

同情心——情感教育的起點（廣州《人之初》1998.10）

引導幼兒正確地識記（杭州《幼兒教育1994.6》）

心靈手也巧（廣州《人之初》1998.4）

讓孩子「添畫」好處多（北京《父母必讀》1993.8）

幼兒認同心理淺談（杭州《幼兒教育》1990.10）

多和孩子說說話（廣州《人之初》1994.11）

淺談幼兒期孩子的繪畫（加拿大《薩省報》）

談談嬰幼兒語言（加拿大《薩省報》）

女性「四期」的心理障礙（北京《家庭保健》1998.5）

二、教育類

應對孩子進行一點「環境教育」（上海《青春與健康》1999.1）

關於性教育（廣州《人之初》1993.5）

母乳餵養好在哪裡（廣州《人之初》1997.12）

真有天才兒童嗎（廣州《人之初》1995.9）

對孩子進行一點「死亡教育」（廣州《人之初》1992.10）

「關黑屋」、「打針」及其他（北京《父母世界》1997.3）

幼兒齲齒的發生及其他（廣州《人之初》1993.11）

零食與青少年健康（北京《中華家教》1997.6）

默畫的作用（杭州《幼兒教育》1989.7）

畫「組畫」好處多（杭州《幼兒教育》1990.12）

空心蠟玩具的製作（杭州《幼兒教育》1989.11）

三、其他類

向父母證明你已長大（上海《長寧時報》1998.4.2）

有了私家車，也就有了稀奇事（南京《風流一代》1998.1）

我與科技報（上海《上海科技報》1992.4.4）

智擒蛇頭（湖北《古今故事報》1993.10）

神祕的大哥大女郎（廣東《南葉》1997.10）

第三者（中國《當代青年愛情詩大典》）

釀旅人24　PG1522

 加拿大旅居記事：
我的陽光與夢中原野

作　　者	吳蘊懿
責任編輯	陳倚峰
圖文排版	楊家齊
封面設計	王嵩賀

出版策劃	釀出版
製作發行	秀威資訊科技股份有限公司
	114 台北市內湖區瑞光路76巷65號1樓
	電話：+886-2-2796-3638　傳真：+886-2-2796-1377
	服務信箱：service@showwe.com.tw
	http://www.showwe.com.tw
郵政劃撥	19563868　戶名：秀威資訊科技股份有限公司
展售門市	國家書店【松江門市】
	104 台北市中山區松江路209號1樓
	電話：+886-2-2518-0207　傳真：+886-2-2518-0778
網路訂購	秀威網路書店：http://www.bodbooks.com.tw
	國家網路書店：http://www.govbooks.com.tw
法律顧問	毛國樑　律師
總 經 銷	聯合發行股份有限公司
	231新北市新店區寶橋路235巷6弄6號4F
	電話：+886-2-2917-8022　傳真：+886-2-2915-6275

出版日期	2016年7月　BOD一版
定　　價	420元

國家圖書館出版品預行編目

加拿大旅居記事：我的陽光與夢中原野 / 吳蘊懿
著. -- 一版. -- 臺北市：釀出版, 2016.07
　　面；　公分. -- (釀旅人；24)
BOD版
ISBN 978-986-445-134-0(平裝)

1. 旅遊文學　2. 加拿大

753.9　　　　　　　　　　　　　105011684

讀者回函卡

感謝您購買本書，為提升服務品質，請填妥以下資料，將讀者回函卡直接寄回或傳真本公司，收到您的寶貴意見後，我們會收藏記錄及檢討，謝謝！
如您需要了解本公司最新出版書目、購書優惠或企劃活動，歡迎您上網查詢或下載相關資料：http:// www.showwe.com.tw

您購買的書名：＿＿＿＿＿＿＿＿＿＿＿＿＿＿＿＿＿＿＿＿＿

出生日期：＿＿＿＿＿年＿＿＿＿＿月＿＿＿＿＿日

學歷：□高中 (含) 以下　　□大專　　□研究所 (含) 以上

職業：□製造業　□金融業　□資訊業　□軍警　□傳播業　□自由業
　　　□服務業　□公務員　□教職　　□學生　□家管　□其它＿＿＿

購書地點：□網路書店　□實體書店　□書展　□郵購　□贈閱　□其他

您從何得知本書的消息？

　□網路書店　□實體書店　□網路搜尋　□電子報　□書訊　□雜誌

　□傳播媒體　□親友推薦　□網站推薦　□部落格　□其他＿＿＿＿＿

您對本書的評價：（請填代號　1.非常滿意　2.滿意　3.尚可　4.再改進）

　封面設計＿＿＿　版面編排＿＿＿　內容＿＿＿　文／譯筆＿＿＿　價格＿＿＿

讀完書後您覺得：

　□很有收穫　□有收穫　□收穫不多　□沒收穫

對我們的建議：＿＿＿＿＿＿＿＿＿＿＿＿＿＿＿＿＿＿＿＿＿

＿＿＿＿＿＿＿＿＿＿＿＿＿＿＿＿＿＿＿＿＿＿＿＿＿＿＿＿＿

＿＿＿＿＿＿＿＿＿＿＿＿＿＿＿＿＿＿＿＿＿＿＿＿＿＿＿＿＿

＿＿＿＿＿＿＿＿＿＿＿＿＿＿＿＿＿＿＿＿＿＿＿＿＿＿＿＿＿

11466
台北市內湖區瑞光路 76 巷 65 號 1 樓

秀威資訊科技股份有限公司　　　收

BOD 數位出版事業部

....

（請沿線對折寄回，謝謝！）

姓　　名：＿＿＿＿＿＿＿＿　年齡：＿＿＿＿　性別：□女　□男

郵遞區號：□□□□□

地　　址：＿＿＿＿＿＿＿＿＿＿＿＿＿＿＿＿＿＿＿＿＿

聯絡電話：(日)＿＿＿＿＿＿＿＿　(夜)＿＿＿＿＿＿＿＿

E-mail：＿＿＿＿＿＿＿＿＿＿＿＿＿＿＿＿＿＿＿＿＿